DAS KAPITAL

《资本论》基本问题探析

王岩◎著

中国经济出版社
CHINA ECONOMIC PUBLISHING HOUSE
北京

图书在版编目（CIP）数据

《资本论》基本问题探析/王岩著．--北京：中国经济出版社，2021.9

ISBN 978-7-5136-6622-0

Ⅰ．①资… Ⅱ．①王… Ⅲ．①《资本论》-马克思著作研究 Ⅳ．①A811.23

中国版本图书馆 CIP 数据核字（2021）第 181743 号

责任编辑 贺 静
责任印制 巢新强
封面设计 久品轩

出版发行 中国经济出版社
印 刷 者 北京建宏印刷有限公司
经 销 者 各地新华书店
开 本 710mm×1000mm 1/16
印 张 17.75
字 数 282 千字
版 次 2021 年 9 月第 1 版
印 次 2021 年 9 月第 1 次
定 价 88.00 元
广告经营许可证 京西工商广字第 8179 号

中国经济出版社 **网址** www.economyph.com **社址** 北京市东城区安定门外大街 58 号 **邮编** 100011
本版图书如存在印装质量问题，请与本社销售中心联系调换（联系电话：010-57512564）

目 录

第一章 《资本论》的研究对象和方法

如何理解马克思《资本论》的研究对象这一问题，一直存在争议，与此相关，还存在如何理解《资本论》中生产方式内涵的问题。搞清楚《资本论》的研究对象和方法，对于全面、准确理解马克思运用唯物辩证法建立的《资本论》的逻辑体系，以及构建中国特色社会主义政治经济学具有重要意义。

一、如何理解马克思关于《资本论》研究对象的说明

马克思在《资本论》第1卷第一版序言中说："我要在本书研究的，是资本主义生产方式以及和它相适应的生产关系和交换关系。"① 关于如何理解马克思对《资本论》研究对象的说明，一直存在争议，主要有三种观点：第一，马克思在这里所说的研究对象是包括生产力和生产关系的生产方式；第二，马克思在这里所说的生产方式是指生产力，因此，《资本论》的研究对象主要是生产力；第三，马克思在这里所说的资本主义生产方式是从社会经济形态来看的资本主义社会，《资本论》研究的是资本主义社会的生产关系。分歧主要出在对"资本主义生产方式以及和它相适应的生产关系和交换关系"这个表述的理解上。笔者认为，关于《资本论》的研究对象，不应该只纠缠于一段话的字面意思来认识，而应该从马克思本人的相关论述和《资本论》的研究内容来体会、理解。

首先，从马克思本人对《资本论》的研究对象的相关观点来看。马克思在《资本论》第1卷第一版序言中，在针对当时的评论家发表的对《资本论》的批评进行回击时，摘录了评论家所说的一段话作为他自己的回

① ［德］马克思．资本论：第1卷［M］．北京：人民出版社，2004：8.

答："在马克思看来，只有一件事情是重要的，那就是发现他所研究的那些现象的规律。而且他认为重要的，不仅是在这些现象具有完成形式和处于一定时期内可见到的联系中的时候支配着它们的那个规律。在他看来，除此而外，最重要的是这些现象变化的规律，这些现象发展的规律，即它们由一种形式过渡到另一种形式，由一种联系秩序过渡到另一种联系秩序的规律。他一发现了这个规律，就详细地来考察这个规律在社会生活中表现出来的各种后果……生产力的发展水平不同，生产关系和支配生产关系的规律也就不同。马克思给自己提出的目的是，从这个观点出发，去研究和说明资本主义经济制度，这样，他只不过是极其科学地表述了任何对经济生活进行准确的研究必须具有的目的……这种研究的科学价值在于阐明支配着一定社会有机体的产生、生存、发展和死亡以及为另一更高的有机体所代替的特殊规律。马克思的这本书确实具有这种价值。"① 在这段描述中，这位先生谈到，《资本论》运用唯物辩证法的目的是把社会作为一个有机体去研究"一定社会机体的产生、生存、发展和死亡并且最终被更高级的有机体所代替的特殊规律"。马克思认为这位先生对《资本论》的研究方法——唯物辩证法，即生产力支配生产关系规律的描述很恰当，可见，马克思本人对这位先生的观点是认可的。马克思说，这位先生的上述评论是在摘录了马克思的《政治经济学批判》序言中如下一段话后说的，"在那里我说明了我的方法的唯物主义基础"。《政治经济学批判》序言中的这段话是："人们在自己生活的社会生产中发生一定的、必然的、不以他们的意志为转移的关系，即同他们的物质生产力的一定发展阶段相适合的生产关系。这些生产关系的总和构成社会的经济结构，即有法律的和政治的上层建筑竖立其上并有一定的社会意识形式与之相适应的现实基础。物质生活的生产方式制约着整个社会生活、政治生活和精神生活的过程。不是人们的意识决定人们的存在，相反，是人们的社会存在决定人们的意识。社会的物质生产力发展到一定阶段，便同它们一直在其中运动的现存生产关系或财产关系（这只是生产关系的法律用语）发生矛盾。于是这些关系便由生产力的发展形式变成生产力的桎梏。那时社会革命的时代就到来了。随着经济基础的变更，全部庞大的上层建筑也或慢或快地发生变革。"② 结合马克思的这段话和上述那位先生的描述，马克思认为，每一个

---

① ［德］马克思．资本论：第1卷［M］．北京：人民出版社，2004：20-21.

② 中共中央马克思恩格斯列宁斯大林著作编译局．马克思恩格斯文集：第2卷［M］．北京：人民出版社，2009：591-592.

社会形态都是一个社会有机体，社会作为有机体是有生命的。社会有机体的活力在于它是由人组成的，人不仅是自然生命体，而且是社会人，在人的社会生产和生活交往中必然产生各种社会关系，其中最重要的是人们在生产过程中产生的人与人之间的生产关系，而人要进行生产，还必须要依靠自然，由此产生人与自然之间的关系，劳动者和自然构成生产力，生产力发挥作用的过程就是人利用自然进行物质变换生产人类生存和发展所需要的物质财富的过程，生产力总是在一定的生产关系中发挥作用，生产关系必须要和生产力的发展相适应，所以生产力和生产关系不可分离，它们的矛盾运动推动社会有机体不断成长。在社会有机体成长过程中，生产关系一定要与物质生产力的一定发展阶段相适合是社会有机体发展变化的基本规律，“社会的物质生产力发展到一定阶段，便同它们一直在其中运动的现存生产关系或财产关系（这只是生产关系的法律用语）发生矛盾”，当生产关系不能适应生产力发展需要时，旧的社会形态不可避免地被新的更高级的社会形态所取代，这一点是不以人的意志为转移的。一个社会形态当中可能同时存在几种不同的生产关系，它们的总和构成这个社会的经济基础，在此基础上建立起为其服务的上层建筑，并且随着经济基础的改变而变化。所以每一个社会形态都是一个特殊的社会有机体，每一个特殊的社会有机体成长变化的根源都是生产力和生产关系的矛盾运动。生产力和生产关系共同构成社会生产方式，它是生产力和生产关系的对立统一体，二者的对立统一构成社会基本矛盾，社会基本矛盾运动推动社会发展和社会形态的更替，产生更高级的社会形态和相应的社会生产方式，一个新的社会有机体诞生。显然，马克思在《资本论》中研究资本主义社会有机体的运动，必须要从生产力和生产关系这对基本矛盾运动入手，研究这对社会基本矛盾在资本主义社会的具体表现以及作用，由此揭示资本主义社会有机体运动的各种经济规律，说明在这些规律的作用下，资本主义社会形态是怎样产生、发展、灭亡的。所以《资本论》的研究对象不仅仅是资本主义生产关系，也不可能只是生产力，而是研究资本主义生产关系以及和它相关的生产力，即研究资本主义生产方式。关于马克思对生产方式的看法，在后面将作专门分析。

其次，从《资本论》研究的内容看。第一，在开篇马克思就说：“资本主义生产方式占统治地位的社会财富，表现为‘庞大的商品堆积’，单个的商品表现为这种财富的元素形式。因此，我们的研究就从分析商品开始。”① 从社会有机体的角度看，马克思把资本主义社会财富的表现——庞大的商品堆积看作已经发育好的身体，而且“已经发育好的身体比身体的细胞容易研究些”②，但是，为了看清楚那个发育好的身体，要从比较困难的单个商品这个经济细胞入手，而与分析人和自然界这样的有机体不同，“分析经济形式，既不能用显微镜，也不能用化学试剂。二者必须用抽象力来代替。而对资产阶级社会说来，劳动产品的商品形式，或者商品的价值形式，就是经济的细胞形式。在浅薄的人看来，分析这种形式好像是斤斤计较于一些琐事。这的确是琐事，但这是显微解剖学所要做的那种琐事”③。商品生产可以不在资本主义生产方式下进行，但是，资本主义生产方式必须以商品经济为载体，这是因为，剩余价值必须以商品的价值为基础，它必须包含在商品中；商品经济的“血液”——货币是资本运动的第一推动力。那么，商品是什么？列宁说：“商品是这样一种物，一方面，它能满足人们的某种需要，另方面，它能用来交换别种物。”④一种商品之所以能够交换另一种商品，是因为它有使用价值，能满足人的需要；是因为它有交换价值，能用来交换别种物。它之所以有交换价值，是因为有价值作基础。从使用价值看，它由劳动者有目的地运用生产资料的具体劳动生产，是生产力的各种要素结合的结果，具体劳动是劳动生产力发挥作用的过程，研究具体劳动和使用价值是因为使用价值是价值的物质承担者；从价值看，它本质上是商品生产者之间的生产关系，即体现同种商品生产者之间在生产中公平支出劳动（社会必要劳动时间决定商品价值量）的关系、体现由生产资料所有权关系决定的归不同商品生产者所有的不同种商品公平交换（等量劳动或等价交换，实现价值，获得收入）的分配关系；价值量的变动取决于劳动生产力的变化，生产力水平提高，生产同样同量商品的使用价值所花费的劳动时间减少，单位商品所包含的价值量下降。在一般商品经济生产中，生产使用价值和提高劳动生产力是手段，目的是追求价值的生产和实现，价值规律是基本规律。“商品生产和商品流通是极不相同的生产方式都具有的现象，尽管它们在范围和作用方面各不相同。因此，只知道这些生产方式所共有的、抽象的商品流通的范畴，还是

① ［德］马克思．资本论：第1卷［M］．北京：人民出版社，2004：47.

②③ ［德］马克思．资本论：第1卷［M］．北京：人民出版社，2004：8.

④ 中共中央马克思恩格斯列宁斯大林著作编译局．列宁选集：第2卷［M］．北京：人民出版社，1972：589.

根本不能了解这些生产方式的本质区别，也不能对这些生产方式作出判断”①。从简单商品生产入手，马克思通过对资本主义商品经济进行研究，揭示了资本主义生产方式的本质。在资本主义商品生产中，“像其他一切发展劳动生产力的方法一样，机器是要使商品便宜，是要缩短工人为自己花费的工作日部分，以便延长他无偿地给予资本家的工作日部分。机器是生产剩余价值的手段”②，在这里，发展生产力是手段，追求剩余价值是目的，生产剩余价值是资本主义生产方式的本质。在资本主义商品经济中，价值规律转变为剩余价值规律，剩余价值规律是资本主义生产的绝对规律。由此可见，马克思从商品入手，分析作为商品的价值形式的经济细胞，必然要以研究生产关系和与它相关的生产力为研究对象，而从一般商品生产到资本主义商品生产，从劳动价值理论到剩余价值理论，是历史逻辑和理论逻辑的统一，这个进程充分体现出，《资本论》的研究对象必然是生产关系和与它相关的生产力。第二，马克思在对商品这个元素的分析中发现，“各种使用价值或商品体的总和，表现了同样多种的，按照属、种、科、亚种、变种分类的有用劳动的总和，即表现了社会分工。这种社会分工是商品生产存在的条件，虽然不能反过来说商品生产是社会分工存在的条件——只有独立的互不依赖的私人劳动的产品，才作为商品互相对立”③。由此进一步发现了以私有制为基础的商品经济的基本矛盾——私人劳动和社会劳动的矛盾，这是生产力和生产关系这对社会基本矛盾在这种商品经济形态下的具体表现，生产资料由生产商品的私人占有决定了劳动的私人性质，体现了其生产关系的性质，劳动的社会性质由社会分工决定，社会分工和与生产力相关的使用价值及具体劳动相关。进一步展开为对资本主义商品经济的分析，其社会基本矛盾表现为生产社会化（生产力）和生产资料资本家私人占有（生产关系）之间的矛盾，在资本主义基本矛盾的作用下，从发展过程看，资本主义不可避免地会周期性爆发经济危机；从发展趋势看，资本主义不可避免地要被社会主义所取代。可见，只有把生产关系及与它相关的生产力作为研究对象，才能揭示出资本主义基本矛盾，揭示出这个基本矛盾运动规律及由此派生出的一系列经济规律，揭示出在资本主义基本矛盾运动及各种经济规律的作用下，资本主义

① ［德］马克思．资本论：第1卷［M］．北京：人民出版社，2004：136.
② ［德］马克思．资本论：第1卷［M］．北京：人民出版社，2004：427.
③ ［德］马克思．资本论：第1卷［M］．北京：人民出版社，2004：55.

社会有机体的产生、发展及其历史趋势。

二、《资本论》中的生产方式内涵辨析及重要意义

与《资本论》研究对象紧密相关的一个问题是如何理解“生产方式”。生产方式是马克思提出并且在《资本论》中大量使用的概念，R. 杰索普在《新帕尔格雷夫经济学大辞典》关于生产方式的词条中指出，生产方式概念的含义和范围现在仍有争议。[①]《资本论》中在不同的地方讨论不同问题时出现过大量的“生产方式”一词，从中确实可以看出其含义有所区别，由此引起对生产方式概念理解的争论。讨论生产方式含义，应该回到《资本论》中，回顾马克思的论述，去理解马克思所说的生产方式的含义。从《资本论》中关于生产方式的说明和使用看，概括起来应该有包含生产力和生产关系的社会生产方式与只涉及社会生产力的生产方式两个层次。第一个层次是社会生产方式，是指社会生产力和社会生产关系的统一，这是广义的生产方式，从事物发展变化的角度看，社会生产方式内部的社会生产力和社会生产关系的矛盾运动推动着社会生产方式的演变；第二个层次是生产方式，这是和社会生产力相关的概念，即在特定的社会生产力条件下社会生产采取的具体方式，这是狭义的生产方式。

（一）包含生产力和生产关系的社会生产方式

我们在关于《资本论》研究对象问题的讨论中已经表明，《资本论》的研究对象是包含生产力和生产关系的资本主义社会生产方式。关于社会生产方式，是从社会形态演进角度而言的。马克思指出：“大体说来，亚细亚的、古希腊罗马的、封建的和现代资产阶级的生产方式可以看做是经济的社会形态演进的几个时代。”[②]“在古亚细亚的、古代的等等生产方式下，……这些古老的社会生产机体比资产阶级的社会生产机体简单明了得多，……它们存在的条件是：劳动生产力处于低级发展阶段，与此相应，人们在物质生活生产过程内部的关系，即他们彼此之间以及他们同自然之

① ［英］伊特韦尔．新帕尔格雷夫经济学大辞典：第三卷［M］．北京：经济科学出版社，1996：525.

② 中共中央马克思恩格斯列宁斯大林著作编译局．马克思恩格斯文集：第2卷［M］．北京：人民出版社，2009：592.

间的关系是狭隘的。这种实际的狭隘性，观念地反映在古代的自然宗教和民间宗教中。只有当实际日常生活的关系，在人们面前表现为人与人之间和人与自然之间极明白而合理的关系的时候，现实世界的宗教反映才会消失。只有当社会生活过程即物质生产过程的形态，作为自由联合的人的产物，处于人的有意识有计划的控制之下的时候，它才会把自己的神秘的纱幕揭掉。但是，这需要有一定的社会物质基础或一系列物质生存条件，而这些条件本身又是长期的、痛苦的发展史的自然产物。"① 社会形态的演进即社会生产方式的变更取决于生产力的发展，一定社会形态的物质基础是一定的生产力发展水平，"不论生产的社会的形式如何，劳动者和生产资料始终是生产的因素。但是，二者在彼此分离的情况下只在可能性上是生产因素。凡是要进行生产，它们就必须结合起来"②，二者的有机结合形成现实的生产力，与这个物质基础相适应，在劳动者和生产资料相结合进行生产过程中形成特定的生产关系，即人们在他们的社会生活过程中、在他们的社会生活的生产中所处的各种关系，包括生产、交换、消费和分配关系，亦即社会生产关系。只要有人们的共同活动，就会形成社会生产力并且产生人与人之间的物质利益联系，这种物质利益联系就是社会生产关系。所以生产力和生产关系紧密联系、相互作用，中间不再需要联系它们的纽带，它们共同形成社会生产方式。生产力和生产关系是一对不可分割的矛盾，社会生产方式是社会生产力和社会生产关系这对矛盾的统一体，是它们在一定社会发展阶段的性质的体现。

社会生产力、社会生产方式和社会生产关系紧密相连。马克思说："资本主义生产方式是一种特殊的、具有独特历史规定性的生产方式；它和任何其他一定的生产方式一样，把社会生产力及其发展形式的一个既定的阶段作为自己的历史条件，而这个条件又是一个先行过程的历史结果和产物，并且是新的生产方式由以产生的既定基础；同这种独特的、历史的规定的生产方式相适应的生产关系，——即人们在他们的社会生活过程中、在他们的社会生活过程中所处的各种关系，——具有一种独特的、历史的和暂时的性质。"③ 马克思的这段论述阐述了社会生产力、社会生产方式和社会生产关系之间的关系：第一，社会生产力是社会生产方式产生的

① ［德］马克思．资本论：第1卷［M］．北京：人民出版社，2004：97.
② ［德］马克思．资本论：第2卷［M］．北京：人民出版社，2004：44.
③ ［德］马克思．资本论：第3卷［M］．北京：人民出版社，2004：994.

历史条件和物质基础；第二，不同的社会历史发展阶段有不同的社会生产方式；第三，在每一个社会历史发展阶段都存在一个与以社会生产力为历史条件和物质基础的社会生产方式相适应的社会生产关系，社会生产力是物质基础，是决定其他两个方面的因素，社会生产方式与生产关系不是前者决定后者，而是相互适应，意在强调社会生产关系要与作为社会生产方式的基础的生产力的发展变化相适应；第四，社会生产力和社会生产关系是一对社会基本矛盾，生产力决定生产关系，生产关系必须要适应生产力发展的要求，只有如此，才能促进生产力发展，既定的生产关系也才能存在。生产力是最活跃、最革命的因素，生产力不断发展，生产关系一定要适应生产力发展，这是人类社会发展的基本规律，因此，社会生产关系具有历史和暂时的性质。

《资本论》的研究对象是资本主义生产关系以及和它相关的生产力，即研究资本主义生产方式，马克思说："这种生产方式的典型地点是在英国。因此，我在理论阐述上主要用英国作为例证。"① 当时的英国已经完成了工业革命，进入机器大工业时代，商品生产已经占统治地位，生产要素全部成为商品，资本已经统治了整个社会经济活动。马克思以英国为例证，运用历史唯物主义方法从社会生产力（机器大工业）和与其相适应的社会生产关系（资本主义生产关系）的矛盾运动入手，研究资本主义生产方式产生、发展过程和发展趋势，揭示资本主义生产方式的本质特征，"最终目的就是揭示现代社会的经济运动规律"②。恩格斯在《反杜林论》中说："经济科学的任务在于：证明现在开始显露出来的社会弊病是现存生产方式的必然结果，同时也是这一生产方式快要瓦解的征兆，并且从正在瓦解的经济运动形式内部发现未来的、能够消除这些弊病的、新的生产组织和交换组织的因素。"③ 所以在马克思和恩格斯看来，要完成政治经济学的任务，揭示现代社会即资本主义生产方式的本质特征和经济运动规律，必须从对社会生产力和与其相适应的社会生产关系的统一及对立运动过程研究资本主义生产方式。

在对资本主义生产方式进行系统研究之后，马克思在《资本论》第3卷概括指出："资本主义生产方式一开始就有两个特征。第一，它生产的

① ［德］马克思．资本论：第1卷［M］．北京：人民出版社，2004：8.

② ［德］马克思．资本论：第1卷［M］．北京：人民出版社，2004：10.

③ 中共中央马克思恩格斯列宁斯大林著作编译局．马克思恩格斯文集：第9卷［M］．北京：人民出版社，2009：156.

产品是商品。使它和其他生产方式相区别的，不在于生产商品，而在于，成为商品是它的产品的占统治地位的、决定性的性质。这首先意味着，工人自己也只是表现为商品的出售者，因而表现为自由的雇佣工人，这样，劳动就表现为雇佣劳动。……这种生产方式的主要当事人，资本家和雇佣工人，本身不过是资本和雇佣劳动的体现者，人格化，是由社会生产过程加在个人身上的一定的社会性质，是这些一定的社会生产关系的产物。……在商品中，特别是在作为资本产品的商品中，已经包含着作为整个资本主义生产方式的特征的社会生产规定的物化和生产的物质基础的主体化。资本主义生产方式的第二个特征是，剩余价值的生产是生产的直接目的和决定动机。资本本质上是生产资本的，但只有生产剩余价值，它才生产资本。……资本主义时期所特有的一种生产方式，这是劳动社会生产力发展的一种特殊形式，不过，这种劳动社会生产力是作为与工人相对立的资本的独立力量而发展的，并因而直接与工人本身的发展相对立。……在这里，劳动社会生产力的提高只是表现为资本生产力的不断提高。……由于劳动采取雇佣劳动的形式，生产资料采取资本的形式这样的前提——也就是说，只是由于这两个基本的生产要素采取这种独特的社会形式——，价值（产品）的一部分才表现为剩余价值，这个剩余价值才表现为利润（地租），表现为资本家的赢利，表现为可供支配的、归他所有的追加的财富。"① 马克思本人对资本主义生产方式性质和特征的概括足以说明，社会生产方式是社会生产力和与其相适应的社会生产关系的统一。这段论述是马克思对《资本论》基本内容的总结，充分表明了《资本论》的研究对象是包含资本主义生产关系和与它相应的生产力（表现为资本的生产力）的社会生产方式，社会生产方式是生产力和生产关系的对立统一体。

（二）生产方式是指社会生产力发展所采取的具体方式

在《资本论》中，许多地方使用生产方式时认为其是指社会生产力发展所采取的具体方式或方法，比如，社会生产是采取手工业生产方式还是采取机器大工业生产方式。在《资本论》第 1 卷中，用了 1/5 将近 200 页的篇幅"考察相对剩余价值的各种特殊的生产方法"②，马克思把这些生产相对剩余价值特殊的生产方法都称为生产方式。马克思说："采用改良的

① ［德］马克思．资本论：第 3 卷［M］．北京：人民出版社，2004：995-998.
② ［德］马克思．资本论：第 1 卷［M］．北京：人民出版社，2004：373.

生产方式的资本家，比同行业的其余资本家在一个工作日中占有更大的部分作为剩余劳动。他个别地所做的，就是资本全体在生产相对剩余价值的场合所做的。但是另一方面，当新的生产方式被普遍采用，因而比较便宜地生产出来的商品的个别价值和它的社会价值之间的差额消失的时候，这个超额剩余价值也就消失。价值由劳动时间决定这同一规律，既会使采用新方法的资本家感觉到，他必须低于商品的社会价值来出售自己的商品，又会作为竞争的强制规律，迫使他的竞争者也采用新的生产方式。”① 可见，马克思把社会生产力发挥作用的方式称为“生产方式”或者“生产方法”，在这些场合使用“生产方式”一词时，从来不在前面加“资本主义”一词，这里使用生产方式只是在讨论生产力发挥作用的形式，并不包含生产关系，是有别于社会生产方式内涵的只涉及社会生产力的概念。另外，生产方式还可以称为劳动方式，马克思说：“就生产方式本身来说，例如，初期的工场手工业，除了同一资本同时雇佣的工人人数较多而外，和行会手工业几乎没有什么区别。”② 但是，“即使劳动方式不变，同时使用人数较多的工人，也会在劳动过程的物质条件上引起革命。容纳许多人做工的厂房、储藏原料等的仓库、供许多人同时使用或交替使用的容器、工具、器具等，总之，一部分生产资料，现在是在劳动过程中共同消费的”③。

在《资本论》中，马克思讨论了在资本主义社会顺序出现的两种生产方式即工场手工业和机器大工业，它们变革的起点是不同的。马克思说：“生产方式的变革，在工场手工业中以劳动力为起点，在大工业中以劳动资料为起点。因此，首先应该研究，劳动资料如何从工具转化为机器，或者说，机器和手工业工具有什么区别。”④ 从工场手工业生产方式向机器大工业生产方式变革，关键的变革是劳动资料从手工操作的工具转变为动力推动的工具——机器，当“机器生产发展到一定程度，就必定推翻这个最初是现成地遇到的、后来又在其旧形式中进一步发展了的基础本身，建立起与它自身的生产方式相适应的新基础”⑤，这种变革是社会生产力发挥作用的具体方式的变革，是生产方式的根本性变革，因此，在历史上把它称为工业革命。“工农业生产方式的革命，尤其使社会生产过程的一般条件

① ［德］马克思．资本论：第1卷［M］．北京：人民出版社，2004：370-371.
② ［德］马克思．资本论：第1卷［M］．北京：人民出版社，2004：374.
③ ［德］马克思．资本论：第1卷［M］．北京：人民出版社，2004：376-377.
④ ［德］马克思．资本论：第1卷［M］．北京：人民出版社，2004：427.
⑤ ［德］马克思．资本论：第1卷［M］．北京：人民出版社，2004：439.

即交通运输手段的革命成为必要。……因此撇开已经完全发生变革的帆船制造业不说，交通运输业是逐渐靠内河轮船、铁路、远洋轮船和电报的体系而适应了大工业的生产方式”①。“一旦工厂制度达到一定的广度和一定的成熟度，特别是一旦它自己的技术基础即机器本身也用机器来生产，一旦煤和铁的采掘、金属加工以及交通运输业都发生革命，总之，一旦与大工业相适应的一般生产条件形成起来，这种生产方式就获得一种弹性，一种突然地跳跃式扩展能力，只有原料和销售市场才是它的限制。”② 而“一个工业部门生产方式的变革，会引起其他部门生产方式的变革。这首先涉及因社会分工而孤立起来以致各自生产一种独立的商品、但又作为一个总过程的各阶段而紧密联系在一起的那些工业部门。因此，有了机器纺纱，就必须有机器织布，而这二者又使漂白业、印花业和染色业必须进行力学和化学革命”③。

由此可见，关于生产方式——社会生产力发展到不同阶段所采取的不同的具体方式，具体内容包括技术基础、生产的规模、分工的形式和生产的组织形式等。生产方式作为社会生产力发展采取的具体形式是最具革命性和变动性的，这是因为，技术是生产方式的基础，特别是，“现代工业从来不把某一生产过程的现存形式看成和当作最后的形式。因此，现代工业的技术基础是革命的，而所有以往的生产方式的技术基础本质上是保守的”④，这种技术基础的革命性是推动生产方式变革的最重要内容。

需要说明的是，生产力在任何社会形态下的基本构成要素都是劳动力、劳动对象和劳动资料，但是，生产力在发展过程中由于其要素的发展变化会采取不同的表现方式或方法，即在不同的生产力发展阶段有不同的生产方式，生产力的发展水平和状况以生产的方式特别是它的劳动工具使用的形式表现出来，比如是手工还是机器生产，是人操作机器生产还是智能机器生产。所以不存在另一个和生产力范畴不同的生产方式，并由这个生产方式决定生产关系，在马克思的《资本论》中，不存在生产力决定生产方式、生产方式决定生产关系的原理⑤，更不可能存在由此规定的研究

---

① ［德］马克思．资本论：第1卷［M］．北京：人民出版社，2004：441.

② ［德］马克思．资本论：第1卷［M］．北京：人民出版社，2004：518-519.

③ ［德］马克思．资本论：第1卷［M］．北京：人民出版社，2004：440.

④ ［德］马克思．资本论：第1卷［M］．北京：人民出版社，2004：560.

⑤ 此观点参见吴易风．马克思的生产力—生产方式—生产关系原理［J］．马克思主义研究，1997（2）．

对象。按照历史唯物主义的方法和逻辑，与社会生产力发展水平相适应有特定的社会生产关系，二者结合形成不同的社会生产方式，比如机器大工业和资本主义生产关系共同构成的资本主义生产方式。历史发展的事实表明，虽然资本主义发展经历了从工场手工业到机器大工业再到机器使用的自动化和智能化这样的生产方式的变革，但是，其生产关系的本质因资本主义生产方式的本质并没有发生变革，只是在生产方式的变革中，生产力和生产关系的矛盾日益尖锐化了。

还需要说明的是，以资本主义生产方式为研究对象，重点是研究其生产关系。因为资本和雇佣劳动的关系决定着资本主义生产方式的全部性质①。在资本主义生产关系下，劳动力成为商品，进而成为可变资本，生产资料成为不变资本，资本生产的目的是追逐最大剩余价值，发展生产力是资本获得最大剩余价值的手段，这是资本主义生产方式的基本规律。生产力的快速发展使生产的社会化程度日益提高，这就必然与资本主义私人占有之间产生矛盾，形成资本主义基本矛盾并且日益尖锐化，表现为资本主义生产关系越来越不适应于生产力发展的需要。矛盾的主要方面是生产关系，矛盾激化的结果是周期性地爆发生产相对过剩的经济危机，通过经济衰退、减缓表现为资本的生产力的发展速度，削足适履，缓解基本矛盾。所以《资本论》的研究对象的重点是资本主义生产关系，但是研究必须要联系资本主义生产方式产生的历史条件和推动其发展的手段——生产力。《资本论》的研究对象必然是生产力和资本主义生产关系的统一体——资本主义生产方式。

（三）辨析生产方式内涵的重要意义

首先，马克思在《资本论》中虽然对于生产方式有不同的解释和用法，但是他更加强调和突出的是由生产力和生产关系构成的社会生产方式，并把它作为《资本论》的研究对象。如上所述，作为研究对象，必须要研究社会生产力发展到资本主义阶段所采取的不同的具体的生产方式或者方法，这是对资本主义生产方式进行研究的一个不可或缺的内容，生产力是社会历史发展中最活跃、最革命的因素，不同的社会形态以不同的生产力水平为物质基础，不研究与生产力相关的生产方式或者方法的发展变化，如何说明资本主义产生、发展和灭亡的历史过程？但是，生产力不是

① 参见［德］马克思．资本论：第3卷［M］．北京：人民出版社，2004：996.

《资本论》的研究对象，当然，其研究对象也不只是生产关系，虽然表现和决定社会形态性质的是生产关系。按照辩证唯物主义和历史唯物主义观点，不存在离开生产力的生产关系，也不存在离开生产关系单独发展的生产力，二者是一个对立统一的矛盾体，这是任何社会形态都存在的基本矛盾，正是这个矛盾运动推动了社会发展，使社会形态由低级向高级运动。马克思正是通过对这个基本矛盾在资本主义社会中的运动分析，建立起科学的剩余价值理论，揭示出资本主义产生、发展、灭亡的基本规律。从之前的讨论中也可以看到，对研究对象的不同看法在很大程度上归因于对生产方式的不同理解。辨析清楚马克思关于生产方式概念的界定，理解其含义的不同层次，对于我们认识《资本论》或者马克思主义政治经济学的研究对象究竟是什么具有重要意义，而明辨马克思主义政治经济学的研究对象，对于建立社会主义政治经济学并且进一步地建立马克思主义中国化的中国特色社会主义政治经济学具有重要意义。《资本论》的研究表明，在研究对象上，不能只研究生产关系，如果只研究生产关系，则无法说明资本主义制度为什么是资本剥削雇佣劳动的制度、资本主义社会形态为什么产生、为什么会有从自由竞争到垄断再到当代国家垄断资本主义这样不同的发展阶段、为什么资本主义无法摆脱周期性经济危机、为什么资本主义必然灭亡是历史趋势；无法说明社会主义为什么会有分阶段的发展过程、中国特色社会主义为什么会有一个相当长的初级发展阶段；无法说明为什么资本主义社会不是一个人与自然和谐相处的、人的全面发展的社会，为什么马克思主义的终极目标是实现人与自然和谐相处、人的全面发展的自由王国——共产主义。当然，马克思主义政治经济学更不是把生产力作为研究对象，《资本论》的研究内容已经充分表明了这一点，比如，在揭示剩余价值规律时，对社会生产力发展方式的变化即生产方式变化的研究，是把其作为相对剩余价值的各种特殊的生产方法来研究的，而所有这些生产方法都只是手段，目的是揭示出，在工作日被限定条件下，资本用什么手段来实现追求最大限度的剩余价值目的。在这个问题上，历史逻辑和理论逻辑是高度统一的，剩余价值理论是马克思的理论贡献之一，而剩余价值的生产过程是这个理论贡献的基础，是联系生产力研究资本主义生产关系的典范，并且由此揭示了资本主义经济运动的绝对规律——剩余价值规律。马克思还特别指出，在资本主义生产关系下，社会生产力必然表现为资本的生产力，为资本追求剩余价值服务，这也正是《资本论》用大量篇幅研究简单协作、工场手工业和机器大工业生产方式的目的。联系相关的生产力研究生产关系，是把社会当作有机体去研究所必需的，只有以此为研究对象，才能实现《资本论》研究的最终目的——“揭示现代社会的经济运动规律”①。

其次，马克思在谈到资本主义给工人带来的灾难时说：“除了现代的灾难而外，压迫着我们的还有许多遗留下来的灾难，这些灾难的产生，是由于古老的、陈旧的生产方式以及伴随着它们的过时的社会关系和政治关系还在苟延残喘。不仅活人使我们受苦，而且死人也使我们受苦。死人抓住活人！”② 这里所说的古老陈旧的生产方式是指属于奴隶的、封建的社会的人力和手工形式的生产方式，其社会关系中最重要的是以人身依附为前提的社会生产关系，它们和属于上层建筑的政治关系一起共同构成的陈旧的社会有机体虽然大部分已经死亡，但是，残余不会随着社会形态的变更立即消失，仍然还会在新社会形态的夹缝中生存，并给新的社会有机体带来影响。因此，虽然新的社会形态产生了，但是新的社会生产方式完全代替旧的社会生产方式仍然是一个“死人抓住活人”的“受苦”过程，要想消除这些苟延残喘的关系，需要不断发展生产力、不断进行现代生产方式的技术革命，需要生产关系的相应改革，需要上层建筑的服务来使新的社会有机体日益强壮起来，中国特色社会主义发展改革的实践充分证明了这一点。

再次，马克思认为，生产力和生产关系从来都是相互作用的，它们共同构成社会生产方式，而在既定的社会生产方式中，社会生产力所采取的作用方式（生产方式）必然受既定生产关系的影响。马克思强调，在资本主义生产关系下，无论是分工协作、科学技术还是自然力所产生的生产力，都表现为资本的生产力③，提高生产力的成果由资本占有。资本提高劳动生产力的目的是追求剩余价值最大化，包含在劳动工具中的由劳动者发明创造的技术在其中起着十分重要的作用，技术通过变革生产方式提高劳动生产力，劳动者的“劳动生产条件，也就是他的生产方式，从而劳动过程本身，必须发生革命……它必须变革劳动过程的技术条件和社会条件，从而变革生产方式本身，以提高劳动生产力”④，那些“采用改良的生产方式的资本家，比同行业的其余资本家在一个工作日中占有更大的部分

① ［德］马克思．资本论：第1卷［M］．北京：人民出版社，2004：10.

② ［德］马克思．资本论：第1卷［M］．北京：人民出版社，2004：9.

③ 参见［德］马克思．资本论：第1卷［M］．北京：人民出版社，2004：387，417，444，589，699，701. 马克思．资本论：第3卷［M］．北京：人民出版社，2004：724，997.

④ ［德］马克思．资本论：第1卷［M］．北京：人民出版社，2004：366.

作为剩余劳动。他个别地所做的，就是资本全体在生产相对剩余价值的场合所做的。但是另一方面，当新的生产方式被普遍采用，因而比较便宜地生产出来的商品的个别价值和它的社会价值之间的差额消失的时候，这个超额剩余价值也就消失”①。所以资本要不断通过技术变革采取新的生产方式，以不断获得超额剩余价值，这个技术的变革是一个渐进的历史过程，并且为资本获取剩余价值服务。“工场手工业分工的一个产物，就是物质生产过程的智力作为他人的财产和统治工人的力量同工人相对立。这个分离过程在简单协作中开始，在工场手工业中得到发展，在大工业中完成。在简单协作中，资本家在单个工人面前代表社会劳动体的统一和意志，工场手工业使工人畸形发展，变成局部工人，大工业则把科学作为一种独立的生产能力与劳动分离开来，并迫使科学为资本服务。”② 应当注意的是，马克思所说的大工业是和资本主义生产方式紧密联系的。沿着马克思的研究轨迹可见，马克思认为，在一般商品经济条件下，科学、知识、技能主要由劳动力拥有，体现为劳动者的简单劳动和复杂劳动的差别，在资本主义机器大工业条件下，科学技术发展的成果体现在机器中，而机器作为物质资本归资本家所有，结果是：科学成为一种独立的生产力，并为资本服务。因此，联系生产力研究生产关系，可以看到，科学成为一种独立的生产力，是资本主义机器大工业的产物。原本是劳动者的复杂劳动发明创造了科学技术并把它们体现在机器的不断创新改良中，但是在资本主义生产方式下，机器是资本的重要组成部分，是生产剩余价值的手段，而劳动者除了自己的劳动力之外一无所有，资本主义生产方式把科学和劳动相分离，使科学作为一种归属于资本的独立的生产力。所以只是简单地从生产力发展的角度把科学技术看作独立的生产力，是一种见物不见人、以资本为本对科学技术的看法。我们在说科学是生产力时，应当摒弃见物不见人的观念，在中国特色社会主义建设过程中，要以劳动者为本，要十分重视对高知识含量的劳动者的培养，重视他们在科技创新中的地位、作用和利益，在以人为本的理念指导下推动科技进步。

最后，联系相关的生产力研究生产关系，可以使我们正确理解马克思提出的社会形态判别标准。正因为生产力和生产关系总是相互作用、不可分割，并且生产关系必须和生产力的发展相适应，马克思从社会有机体的

① ［德］马克思．资本论：第1卷［M］．北京：人民出版社，2004：370.

② ［德］马克思．资本论：第1卷［M］．北京：人民出版社，2004：418.

角度指出："动物遗骸的结构对于认识已经绝种的动物的机体有重要的意义，劳动资料的遗骸对于判断已经消亡的经济的社会形态也有同样重要的意义。各种经济时代的区别，不在于生产什么，而在于怎样生产，用什么劳动资料生产。劳动资料不仅是人类劳动力发展的测量器，而且是劳动借以进行的社会关系的指示器。在劳动资料本身中，机械性的劳动资料（其总和可称为生产的骨骼系统和肌肉系统）远比只是充当劳动对象的容器的劳动资料（如管、桶、篮、罐等，其总和一般可称为生产的脉管系统）更能显示一个社会生产时代的具有决定意义的特征。"① 生产工具是劳动者智力的物化，它不仅标志着人类劳动的发展程度，而且标志着人类社会的发展程度。由于生产力决定生产关系，而生产力又总是在一定的生产关系所规定的生产目的的引领下发挥作用的，生产工具发展水平又可以体现经济的社会形态，劳动工具成了社会关系的指示器，成为划分经济时代的标志。马克思说："尽管直到现在，历史学对物质生产的发展，即对整个社会生活从而整个实现历史的基础，了解得很少，但是，人们至少在自然科学研究的基础上，而不是在所谓历史研究的基础上，按照制造工具和武器的材料，把史前时期划分为石器时代、青铜器时代和铁器时代。"② 马克思在这里所说的史前史是指资本主义社会产生之前的历史阶段。考古发现，石器时代是原始共同体社会形态，青铜器时代是奴隶制社会形态，铁器时代是封建制社会形态。在现代社会，在资本主义初期，从许多工人在一起的简单的分工协作劳动逐渐发展为工场手工业的分工，这时，"劳动工具的分化和劳动工具的专门化，是工场手工业的特征，……工场手工业时期通过劳动工具适合于局部工人的专门的特殊职能，使劳动工具简化、改进和多样化。这样，工场手工业时期也就同时创造了机器的物质条件之一，因为机器就是由许多简单工具结合而成的"③。把各种铁器的手工工具按照各自的分工功能组合起来，以非人工的力为动力，产生了机器。"作为工业革命起点的机器，是用这样一个机构代替只使用一个工具的工人，这个机构用许多同样的或同种的工具一起作业，由一个单一的动力来推动，而不管这个动力具有什么形态。"④ 在机器早期的发展过程中，风力、水力、马力等这些自然力都做过动力，之后发明了蒸汽机，蒸汽逐渐代替自然力

① ［德］马克思．资本论：第1卷［M］．北京：人民出版社，2004：210.
② ［德］马克思．资本论：第1卷［M］．北京：人民出版社，2004：211注释（5a）.
③ ［德］马克思．资本论：第1卷［M］．北京：人民出版社，2004：396.
④ ［德］马克思．资本论：第1卷［M］．北京：人民出版社，2004：432.

成为推动机器运动的动力，而具有划时代意义的是瓦特发明的第二种蒸汽机。马克思高度评价了这个伟大的发明："直到瓦特发明了第二种蒸汽机，即所谓双向蒸汽机后，才找到了一种原动机，它消耗煤和水而自行产生动力，它的能力完全受人控制，它可以移动，同时它本身又是推动的一种手段；这种原动机是在城市使用的，不像水车那样是在农村使用的，它可以使市场集中在城市，不像水车那样使生产分散在农村，它在工艺上可得到普遍的应用，在地址选择上不太受地点条件的限制。瓦特的伟大天才表现在 1784 年 4 月他所取得的专利的说明书中，他没有把自己的蒸汽机说成是一种特殊目的的发明，而把它说成是大工业普遍应用的发动机。——1851 年，他的后继者，博尔顿—瓦特公司，在伦敦工业展览会上展出了远洋轮船用的最大的蒸汽机。"① 而"大工业必须掌握它特有的生产资料，即机器本身，必须用机器来生产机器。这样，大工业才建立起与自己相适应的技术基础，才得以自立"②。与生产力的技术基础相适应，"手工磨产生的是封建主为首的社会，蒸汽磨产生的是工业资本家为首的社会"③。进一步看，劳动工具是生产力的"骨骼系统和肌肉系统"，体现生产力的水平、能力和时代特征，劳动者是生产力的大脑和神经系统，因此，"不论生产的社会形式如何，劳动者和生产资料始终是生产的因素。但是，二者在彼此分离的情况下只在可能性上是生产因素。凡要进行生产，它们就必须结合起来。实行这种结合的特殊方式和方法，使社会结构区分为各个不同的经济时期"④。比如，在封建社会时期，劳动者和生产资料以劳动者与封建主的人身依附方式与生产资料相结合；在资本主义社会，劳动者以出卖劳动力商品的方式作为雇佣劳动与生产资料相结合。前者以古老的小生产的使用手工劳动工具的生产方式为标志，后者以机器大工业的生产方式为标志，所以劳动者和生产资料以什么方式方法结合，取决于以劳动工具为标志的生产方式发展到什么水平，机器大工业的生产方式需要大量的劳动者集中在工厂中进行生产，需要大量的生产资料集中在一起使用，需要大量的源源不断的原材料供应。这时，资产阶级登上历史舞台，通过资本原始积累，使大量的劳动者成为一无所有的自由人，劳动者必须出卖自己的劳

① ［德］马克思．资本论：第 1 卷［M］．北京：人民出版社，2004：434.

② ［德］马克思．资本论：第 1 卷［M］．北京：人民出版社，2004：441.

③ 中共中央马克思恩格斯列宁斯大林著作编译局．马克思恩格斯全集：第 4 卷［M］．北京：人民出版社，1958：144.

④ ［德］马克思．资本论：第 2 卷［M］．北京：人民出版社，2004：44.

动力才能生产；使大量的生产资料集中到资本家手中，资本家必须通过购买劳动力才能进行大规模生产，这种劳动力和生产资料特殊的结合方式就是资本主义生产方式。资本主义制度是建立在机器大工业这个生产力发展的物质基础之上的，在这个制度下，劳动者必须要以出卖自己劳动力的方式与生产资料结合，而资本主义之前的社会则不是，可见，劳动者和生产资料的特殊结合方式和方法决定了社会生产方式的性质，必然也是社会经济时期的区分标志。劳动者和生产资料的特殊结合方式与方法又决定了劳动者为生产资料所有者提供的剩余劳动的形式不同，因此，"使各种经济的社会形态例如奴隶社会和雇佣劳动的社会区别开来的，只是从直接生产者身上，劳动者身上，榨取这种剩余劳动的形式"①。

三、如何理解《资本论》的研究目的是揭示现代社会的经济规律

关于《资本论》的研究目的，马克思在《资本论》第 1 卷第一版序言中说："本书的最终的目的就是揭示现代社会的经济运动规律。"② 何为规律？马克思主义认为，规律就是事物联系和发展过程中所固有的、本质的、必然的、稳定的联系，包括自然规律和社会规律。马克思指出："社会不是坚实的结晶体，而是一个能够变化并且经常处于变化过程中的机体。"③ 在发展变化过程中，在一定条件下，各个有联系的事物之间必然存在着规律，人是社会活动的主体，社会活动由人利用自然进行的生产和生活构成，由此形成了人与自然、人与人之间的固有的、本质的、必然的、稳定的联系，即形成社会发展规律，并且通过人们的自觉活动表现出来。无论是自然规律还是社会规律都具有客观性和必然性，不以人的意志为转移，人的活动受客观规律支配。社会经济形态的发展就像自然界一样有其客观存在的规律，正是从这个意义上，马克思把社会本身的运动规律也称为"自然规律"④。马克思特别强调指出："我的观点是把经济的社会形态的发展理解为一种自然史的过程。不管个人在主观上怎样超脱各种关系，他在社会意义上总是这些关系的产物。"⑤ 规律不可违背，但规律是可以被

① ［德］马克思．资本论：第 1 卷［M］．北京：人民出版社，2004：251.
② ［德］马克思．资本论：第 1 卷［M］．北京：人民出版社，2004：10.
③ ［德］马克思．资本论：第 1 卷［M］．北京：人民出版社，2004：12-13.
④ ［德］马克思．资本论：第 1 卷［M］．北京：人民出版社，2004：9-10.
⑤ ［德］马克思．资本论：第 1 卷［M］．北京：人民出版社，2004：10.

认识的，在正确认识规律的基础上，人们可以利用规律去改造世界。人类社会存在的根本条件是社会物质生活条件，包括自然地理环境和人口因素，但是，只有二者相结合，才能获取物质生活资料，这种获取物质生活资料的生产活动的方式，即社会生产方式，它是推动社会历史发展的决定力量，人在与自然联系进行物质生活资料的生产活动中产生了人与人之间的联系，形成经济运动规律。由此可见，在社会规律中，最重要的是经济运动规律，经济规律是社会经济现象普遍的、本质的、必然的联系，而经济规律从属于自然规律。

《资本论》研究的目的就是揭示资本主义社会本身运动的“自然规律”——经济规律。《资本论》是马克思主义政治经济学的代表作，恩格斯在《反杜林论》中说：“政治经济学，从最广的意义上说，是研究人类社会中支配物质生活资料的生产和交换的规律的科学。”① 也就是说，这些经济规律涉及物质生活的生产和交换领域中的事物联系与发展过程中所固有的本质的、必然的、稳定的联系，“资本主义生产的自然规律——以铁的必然性发生作用”②。在《资本论》中，马克思主要揭示了生产力发展规律、生产关系一定要适应生产力发展规律、生产关系反作用于生产力规律、价值规律、国民经济按比例发展规律、平均数规律、竞争规律、剩余价值规律——资本的价值增殖规律、资本主义积累的一般规律、利润率趋向下降的规律等。其中，剩余价值规律、资本主义积累的一般规律和利润率趋向下降规律是资本主义生产方式特有的经济规律，它们相互作用，决定了资本主义发展的历史趋势。剩余价值规律——资本的价值增殖规律是以提高劳动生产力为手段，达到生产和占用最大剩余价值（最大限度占用利润，最低限度占用平均利润）的目的，这是资本主义基本经济规律，“生产剩余价值或赚钱，是这个生产方式的绝对规律”③。这个绝对规律决定了资本主义积累的一般规律，即为了追逐最大利润，资本必须不断通过积累扩大再生产，这一过程同时必然是劳动生产力提高的过程，这使资本有机构成不断提高，资本积累过程中能够吸收的劳动人口相对甚至绝对减少，结果必然是：一级是财富日益膨胀的积累，另一级是常备的过剩劳动人口日益庞大。而利润率趋向下降规律“只是劳动的社会生产力日益发展在资本主义生产方式下所特有的表现”④，是资本积累过程中资本有机构成

① 中共中央马克思恩格斯列宁斯大林著作编译局．马克思恩格斯文集：第9卷［M］．北京：人民出版社，2009：153.

② ［德］马克思．资本论：第1卷［M］．北京：人民出版社，2004：8.

③ ［德］马克思．资本论：第1卷［M］．北京：人民出版社，2004：714.

④ ［德］马克思．资本论：第3卷［M］．北京：人民出版社，2004：237.

提高的必然结果，是生产力发展手段和资本价值增殖目的矛盾冲突的表现。矛盾冲突尖锐化以经济危机形式表现出来，周期性爆发的经济危机是资本主义经济规律作用的必然结果，预示着资本主义生产关系越来越无法适应生产力的发展，必然被更高级的社会生产方式所取代。

四、《资本论》中的唯物辩证法

马克思在《资本论》第1卷第二版跋中说，他在《资本论》中使用的方法是唯物辩证法，[①] 并且在法文版序言中说，“我所使用的分析方法至今还没有人在经济问题上运用过”[②]。辩证法的思想来源是德国古典哲学家黑格尔，是他“第一个全面地有意识地叙述了辩证法的一般运动形式”[③]。具体来说，黑格尔第一次系统阐述了辩证法的质量互变规律、对立统一规律、否定之否定规律，以及本质与现象、原因与结果、同一与差别、可能与现实、必然与偶然、必然与自由等诸多辩证法范畴，建立了庞大的辩证法的体系。第一次把世界描写为一个过程，认为无论是自然的、历史的和精神的世界都是充满矛盾的过程，并且正是矛盾引起了运动、变化和发展，矛盾是一切运动和生命力的根源；阐述了对立面互相转化的思想，认为一切现象都因为其内部矛盾而处于不断发展的过程中，对立面在一定条件下向相反的方向转化，标志着渐进过程的中断，意味着新的质态的产生。黑格尔把事物描述为不断运动的过程，并且在揭示这种过程的内在矛盾时，把矛盾同运动、发展联系起来，深刻地说明了运动发展的动力或源泉在于过程内部的矛盾性，这是对辩证法学说的重要贡献，是其辩证法的合理内核。对于这个合理内核，马克思予以欣赏和肯定，他说：“我公开承认我是这位大思想家的学生，并且在关于价值理论的一章中，有些地方我甚至卖弄起黑格尔特有的表达方式。”[④]

但是，黑格尔的辩证法是唯心主义的，因而是不彻底的。马克思指出：“在黑格尔看来，思维过程，即甚至被他在观念这一名词下转化为独立主体的思维过程，是现实事物的创造主，而现实事物只是思维过程的外部表现。”[⑤]在黑格尔那里，是思维决定存在，黑格尔所说的自然界或历史

① ［德］马克思．资本论：第1卷［M］．北京：人民出版社，2004：21.

② ［德］马克思．资本论：第1卷［M］．北京：人民出版社，2004：24.

③④⑤ ［德］马克思．资本论：第1卷［M］．北京：人民出版社，2004：22.

及其运动，是“绝对观念”的自我运动，“绝对观念”的发展从逻辑开始，存在只是思维的外化，因此，其整个哲学体系是唯心主义的。黑格尔的唯心主义体系决定了他的辩证法不可能是彻底的，当他的“绝对观念”经过各种发展阶段和矛盾运动之后终于完成了自我认识时，过程也就终结了，不再发展了。而现实世界用最顽强的事实表明，无论是在自然界还是人类社会历史中，矛盾是普遍存在的，事物在矛盾对立统一的运动中是不断发展变化的，运动和发展是永恒的。因此，恩格斯说：“黑格尔的方法以其现有的形式是完全不能用的。它实质上是唯心的，而这里要求发展一种比以前所有世界观都更加唯物的世界观。它是从纯粹思维出发的，而这里必须从最过硬的事实出发。”① 马克思指出，在黑格尔那里，“辩证法是倒立着的。必须把它倒过来，以便发现神秘外壳中的合理内核”②。把唯心主义辩证法倒过来的辩证法就是唯物辩证法，唯心主义从纯粹思维出发，唯物主义从最过硬的事实出发。马克思说：“我的辩证方法，从根本上来说，不仅和黑格尔的辩证方法不同，而且和他截然相反。”③在黑格尔那里，是思维决定存在，而“我的看法则相反，观念的东西不外是移入人的头脑中改造过的物质的东西而已”④，即存在决定思维。马克思吸收黑格尔辩证法的合理内核，用唯物主义批判和改造唯心主义，抛弃其神秘的外壳，创立了唯物辩证法。恩格斯指出：“马克思过去和现在都是唯一能够担当起这样一件工作的人，这就是从黑格尔逻辑学中把包含着黑格尔在这方面的真正发现的内核剥出来，使辩证法摆脱它的唯心主义的外壳并把辩证方法在使它成为唯一正确的思想发展形式的简单形态上建立起来。马克思对于政治经济学的批判就是以这个方法做基础的，这个方法的制定，在我们看来是一个其意义不亚于唯物主义基本观点的成果。”⑤唯物辩证法把辩证法看作客观世界本身所固有的规律，把思维中的辩证法视为客观规律在人的头脑中的自觉反映，指明主观辩证法是客观辩证法的反映，论证了辩证法的规律来源于客观现实，而不是来自主观精神或绝对观念，使辩证法在历史发展中第一次取得了真正科学的形态。

唯物辩证法认为，辩证法是关于普遍联系的科学，是在肯定矛盾的基础上关于发展的学说。唯物辩证法是关于自然、人类社会和思维发展的最

① 中共中央马克思恩格斯列宁斯大林著作编译局．马克思恩格斯文集：第 2 卷［M］．北京：人民出版社，2009：601.

②③④ ［德］马克思．资本论：第 1 卷［M］．北京：人民出版社，2004：22.

⑤ 中共中央马克思恩格斯列宁斯大林著作编译局．马克思恩格斯文集：第 2 卷［M］．北京：人民出版社，2009：602-603.

一般规律的科学，它揭示了事物联系和发展的三大规律。第一，对立统一规律。揭示了客观存在的事物的特点，即任何事物都是矛盾的统一体，矛盾是事物发展变化的源泉和动力。第二，量变质变规律。揭示了事物矛盾运动所推动的发展变化在形式上具有的特点，事物的矛盾运动是一个渐进的过程。第三，否定之否定规律。揭示矛盾运动过程具有的特点，事物的矛盾运动是一个从低级到高级的螺旋式上升的过程。其中，对立统一规律是唯物辩证法的实质和核心，是事物发展的根本规律，它提供了人们认识世界和改造世界的根本方法——矛盾分析法，揭示了事物普遍联系的根本内容和变化发展的内在动力，从根本上回答了事物为什么会发展的问题。运用唯物辩证法分析资本主义社会发展，可以看到，资本主义社会不会永恒存在，其发展的历史趋势一定是被更高级的社会形态取代，所以资产阶级及其代言人对此非常恐惧。马克思指出："辩证法在其合理形态上，引起资产阶级及其空论主义的代言人的恼怒和恐怖，因为辩证法在对现存事物的肯定的理解中同时包含对现存事物的否定的理解，即对现存事物的必然灭亡的理解；辩证法对每一种既成的形式都是从不断的运动中，因而也是从它的暂时性方面去理解；辩证法不崇拜任何东西，按其本质来说，它是批判的和革命的。"① 由于立场和其唯心主义的世界观所限，黑格尔的辩证法必然是不彻底的，马克思吸取了黑格尔辩证法的合理内核，把辩证法建立在唯物主义基础之上，马克思所做的是"从唯心主义辩证法到唯物主义辩证法的前进"②。

尽管资产者及其代言人对辩证法的合理内核恼怒和恐怖，不仅把黑格尔的辩证法"当作一条'死狗'"，而且攻击《资本论》的方法是"黑格尔的诡辩"③，但是，完全遮挡不住《资本论》的光芒。《资本论》运用唯物辩证法，从资本主义发展"最过硬的事实出发"研究资本主义生产方式，揭示出资本主义社会矛盾运动推动这个社会不断发展变化的不以资产者的意志为转移的一系列规律，"使实际的资产者最深切地感到资本主义社会充满矛盾的运动的，是现代工业所经历的周期循环的各个变动，而这种变动的顶点就是普遍危机。——由于它的舞台的广阔和它的作用的强烈，它甚至会把辩证法灌进新的神圣普鲁士德意志帝国的暴发户们的头脑里去"④。

---

① ［德］马克思．资本论：第1卷［M］．北京：人民出版社，2004：22.

② 中共中央马克思恩格斯列宁斯大林著作编译局．列宁全集：第55卷［M］．北京：人民出版社，1990：290.

③ ［德］马克思．资本论：第1卷［M］．北京：人民出版社，2004：20.

④ ［德］马克思．资本论：第1卷［M］．北京：人民出版社，2004：23.

五、如何理解马克思运用唯物辩证法建立的《资本论》的逻辑体系

《资本论》的方法是唯物辩证法。唯物辩证法既包括客观辩证法也包括主观辩证法。客观辩证法是指客观事物或客观存在的辩证法，即客观事物以相互作用和相互联系的形式呈现出的各种物质形态的辩证运动与发展规律；主观辩证法是指人类认识和思维运动的辩证法，即以概念作为思维细胞的辩证思维运动和发展规律。主观辩证法是客观辩证法在人的思维中的反映，二者在本质上统一，在表现形式上不同。客观辩证法采取外部必然性形式，不以人的意志为转移，是物质世界本身的联系和发展。主观辩证法采取观念的、逻辑的形式，是同人类思维的自觉活动相联系的，是以概念为基础的辩证思维规律，是辩证法的科学体系。

《资本论》的方法是唯物辩证法，在研究的方法上，马克思采用的是客观辩证法，在叙述方法上采用的是主观辩证法。马克思指出，《资本论》的"叙述方法必须与研究方法不同。研究必须充分地占有材料，分析它的各种发展形式，探索这些形式的内在联系。只有这项工作完成以后，现实的运动才能叙述出来。这一点一旦做到，材料的生命一旦在观念上反映出来，呈现在我们面前的就好像是一个先验的结构了"①。就研究方法而言，在研究过程中，充分占有资料进行研究，就是从客观现实出发。为了写作《资本论》，马克思 20 年如一日，每天坚持到英国博物馆去看书，查阅资料。据不完全统计，马克思在写作《资本论》的过程中，阅读了 2000 多册相关的经济学著作，收集了 4000 多种报刊，研究了大量英国官方会议的有关文件和蓝皮书，写的各种摘录、手稿、提纲、札记等达 100 多本。②马克思在充分占有资料的基础上，分析研究对象的各种发展形式，探索这些形式的内在联系，从现象到本质，从具体到抽象，从复杂到简单，抽象出基本概念，找到了资本主义社会有机体的基本细胞，发现社会生产方式的本质和发展规律。抽象与具体是辩证思维的高级形式，抽象是通过分析把整体分解成各个部分，区分必然和偶然、本质和现象，从中抽取出必然的、本质的因素，以达到对具体事物的某一本质方面的认识，这个过程就是从具体到抽象的过程。而叙述方法正好与思维的行程相反，采用的是主

① ［德］马克思．资本论：第 1 卷［M］．北京：人民出版社，2004：21-22.

② 鲁从明．《资本论》的思想精华和伟大生命力［M］．北京：中共中央党校出版社，2016：10-18.

观辩证法，是从本质到现象，从抽象到具体，从简单到复杂，对于这样的叙述方法，马克思说“好像是一个先验的结构”，但是，从唯物辩证法的方法论看，这个先验的结构是建立在对客观事物分析基础上的。主观辩证法涉及概念、逻辑，是以体现事物本质的概念为基础、为出发点的辩证思维过程，《资本论》的叙述方法即如此。

叙述过程以概念和逻辑的形式展现，在辩证法那里，逻辑与历史相统一，这正是黑格尔的辩证法合理内核，恩格斯对此高度评价说：“黑格尔的思维方式不同于所有其他哲学家的地方，就是他的思维方式有巨大的历史感做基础。形式尽管是那么抽象和唯心，他的思想发展却总是与世界历史的发展平行着……他是第一个想证明历史中有一种发展、有一种内在联系的人……他的基本观点的宏伟，就是在今天也还值得钦佩……这个划时代的历史观是新的唯物主义世界观的直接的理论前提，单单由于这种历史观，也就为逻辑方法提供了一个出发点。”① 从抽象上升到具体的过程是以逻辑必然性再现历史发展的过程，历史的东西是逻辑的东西的基础，但是，历史的东西总是包含有偶然因素、次要因素以及迂回曲折的细节。逻辑通过对历史事实的加工改造，抛弃历史细节，抓住主流，抛弃偶然性，抓住必然性，抛弃偏差，抓住基本方向和基本线索，把握历史发展的内在规律，因此，逻辑的东西能更深刻地反映历史。恩格斯说：“大体说来，发展也是从最简单的关系进到比较复杂的关系……而且，大体说来，经济范畴出现的顺序同它们在逻辑发展中的顺序也是一样的。这种形式表面上看来有好处，就是比较明确，因为这正是跟随着现实的发展，但是实际上这种形式至多只是比较通俗而已。历史常常是跳跃式地和曲折式地前进的，如果必须处处跟随着它，那就势必不仅会注意许多无关紧要的材料，而且也会常常打断思想进程；……因此，逻辑的方式是唯一适用的方式。但是，实际上这种方式无非是历史的方式，不过摆脱了历史的形式以及起扰乱作用的偶然性而已。历史从哪里开始，思想进程也应当从哪里开始，而思想进程的进一步发展不过是历史过程在抽象的、理论上前后一贯的形式上的反映；这种反映是经过修正的，然而是按照现实的历史过程本身的规律修正的，这时，每一个要素可以在它完全成熟而且具有典型性的发展点上加以考察。”② 马克思在写作《资本论》时正是这样做的。在《资本

① 中共中央马克思恩格斯列宁斯大林著作编译局．马克思恩格斯文集：第2卷［M］．北京：人民出版社，2009：602.

② 中共中央马克思恩格斯列宁斯大林著作编译局．马克思恩格斯文集：第2卷［M］．北京：人民出版社，2009：603.

论》第1卷出版之后，资产阶级的评论家们攻击马克思的“叙述方法不幸是德国辩证法的”，是“黑格尔的诡辩”，[①] 恩格斯对此予以强有力的回击，他说明逻辑的方法不是诡辩，而是思想的逻辑遵循事物发展的历史逻辑，只有采用这样的叙述方法，才能够从最简单的关系进到比较复杂的关系，才能够使问题清晰明了，才能够与现实紧密相联，如果逻辑的基石是科学的，逻辑的结构是严密的，则理论的大厦无懈可击。《资本论》的结构和叙述过程都体现了历史走到哪里、逻辑就发展到哪里，展开为：商品→货币→资本→剩余价值→资本主义生产方式的基本矛盾→资本主义发展的历史趋势。[②]《资本论》有无懈可击的铁的逻辑。

张薰华先生在《〈资本论〉脉络》一书中提出，《资本论》的叙述方法是“经过马克思改造的黑格尔的逻辑方法”[③]。黑格尔在他的逻辑学中把概念的展开比作“圆圈的圆圈”，内圈是普遍的东西，是简单的、抽象的、本质的东西，是概念的基本规定。由内圈向外圈展开为复杂的、具体的东西，因而是越来越接近现象的东西。外圈并没有丢掉内圈，而是在内圈的规定上再加上新的规定，使内圈不断丰富和充实起来。张薰华先生的提法和《资本论》的逻辑方法很贴切，我们采用张熏华先生的提法展开《资本论》的逻辑结构。

第一，资本主义生产的基本规律是剩余价值规律，从剩余价值规律是《资本论》主线看《资本论》的逻辑结构体系。如图1-1所示，《资本论》第1卷，从简单商品入手，研究价值生产过程，揭示出价值的本质是劳动者的劳动创造的，创立了劳动价值理论。以劳动价值理论为基础，进一步展开对资本主义商品经济新的规定性的分析，揭示出剩余价值是资本主义生产目的，是在资本主义生产过程中由劳动者的剩余劳动创造的，从而揭示了资本总运动过程的本质，叙述的是资本直接生产过程。《资本论》第2卷

---

① ［德］马克思．资本论：第1卷［M］．北京：人民出版社，2004：20.

② 马克思在分析利润的形成时，按照从抽象到具体的叙述方法，叙述了剩余价值转化为利润，剩余价值率转化为利润率。但是，马克思同时也指出，按照逻辑和历史的顺序，“应当从剩余价值率到利润率的转化引出剩余价值到利润的转化，而不是相反”（［德］马克思．资本论：第3卷［M］．北京：人民出版社，2004：51）。这是因为：其一，资本家只关心他的总资本的获利程度，所以从理论逻辑上讲，是先有剩余价值与预付总资本的比率，即利润率，然后才有按利润率取得的利润；其二，“剩余价值和剩余价值率相对地说是看不见的东西，是要进行研究的本质的东西，而利润率，从剩余价值作为利润的形式，却会在现象的表面上显示出来”（［德］马克思．资本论：第3卷［M］．北京：人民出版社，2004：51）。所以，从历史过程看，也是先有利润率的存在，但是利润率只是在现象上表现出来的东西，通过对这个现象的研究，才揭示出利润率的本质就是剩余价值率，然后我们就可以清楚地看到，利润在本质上和数量上就是剩余价值。

③ 张薰华．《资本论》脉络：第二版［M］．上海：复旦大学出版社，2010：7.

在第1卷这个简单、抽象的本质之上，加上流通过程，展开叙述资本的流通过程，说明剩余价值的实现和再生产的条件，着重说明资本是一个运动，它在运动中增殖，获得生命力。这是包含资本直接生产过程在内的广义的流通过程。《资本论》第3卷在广义流通过程的基础上再加入分配过程，展开为资本主义生产的总过程。总过程以揭示剩余价值在职能资本所有者、生息资本所有者和土地所有者之间如何分配为终结，一切经济活动最终归结为分配。

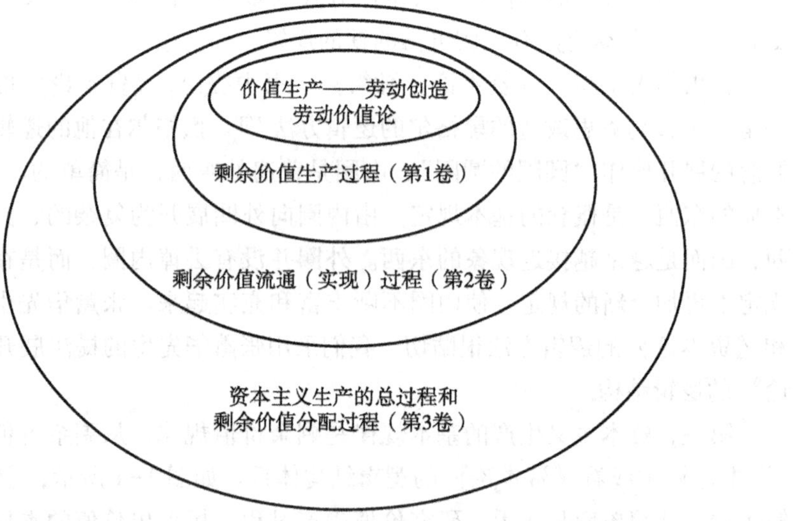

图1-1　《资本论》的逻辑结构

第二，劳动异化为资本。劳动是人类生存的基本手段，自从人类在地球上出现开始，劳动就与之相伴随。随着社会分工和私有制的产生，劳动创造的产品以商品形式存在，商品生产以交换为目的，在交换中产生作为一般等价物的商品并发展成为货币。商品和货币是资本主义生产方式的历史前提，商品生产的发展使生产者不断发生两极分化，并且通过资本原始积累作为助推力加速这种两极分化，结果是，一极是一无所有的劳动者；另一极是生产资料的占有者，表现为占有大量的货币。生产资料所有者只有购买到劳动力才能进行生产，而一无所有的劳动者只有出卖自己的劳动力才能生存，劳动力成为商品，货币转化为资本，购买劳动力的资本因为劳动力的剩余劳动能够创造剩余价值成为可变资本，劳动异化为资本。如图1-2所示，由最基本的劳动概念展开为商品，然后从商品到货币，再到劳动力商品，最后到可变资本，不断加入新的规定，从简单商品生产进入更高一级的资本主义商品生产，并且，这个逻辑过程和历史过程相一致。

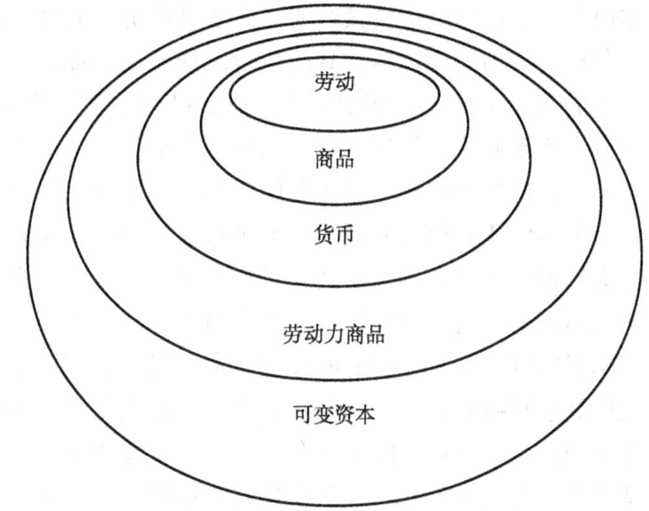

图 1-2 劳动异化为资本的逻辑结构

第三，资本形式的展开。可变资本是最本质的能使资本价值增殖的资本，是图 1-3 所示各种资本展开形式的核心。从直接生产过程看，不仅需要可变资本，而且需要生产资料，由于购买生产资料的资本在生产过程中并不改变自己的价值量，所以称为不变资本，它之所以是资本，是因为它所购买的生产资料在资本主义生产过程中成了劳动者的剩余劳动的吸收器。劳动力和生产资料以资本形式存在并在生产过程中结合，就是生产资本，它是投在物质生产部门（剩余价值必须由使用价值来承担）为资本家生产剩余价值的资本。生产过程不断反复的再生产是资本主义生产方式的特征，这是资本不断增殖的需要，根据生产资本在再生产过程中的价值转移方式的不同，又可以划分为不变资本和可变资本。再生产过程必须要有流通过程作媒介，因此进一步地从直接生产过程展开到流通过程，有了以商品形式存在的商品资本和以货币形式存在的货币资本。马克思说："资本价值在它的流通阶段所采取的两种形式，是货币资本的形式和商品资本的形式；它属于生产阶段的形式，是生产资本的形式。在总循环过程中采取而又抛弃这些形式并在每一个形式中执行相应职能的资本，就是产业资本。这里所说的产业，包括任何按资本主义方式经营的生产部门。"① 投在生产部门的资本包括投在工业、农业、交通运输业、信息工业中的资本。②

① ［德］马克思．资本论：第 2 卷［M］．北京：人民出版社，2004：62-63.
② ［德］马克思．资本论：第 2 卷［M］．北京：人民出版社，2004：64.

产业资本中最本质的是生产资本，生产资本的本质规定来源于可变资本，所以产业资本决定了生产的资本主义性质。由于社会分工发展，流通资本和生产资本相分离，成为商业资本，专门执行流通中的职能，这时资本形态又在产业资本的基础上展开为职能资本，它包括产业资本和商业资本，它们执行着生产和实现剩余价值的职能，因此称为职能资本。相反，不执行生产和实现剩余价值职能的资本是非职能资本，它们寄生在职能资本身上，凭借对货币资本的所有权瓜分剩余价值进行资本增殖，这就是生息资本。前资本主义时期，生息资本采取高利贷资本形式，在资本主义生产方式中，高利贷资本让位于近代借贷资本，它来源于职能资本在循环和周转中因各种原因闲置的资本以及社会上的其他游资，是生息资本的资本主义形式，是为获取利息贷给职能资本家使用的资本。近代借贷资本运动以银行为媒介，由专门经营银行业务的银行资本产生。生息资本带来的利息表现为一个定期收入，把这个定期收入资本化就是虚拟资本，主要以有价证券形式存在，银行资本大部分是虚拟资本。

从运动中看资本，生产资本的运动是核心，流通资本的运动是从再生产过程展开看的资本运动，包含了生产资本的运动。生息资本的运动寄生于生产资本和流通资本的运动。

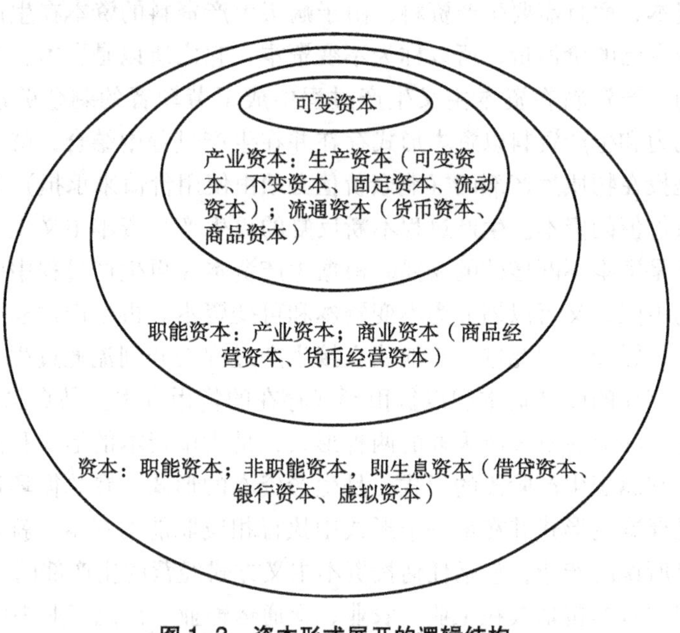

图 1-3　资本形式展开的逻辑结构

第四，劳动是一切收入的源泉。劳动创造商品的价值，在资本主义生产方式下又创造自身的价值。劳动以时间来计量，劳动力作为商品，其价值表现为计时工资，计件工资不过是计时工资的转化形式，这是劳动者用自己的劳动为自己创造的收入。此外，如图 1-4 所示，雇佣工人还必须为资本家提供由其剩余劳动创造的剩余价值。而在资本家看来，剩余价值是由他所预付的全部资本带来的，所以剩余价值在现实资本主义经济活动中表现为利润，依据等量资本获得等量利润原则，利润在职能资本之间平均化为平均利润。在农业部门，农业工人的剩余劳动不仅为农业资本家提供剩余价值，而且提供超额剩余价值（由于土地的资本主义经营垄断，农业部门超出平均利润的超额利润不参加利润的平均化），所以在利润基础上展开为平均利润和农业超额利润，由于土地所有权的垄断，农业超额利润转化为地租，农业资本家只获得平均利润。当资本家（职能资本、企业主）经营需要借入资本时，必须要向借贷资本家付利息，利息是平均利润的一部分。所以本质上是工人的剩余劳动创造的剩余价值在资本主义商品经济中一步步展开为利润、平均利润和超额利润，最终被分割为利息、企业主收入和地租，以收入的形式表现出来。

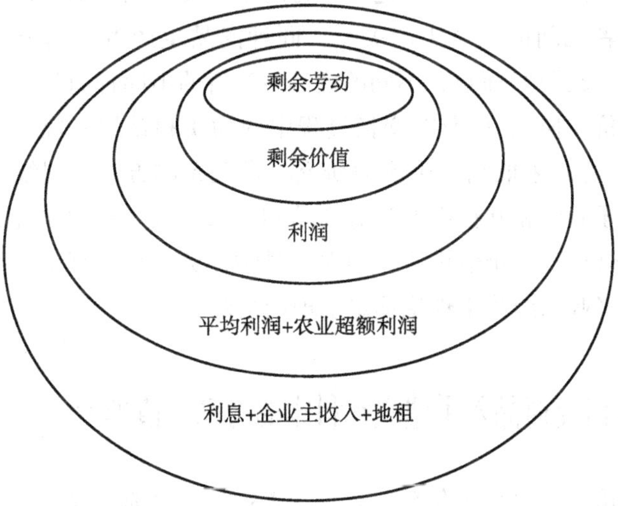

图 1-4 剩余价值分配形式展开的逻辑结构

马克思说，他使用的方法在他之前还没有人在经济问题的研究上运用过，这可能会成为研读《资本论》的障碍①。可见，如果掌握了《资本论》的方法和逻辑，对于理解它就会容易得多。

① ［德］马克思．资本论：第 1 卷［M］．北京：人民出版社，2004：24.

第二章 《资本论》中的劳动价值理论要义及其当代价值

列宁说："商品是这样一种物，一方面，它能满足人们的某种需要，另一方面，它能用来交换别种物。"① 一种商品之所以能够交换另一种商品，是因为它有交换价值；它之所以有交换价值，是因为有价值作基础。所以商品包含使用价值和价值两个因素，使用价值由劳动者有目的地运用生产资料的具体劳动生产，它是生产力的各种要素结合的结果；价值体现着商品生产者之间的社会生产关系：同种商品生产者之间公平支出劳动（耗费社会必要劳动时间）；不同的商品生产者的不同种商品公平交换（等量劳动或等价交换），以及在交换过程中的物质利益的实现（价格围绕价值波动）。马克思采取结合生产力研究生产关系的方法，围绕生产力和生产关系这对矛盾的相互作用展开对商品和货币一般关系的研究，揭示了商品经济一般规律——价值规律，创立了科学的劳动价值理论，以铁的逻辑为马克思主义政治经济学理论奠定了理论基础。

一、从研究商品入手建立起科学的劳动价值理论

商品货币一般关系在资本主义生产方式产生之前已经存在，它可以存在于不同的生产方式之中，而且，无论生产方式如何，商品货币一般关系表现的基本特征和规律是共同的。马克思之所以从商品入手讨论资本主义经济运动规律，是因为，商品生产"是资本主义生产方式的历史前提"，"商品既表现为资本的经常的元素前提，又表现为资本主义生产过程的直

① 中共中央马克思恩格斯列宁斯大林著作编译局．列宁选集：第 2 卷［M］．北京：人民出版社，1972：589.

接结果"①，资本主义生产是发达的商品生产。商品生产可以不在资本主义生产方式下进行，但是资本主义生产方式产生必须以商品经济为历史前提，它的发展必须以商品经济为载体，没有商品生产，就没有资本主义生产方式，商品这个经济细胞已经包含着资本主义生产方式矛盾运动的萌芽。研究商品这个物不是马克思的目的，恩格斯说："经济学研究的不是物，而是人和人之间的关系，……可是这些关系总是同物结合着，并且作为物出现……马克思第一次揭示出这种联系对于整个经济学的意义，从而使最难的问题变得如此简单明了。"② 商品首先是物，但它不仅是物，它是使用价值和价值的矛盾统一体，二者的矛盾是简单商品生产中的基本矛盾（见图 2-1）。在这个矛盾统一体中，使用价值是价值的物质承担者，是与生产力相关的具体劳动生产的，而价值是抽象劳动的凝结，本质是商品生产者之间的生产关系，因此，商品中包含的矛盾归根结底是生产力和生产关系的矛盾。

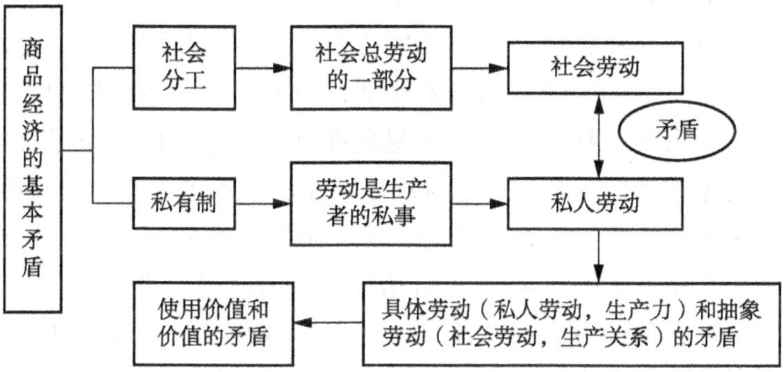

图 2-1 简单商品生产中的基本矛盾

使用价值和价值的矛盾必须通过交换使它们各自得到实现才能解决，为了解决使用价值和价值的矛盾，产生了货币，货币的出现可以缓解但是不能彻底解决矛盾。货币出现为资本主义生产方式的产生提供了必要手段，它不仅可以在市场上购买生产资料，更重要的是，货币所有者在市场上购买到了自由的但一无所有的劳动者所出卖的劳动力，被雇佣的劳动者

① 中共中央马克思恩格斯列宁斯大林著作编译局．马克思恩格斯文集：第 8 卷［M］．北京：人民出版社，2009：424.

② 中共中央马克思恩格斯列宁斯大林著作编译局．马克思恩格斯文集：第 2 卷［M］．北京：人民出版社，2009：604.

能给购买它的人创造剩余价值，货币因此转化为资本，货币所有者成了资本家，资本主义私有制建立，简单的商品生产者之间的生产关系转化为资本主义生产关系。在资本主义机器大工业基础上，生产力发展的社会化程度不断提高，生产资料资本主义私人占有制与其越来越不适应，资本主义生产方式的资本主义基本矛盾产生，表现为生产社会化和生产资料资本主义私人占有之间的矛盾。列宁在《谈谈辩证法》中说："马克思在《资本论》中首先分析资产阶级社会（商品社会）里最简单、最普通、最基本、最常见、最平凡、碰到过亿万次的关系：商品交换。这一分析从这个最简单的现象中（从资产阶级社会的这个'细胞'中）揭示出现代社会的一切矛盾（或一切矛盾的萌芽）。——一般辩证法的阐述（以及研究）方法也应当如此。"①

资本主义生产方式的目的就是追求最大利润。利润从哪里来；为什么资本主义生产方式和它之前的生产方式相比在财富的创造和积累上会有如此强大的动力，而财富增加却伴随着贫困扩散；为什么生产发展却引起经济危机？马克思从资本主义生产方式的客观事实出发，把商品作为资本主义生产方式的经济细胞来解剖，观察其生命体的结构和发展变化的基本规律发现，利润的本质是剩余价值，剩余价值规律是资本主义生产方式的绝对规律，是这个绝对规律的作用推动了生产力的高速发展，同时也带来了资本主义生产方式的一系列问题。再进一步看，剩余价值是价值的转化形式，只有揭示了价值的源泉和本质，揭示了价值规律，才能揭示剩余价值的源泉和本质，才能揭示剩余价值规律，那么，什么是价值，价值客观存在吗，价值的本源和本质是什么？就成为首先需要回答的问题。马克思之前的古典政治经济学②就已经开始研究商品的价值本源问题，并且提出了劳动创造价值的理论，马克思从剖析商品入手，在批判地继承古典政治经济学的劳动价值理论基础上，科学地揭示了价值的本质、源泉及其客观性，从而揭示了商品经济形态中存在着的不以人的意志为转移的价值规律，创立了科学的劳动价值理论。《资本论》是马克思主义政治经济学的代表作，它的全部理论是建立在劳动价值理论基础之上的。

---

① 列宁选集：第2卷［M］．北京：人民出版社，2009：558.

② ［德］马克思说："我所说的古典政治经济学，是指从威廉·配第以来的一切这样的经济学，这种经济学与庸俗经济学相反，研究了资产阶级生产关系的内部联系。"见［德］马克思．资本论：第1卷［M］．北京：人民出版社，2004：99注释（32）．

二、从商品两因素和体现在商品中的劳动二重性理解劳动价值理论的客观性和科学性

商品包含两个因素：使用价值和价值。关于使用价值，它是商品的一个因素，马克思指出它有以下特征。第一，使用价值是商品的客观有用性，“物的有用性使物成为使用价值”①，商品是“靠自己的属性来满足人的某种需要的物。这种需要的性质如何，例如是由胃产生还是由幻想产生，是与问题无关的”②。比如，棉衣能给人保暖，面包能使人饱腹。关于这一点，马克思特别指出，使用价值是商品的客观有用性，而不是人的主观评价，它不像巴尔本所说，“欲望包含着需要；这是精神的食欲，就像肉体的饥饿那样自然——大部分（物）具有价值，是因为它们满足精神的需要”③。在马克思之前及他生活的时代，关于商品价值由什么决定的理论有古典政治经济学的劳动价值论，还有庸俗经济学的效用论、生产费用论、供求论，而巴尔本的关于价值的看法和观点十分混乱，他不仅把使用价值和价值相混同，而且把使用价值的客观有用性等同于主观欲望的评价，主张这种主观欲望评价的效用决定价值。马克思在一些地方也使用“效用”一词，比如在讨论同量使用价值所耗费的劳动变动时，马克思说，“假定生产一件上衣的必要劳动增加一倍或减少一半……虽然在这两种场合，上衣的效用和从前一样，上衣包含的有用劳动的质也和从前一样，但生产上衣所耗费的劳动量有了变化”④，在讨论商品的交换过程时又说，当劳动产品有意为交换而生产时，“物满足直接需要的效用和物用于交换的效用的分离固定下来了”⑤。显然，马克思所说的一件上衣的“效用”和商品满足直接需要还是用于交换的“效用”，都是在说商品作为使用价值的客观有用性，这种客观有用性，无论是生产它耗费的劳动如何变化、无论它是生产者自己使用还是提供给别人使用都是一样的，即能够满足人们某个方面的客观需要。这与巴尔本和现代西方经济学所说的“效用”完全不同。第二，无论财富的社

① ［德］马克思．资本论：第1卷［M］．北京：人民出版社，2004：48.
② ［德］马克思．资本论：第1卷［M］．北京：人民出版社，2004：47.
③ ［德］马克思．资本论：第1卷［M］．北京：人民出版社，2004：47-48注（2）.
④ ［德］马克思．资本论：第1卷［M］．北京：人民出版社，2004：59.
⑤ ［德］马克思．资本论：第1卷［M］．北京：人民出版社，2004：107.

会形式如何，使用价值总是构成财富的物质内容。第三，在商品社会中，使用价值是交换价值的物质承担者，是“交换手段”①。第四，使用价值只是在使用或消费中得以实现，而且，“商品在能够作为使用价值实现以前，必须先作为价值来实现”②。第五，使用价值是由劳动者有具体目的、操作方式、手段的具体劳动创造的，作为生产商品使用价值的劳动，“只有耗费在对别人有用的形式上，才能算数”③。需要进一步说明的是，马克思的使用价值概念和现代微观经济学中的“效用”概念不同，在西方经济学那里，效用是人对某一个具体商品的主观评价，因人物、时间、地点的不同而不同，而且它还决定价值。在马克思这里，商品的使用价值体现着人类劳动和其他生产资料相结合为社会所做出的贡献——生产了社会物质财富，使用价值和劳动生产力相关，它不决定价值。

关于价值，它是把商品的使用价值撇开后剩下的商品的另一个因素。为什么要抽象掉商品的使用价值去寻找价值？因为生产商品的目的是用来交换别种使用价值，两种具有不同使用价值的商品进行交换，需要确定一个它们之间相交换的量的比例，比如，一只羊可以交换到两把斧子，这是不同使用价值之间的量的比例，马克思把这个比例称为交换价值，“交换价值首先表现为一种使用价值同另一种使用价值相交换的量的关系或比例”④。这种量的表现是形式，是现象，形式和现象背后的内容和本质是必须要探究的。因为形式和现象的表现在不同条件下往往是不确定的、纷乱的，不能说明问题还往往引起认识上的混乱。马克思说，交换价值表现的“这个比例随着时间和地点的不同而不断改变。因此，交换价值好像是一种偶然的、纯粹相对的东西，也就是说，商品固有的、内在的交换价值——似乎是一个形容语的矛盾”⑤。这个看似矛盾的表述，根源于把作为形式和现象的交换价值混同于作为价值的内容和本质的价值。⑥

①② ［德］马克思．资本论：第1卷［M］．北京：人民出版社，2004：104.

③ ［德］马克思．资本论：第1卷［M］．北京：人民出版社，2004：105.

④⑤ ［德］马克思．资本论：第1卷［M］．北京：人民出版社，2004：49.

⑥ 马克思之前和同时代的研究者把价值与交换价值相混同，关于他们的观点，马克思有引述：“价值就是一物和另一物、一定量的这种产品和一定量的别种产品之间的交换关系。”——勒特罗纳《论社会利益》。“物的价值正好和它会换来的东西相等。”——尼·巴尔本《新币轻铸论。答洛克先生关于提高货币价值的意见》。见［德］马克思．资本论：第1卷［M］．北京：人民出版社，2004：49注释（6）（7）.

表 2-1 事物现象与本质的关系

现象	本质
暴露于事物外部， 感官直接感知	深藏于事物内部， 抽象思维才能把握
个别的、具体的	一般的、共同的
多变易逝	相对稳定

考察形式与现象背后的内容和本质，必须要运用抽象的思维方法，交换价值的表现形式是使用价值的量的比例，抽象掉这个外部表现看内容，抛开现象寻找本质，那就必须要抽象掉使用价值，寻找那个可以使五光十色完全不同的使用价值建立起量的关系和比例的东西，这个东西一定是所有使用价值具有的、无差别的、共同的东西（见表 2-1）。由于抽象掉了使用价值，也就抽象掉了生产使用价值的劳动的具体属性，“随着劳动产品的有用性质的消失，体现在劳动产品中的各种劳动的有用性质也消失了，因而这些劳动的各种具体形式也消失了。各种劳动不再有什么差别，全部化为相同的人类劳动，抽象人类劳动”①。这样，商品现在只是表示在它们的生产上耗费了无差别的人类劳动。“这些物现在只是表示，在它们的生产上耗费了人类劳动力，积累了人类劳动。这些物，作为它们共有的这个社会实体的结晶，就是价值——商品价值”②。价值是由抽象劳动的凝结形成的，由于价值必须要由使用价值来承担，即必须要物化在商品体中，因此，在交换中价值也需要以使用价值的形式出现在市场上，去寻找另一个中意的使用价值作为交换对象，这是交换能够进行的前提，而如果能够交换成功，还需要有一个商品内在固有的、公平合理的尺子来确定交换的量的比例。回到前面提出的问题，为什么一只羊能够换得两把斧子？因为它们各自所含的价值量也就是所耗费的无差别的抽象劳动的量相等。因此，价值是交换价值的内容和本质，交换价值是价值的形式和现象。抽象劳动是蕴含在劳动者身体中的流动的劳动，它是价值实体，当劳动者在劳动过程中把劳动物化或凝结在商品中时，才形成价值，劳动物化或者凝结的对象是商品体，是商品的使用价值，因此，使用价值成了价值的物质承担者。

综上可见，商品是使用价值和价值的对立统一体。商品的使用价值和价值的统一性体现在以下三个方面：①有使用价值但不是劳动产品，不是

①② ［德］马克思．资本论：第 1 卷［M］．北京：人民出版社，2004：51.

商品，比如自然环境中存在的空气、水；②具有使用价值的劳动产品，但不是为交换目的而生产的产品，不是商品，比如生产出来自己吃的粮食，所以作为价值物质承担者的商品的使用价值是“社会的使用价值”，即是为别人、为社会生产的使用价值；③没有用的劳动产品没有使用价值，因此不是商品，比如生产出来的废品。[①] 需要注意的是，有使用价值但是在市场上供过于求卖不掉最终报废的商品不属于这种情况，这属于商品进入市场交换过程中使用价值和价值的实现问题，商品在作为使用价值实现之前，必须先作为价值实现，商品卖不掉，就不能实现价值，因此也不能实现使用价值，在资本主义生产相对过剩危机爆发时，这种情况普遍存在。由此可见，商品的二因素不仅要统一于商品体中，具有统一性，而且二因素之间还有对立性，商品是使用价值和价值二因素的对立统一体。从对立性来讲，商品的使用价值和价值相互排斥，二者不可兼得，商品生产者只有放弃商品的使用价值才能获得价值，获得价值是商品生产者的目的，这是商品生产者取得其他能够满足自己需要的商品的前提。

在讨论商品是使用价值和价值二因素时已知，商品的二因素根源于劳动的二重性：同一劳动作为具体劳动生产使用价值；作为抽象劳动形成价值。在商品经济中，劳动者的具有两重性的劳动过程就是商品的生产过程，所以商品两因素的对立统一根源于劳动二重性，并由此派生出商品经济基本矛盾。

具体劳动即有用劳动，它是劳动者有具体目的、操作方式、对象、手段和结果的生产活动。具体劳动和分工之间有着密切关系，具体劳动表现了分工。在商品社会里，各种具体劳动由于质的区别（比如农业劳动和工业劳动）发展成为一个多支的体系，发展成社会分工。马克思由此引申出商品生产存在的条件，指出在历史上，社会分工和独立的互不依赖的私人劳动是商品生产存在的条件。[②] 社会分工体现着分工体系中的劳动者都是在为别人、为社会生产使用价值，而独立的互不依赖的私人劳动体现着产品必须通过公平尺度的衡量——等量劳动或等价交换，才能使处于社会分工体系中的生产者互通有无，实现各自的物质利益，因此，才会有商品生产这种形式。社会分工是商品生产存在的一个条件，但不是充分必要条件，存在社会分工并不一定存在商品生产，“在古代印度公社中就有社会

① ［德］马克思．资本论：第1卷［M］．北京：人民出版社，2004：54.

② ［德］马克思．资本论：第1卷［M］．北京：人民出版社，2004：55.

分工，但产品并不成为商品……只有独立的互不依赖的私人劳动的产品，才作为商品互相对立”①。所以独立的互不依赖的私人劳动决定的商品私有权才是商品形式存在的充要条件，是商品交换的基础。商品是物，不能自主到市场上去交换，如果没有商品被不同的人占有，没有你我之分；没有商品私有权，就没有交换关系存在，比如在原始共同体内部、古代印度公社②、印加国（氏族公社）③中，都是全体成员利用公共生产资料共同劳动，共同支配劳动产品，因此不存在商品生产和交换。历史上，“商品交换是在共同体的尽头，在它们与别的共同体或其成员接触的地方开始的”④。为别人生产使用价值的前提条件是社会分工，而为别人生产并且要通过交换才能成为别人的使用价值即交换关系产生的前提是，交换双方必须彼此承认对方是商品的私有者，必须通过交换，才能让渡自己的商品，并占有别人的商品。马克思说：“为使这种让渡成为相互的让渡，人们只需默默地彼此当作那些可以让渡的物的私有者，从而彼此当作独立的人相对立就行了。”⑤也就是说，商品交换双方“必须彼此承认对方是私有者。这种具有契约形式的（不管这种契约是不是用法律固定下来的）法的关系，是一种反映着经济关系的意志关系。这种法的关系或意志关系的内容是由这种经济关系本身决定的。在这里，人们彼此只是作为商品的代表即商品占有者而存在”⑥。商品的交换由交换双方商品所有者的意志决定，只有双方都愿意，才能进行交换。一个商品是不是要出卖，甚至卖多少钱，是不能由商品所有者的意志随意决定的，这是因为：第一，作为商品所有者，必须出卖你的商品，借此实现商品的价值并且换取所需要的使用价值，否则你就无法生活和再生产；第二，商品能不能卖出去，不能由你来决定，而是取决于需求；第三，撇开市场供求不平衡因素，商品只能按照社会必要劳动时间所决定的价值量来交换。因此，法权关系或意志关系都是由商品经济关系决定的。商品生产者必须拥有商品所有权，这是成为独立的市场主体的必要条件，商品交换必须以明晰的商品私有权为必要条件，它给我们的启示是：在中国社会主义商品经济形式下，国有企业必须成为独立的市场主体，其必要条件是，独立运用生产要素、独立决策和生

① ［德］马克思．资本论：第1卷［M］．北京：人民出版社，2004：55.
② ［德］马克思．资本论：第1卷［M］．北京：人民出版社，2004：902注释61.
③ ［德］马克思．资本论：第1卷［M］．北京：人民出版社，2004：907注释100.
④⑤ ［德］马克思．资本论：第1卷［M］．北京：人民出版社，2004：107.
⑥ ［德］马克思．资本论：第1卷［M］．北京：人民出版社，2004：103-104.

产，拥有对自己商品的所有权。由于国有企业原本代表社会全体成员使用生产资料，其财产由公共所有，因此，如何进行国有企业改革，使其成为独立的市场主体，同时国有资产又仍然具有公共财产的性质，在市场经济活动中实现保值增值，并且使增值部分满足促进公共利益增长的需要，仍然是一个需要探索和实践的重大理论与现实课题。从中国国有企业改革历程来看，主导思想和主要做法是，通过独资、控股和参股合资等产权改革，让国有企业真正成为独立的市场主体，使国有资产使用效率最大化，同时防止国有资产流失，实现国有资产保值增值，增值的部分除了用于企业发展、缴纳税收，还要通过上缴利润的形式体现国有资产全民所有，实现全体人民共享共同利益。

具体劳动还需要结合客体（生产资料）才能生产使用价值，“种种商品体是自然物质和劳动这两种要素的结合……人在生产中只能像自然本身那样发挥作用，就是说，只能改变物质的形式。不仅如此，他在这种改变形态的劳动本身中还要经常依靠自然力的帮助。因此，劳动并不是它所生产的使用价值即物质财富的惟一源泉。正像威廉·配第所说，‘劳动是财富之父，土地是财富之母’”①。创造社会财富的源泉归根结底是劳动和自然资源，除了自然资源以外的劳动对象和劳动手段都不是社会财富的源泉，因为它们只是由劳动和自然资源创造出来的、借以生产财富的手段。②所以具体劳动与劳动生产力相关，具体劳动过程就是生产力发挥作用，通过对自然资源的物质变换，生产出满足人们需要的使用价值的过程。具体劳动只是进行着“人与自然之间的物质变换”，具有“人类生活得以实现的永恒的自然必然性”，所以具体劳动是人类社会永恒的存在，具有自然属性。

关于抽象劳动即无差别的人类劳动，它是“一般人类劳动的耗费”，即“它是每个没有任何专长的普通人的有机体平均具有的简单劳动力的耗费”③。劳动有简单和复杂的差异，“简单平均劳动本身——在一定的社会里是一定的。比较复杂的劳动只是自乘的或不如说多倍的简单劳动”④。抽

---

① ［德］马克思．资本论：第1卷［M］．北京：人民出版社，2004：56-57.

② ［德］马克思引用彼得罗·韦里的《政治经济学研究》中的一段话说明了这一点：“宇宙的一切现象，不论是由人手创造的，还是由自然的一般规律引起的，都不是真正的新创造，而只是物质的形态变化。”参见［德］马克思：资本论：第1卷［M］．北京：人民出版社，2004：56注释（13）.

③ ［德］马克思．资本论：第1卷［M］．北京：人民出版社，2004：58.

④ ［德］马克思．资本论：第1卷［M］．北京：人民出版社，2004：58.

象劳动创造价值的过程实际上是生产关系发挥作用的过程。因为抽象劳动不是单纯人类生理学意义上的劳动支出，这种生理学意义上的劳动（脑力和体力支出）从来就有，只是在一定的社会历史条件下，才有必要作为抽象劳动。具体来说，当为社会生产但被不同的人占有（存在私有权）的产品需要通过交换互通有无时，需要有一个区别于不同商品具体形态的第三种所有商品共同具有的、能够计量的东西作为衡量交换产品的尺度，这就是，它们都是无差别的"一般人类劳动的耗费"。这是抽象劳动存在的意义，也是价值关系存在的意义。以不同产品中所耗费的"一般人类劳动"作为交换基础，体现了商品生产者之间的平等交换劳动，实现各自物质利益的关系。从抽象劳动存在的条件看，抽象劳动是社会历史形式，由抽象劳动凝结形成的价值体现着商品生产者之间的生产关系，只是这种关系被使用价值这个物的外壳掩盖着，是需要通过研究揭示的①。抽象劳动只是在一定的社会历史条件下、在劳动产品需要进行交换时才有存在的必要，抽象劳动为商品生产而生，价值和抽象劳动是特殊的社会历史形式的产物，具有社会属性。抽象劳动和价值体现着的人与人之间的关系实质上是商品生产者之间必须要平等交换劳动以实现各自物质利益的关系。商品经济关系与生俱来的平等性可以从马克思对古希腊的伟大思想家亚里士多德关于价值形式研究的评价中看到。马克思指出，亚里士多德已经知道，"没有等同性，就不能交换，没有可通约性，就不能等同"②。但是，由于缺乏价值概念，"亚里士多德没有能从价值形式本身看出，在商品价值形式中，一切劳动都表现为等同的人类劳动，因而是同等意义的劳动，这是因为希腊社会是建立在奴隶劳动的基础上的，因而是以人们之间以及他们的劳动力之间的不平等为自然基础的。价值表现的秘密，即一切劳动由于而且只是由于都是一般人类劳动而具有的等同性和同等意义，只有在人类平等概念已经成为国民的牢固的成见的时候，才能揭示出来。而这只有在这样的社会里才有可能，在那里，商品形式成为劳动产品的一般形式，从而人们彼此作为商品占有者的关系成为占统治地位的社会关系。亚里士多德在商品的价值表现中发现了等同关系，正是在这里闪耀出他的天才的光辉。只是他所处的社会的历史限制，使他不能发现这种等同关系'实际

① 马克思在注释中对加利阿尼《货币论》中的一段话做了如下评论："因此，当加利阿尼说价值是人与人之间的一种关系时，他还应当补充一句：这是被物的外壳掩盖着的关系。"见［德］马克思．资本论：第1卷［M］．北京：人民出版社，2004：91注释（27）．

② ［德］马克思．资本论：第1卷［M］．北京：人民出版社，2004：74．

上'是什么"[①]。抽象劳动和价值范畴是为了满足不同种商品的所有者平等交换使用价值的要求而产生，不同种的商品所有者平等交换使用价值的本质是无差别的等量劳动相交换，交换的目的是补偿劳动耗费和互通有无，而当今垄断资本主义实施的人为的垄断高价和垄断低价是违背商品经济本质的，因此，使市场经济有效运行，必须要限制垄断。

关于劳动二重性，马克思认为其对于建立科学的劳动价值理论和理解整个政治经济学都十分重要，他之前的古典政治经济学研究者们都没有在理论上搞清楚这个问题，所以他们虽然提出了劳动价值论，但是在一些基本问题上概念混乱，难以使其成为科学的理论，不过在劳动创造价值的理论中，也有稍纵即逝的没有进一步体现出来的思想火花。马克思说："最早的经济学家之一、著名的富兰克林，继威廉·配第之后看出了价值的本质，他说：'因为一般说来贸易无非是一种劳动同另一种劳动的交换，所以一切物的价值用劳动来估计是最正确的。'富兰克林没有意识到，既然他'用劳动'来估计一切物的价值，他也就抽象掉了各种互相交换的劳动的差别，这样就把这些劳动化为相同的人类劳动。他虽然没有意识到这一点，却把它说了出来。"[②] 富兰克林已经指出，商品交换实际上是不同的商品生产者在相互交换他们的劳动，所以价值一定是用劳动来估计的，但是他没有能够发现这种估计价值的劳动的属性到底是什么，生产五花八门商品的劳动怎么才能够去估计一切商品的价值，马克思回答了这个问题，提出生产商品的劳动具有二重性，"一切劳动，一方面是人类劳动力在生理学意义上的耗费；就相同的或抽象的人类劳动这个属性来说，它形成商品价值。一切劳动，另一方面是人类劳动力在特殊的有一定目的的形式上的耗费；就具体的有用的劳动这个属性来说，它生产使用价值"[③]，劳动作为具体劳动，"是怎样劳动，什么劳动的问题"，劳动作为抽象劳动，"是劳动多少，劳动时间多长的问题"[④]。马克思的劳动价值理论的最大贡献是提出了劳动二重性学说，马克思在 1867 年 8 月 24 日给恩格斯的信中写道，《资本论》中"最好的地方"之一是"在第一章就着重指出了劳动或是表现为使用价值或是表现为交换价值这种劳动的二重性（这是对事实的全部

① ［德］马克思．资本论：第 1 卷［M］．北京：人民出版社，2004：75.
② ［德］马克思．资本论：第 1 卷［M］．北京：人民出版社，2004：65 注释（17a）.
③ ［德］马克思．资本论：第 1 卷［M］．北京：人民出版社，2004：60.
④ ［德］马克思．资本论：第 1 卷［M］．北京：人民出版社，2004：59.

理解的基础）”[①]，并且在《资本论》中指出，“商品中包含的劳动的这种二重性，是首先由我批判地证明的。这一点是理解政治经济学的枢纽”[②]。劳动二重性学说科学地说明了使用价值和价值的源泉，揭示了作为商品的使用价值的作用和价值的本质；使商品中所包含的价值有了客观计量标准，在此基础上揭示出价值量的决定、变动和交换规律；揭示了价值形式或交换价值的内容和本质，进而揭示出作为价值形式完成形式的货币的本质，最终使劳动价值理论具有了铁的逻辑，成为科学，并且为剩余价值理论奠定了基础。马克思主义政治经济学的基石是劳动价值理论，剩余价值理论是中心，因此可见劳动二重性的重要地位。关于劳动二重性为什么是理解政治经济学的枢纽的问题，将在后面的剩余价值理论和劳动价值理论关系解析问题中进一步展开分析。

三、如何理解社会必要劳动时间决定商品的价值量

每件商品不仅包含着无差别人类劳动凝结的价值，“而且是一定量的价值”[③]，如前所述，交换价值表现出来的不同使用价值之间的量的比例的内容是价值量比例，价值量用使用价值中凝结的抽象劳动的量来计量，“劳动本身的量是用劳动的持续时间来计量，而劳动时间又是用一定的时间单位如小时、日等作尺度”[④]。但是，单个商品的价值量不是由生产者的个别劳动时间耗费决定，而是由生产这种商品的社会必要劳动时间决定。所以“一种商品的价值同其他任何一种商品的价值的比例，就是生产前者的必要劳动时间同生产后者的必要劳动时间的比例”[⑤]。这些在政治经济学普及的今天，已经成为常识，但是，在如何理解社会必要劳动时间决定商品的价值量的问题上仍长期争论不休，问题的根源在于如何理解马克思本人的相关理论。这个问题绝不是无谓的争论，而是在理论上能否坚持劳动价值理论、在实践上如何遵循和利用价值规律的重要问题，这是进行《资本论》文本研究的意义所在。

---

① 中共中央马克思恩格斯列宁斯大林著作编译局．马克思恩格斯文集：第10卷［M］．北京：人民出版社，2009：268.

② ［德］马克思．资本论：第1卷［M］．北京：人民出版社，2004：54-55.

③ ［德］马克思．资本论：第1卷［M］．北京：人民出版社，2004：59.

④ ［德］马克思．资本论：第1卷［M］．北京：人民出版社，2004：51.

⑤ ［德］马克思．资本论：第1卷［M］．北京：人民出版社，2004：53.

（一）社会必要劳动时间的内容

讨论社会必要劳动时间决定商品价值量的问题，需要关注两个前提：①“生产使用价值的社会必要劳动时间，决定该使用价值的价值量”[①]。所以使用价值是前提，因为使用价值是价值的物质承担者。一个生产出的东西没有使用价值，生产这个东西所耗费的即使是社会必要劳动时间也不会形成价值量。②这里的讨论以短期市场供求平衡为前提。马克思在这里讨论的是价值量如何通过劳动者在劳动过程中的劳动耗费形成和其大小如何最终被决定的问题。决定价值量的劳动时间具有社会性，“这个劳动量本身是社会地决定的”[②]，即社会必要劳动时间的产生是一个社会选择过程，在社会选择过程中，产生出的是效率标准，体现着同种商品生产者之间的物质利益获得关系。这个标准显然必须以短期市场供求平衡为前提，即排除短期市场供求波动因素才能找到，马克思在讨论商品价值量决定问题时，一直暗含着这个前提。与此相关的是这里提到的另一个前提——使用价值，它所强调的是在质量上是否合格，而由使用价值量构成物质内容的供给量是否能够符合市场的需求量的问题暂时被抽象掉了。当供求失衡时，引起的是价值能否实现的问题，是在以后才要讨论的问题。

社会必要劳动时间不是一个简单的时间计量问题，因为人类的生命和生存活动与时间紧紧相连，人类在劳动中诞生，在劳动中生存，在劳动中成长和发展，这个过程都与时间相伴随，并且，劳动者每劳动一小时，就是劳动者的“生命力在一小时内的耗费”[③]。劳动还必须涉及生产条件，涉及劳动者的劳动耗费，而且人类劳动天生具有社会性[④]，只是在商品经济形态下，由于商品交换的需要，劳动的社会性才以无差别的人类劳动形式出现，这时，每一个单个劳动力，都是同一的人类劳动力，作为同一的人类劳动力，必须“具有社会平均劳动力的性质，起着这种社会平均劳动力的作用，从而在商品的生产上只使用平均必要劳动时间或社会必要劳动时间”[⑤]。因此，“社会必要劳动时间是在现有的社会正常的生产条件下，在

---

① ［德］马克思．资本论：第1卷［M］．北京：人民出版社，2004：52.

② ［德］马克思．资本论：第1卷［M］．北京：人民出版社，2004：244.

③ ［德］马克思．资本论：第1卷［M］．北京：人民出版社，2004：221.

④ 从原始共同体的共同劳动到社会分工出现后的共同协作，处处都体现了劳动具有社会性。

⑤ ［德］马克思．资本论：第1卷［M］．北京：人民出版社，2004：52.

社会平均的劳动熟练程度和劳动强度下制造某种使用价值所需要的劳动时间”①。

第一，关于社会必要劳动时间是社会平均的劳动熟练程度和劳动强度下所耗费的劳动时间。

平均的劳动熟练程度是指“劳动力本身的正常性质。劳动力在它被使用的专业中，必须具有在该专业占统治地位的平均熟练程度、技巧和速度”②。举例来说，许多生产者共同生产某种商品，社会必要劳动时间要求的社会平均的劳动熟练程度是每 1 小时生产 1 件，如果劳动者达不到平均熟练程度（包括技巧和速度），每 2 小时生产 1 件，社会只能按照平均的劳动熟练程度下所耗费的劳动时间计量其单位商品价值量，其多花费的 1 小时劳动时间是不被社会承认的。如果劳动者超过平均的劳动熟练程度，比如每 0.5 小时生产 1 件商品，则可以通过生产交换“承认为”比较多的（1 小时）的社会必要劳动时间，所以劳动熟练程度差别所涉及的不是价值量决定问题，而是价值实现问题，因为它并没有使劳动者的劳动量耗费变多或者变少。

社会必要劳动时间是社会平均的劳动强度下所耗费的劳动时间，是指“劳动力必须以通常的平均的紧张程度，以社会上通常的强度来耗费”③。与劳动熟练程度不同，劳动强度的差别直接影响着劳动者的劳动量的耗费，因此，劳动强度差别所涉及的是价值量的决定问题。马克思指出：“劳动强度的提高是以在同一时间内劳动耗费的增加为前提的。”④提高劳动强度，就是“在同样的时间内增强劳动消耗，提高劳动力的紧张程度，更紧密地填满劳动时间的空隙，……这种压缩在一定时间内的较大量的劳动，现在是算作较大的劳动量，而实际上也是如此。现在，计量劳动时间的，除了它的‘外延量’以外，还有它的密度。现在，十小时工作日中一个强度较大的小时，同十二小时工作日中一个较松弛的小时相比，包含相同的或者更多的劳动，即已耗费的劳动力”⑤。所以以平均劳动强度折算，现在的 10 小时劳动时间相当于 12 小时的劳动时间，在相同的劳动时间内，劳动强度较大条件下生产的劳动产品同在较松弛的劳动下生产的产品相比，具有更多的价值量。

---

① ［德］马克思．资本论：第 1 卷［M］．北京：人民出版社，2004：60.

②③ ［德］马克思．资本论：第 1 卷［M］．北京：人民出版社，2004：228.

④ ［德］马克思．资本论：第 1 卷［M］．北京：人民出版社，2004：599.

⑤ ［德］马克思．资本论：第 1 卷［M］．北京：人民出版社，2004：472.

第二，关于社会必要劳动时间是在正常（或一般）的生产条件下所耗费的劳动时间。

所谓正常生产条件，是指生产中使用正常设备，生产过程中的原料耗费也是正常的。马克思指出："劳动力应该在正常的条件下发挥作用。如果纺纱机在纺纱业中是社会上通用的劳动资料，那就不能让工人使用手摇纺车。他所用的棉花也应该是正常质量的棉花，而不应该是经常断头的坏棉花。否则在这两种情况下，他生产一磅棉纱所耗费的劳动时间就会超过社会必要劳动时间，而这些超过的时间并不形成价值或货币。"①

随着时间的变化，生产条件会发生变化，因此，社会必要劳动时间是在现有生产条件下生产某种商品的劳动时间。"每一种商品（因而也包括构成资本的那些商品）的价值，都不是由这种商品本身包含的必要劳动时间决定的，而是由它的再生产所需要的社会必要劳动时间决定的"②。就原材料而言，"例如，同一数量的棉花在歉收时比在丰收时代表更多的劳动量，那就会反过来对原有的商品产生影响，因为原有的商品始终只是本类商品的一个样品，它的价值总是由社会必要劳动计量的，因而也总是由现有的社会条件下的必要劳动计量的"③。也就是说，往年库存的原料的价值量会受到当年原料价值量大小的影响，其价值量是由当年生产它所耗费的社会必要劳动时间决定的，而不是由往年生产它所实际耗费的社会必要劳动时间决定的。就机器而言，"例如，由于一种新发明，同种机器可由较少的劳动耗费再生产出来，那么旧机器就要或多或少地贬值，因而转移到产品上去的价值也要相应地减少"④。

在关于生产条件下所耗费的劳动时间问题的讨论中，需要区分价值决定和价值形成问题。马克思在探寻价值源泉的理论中，抽象掉了生产商品的劳动力和生产资料本身的价值因素在商品价值形成中的作用不谈，只考察当期生产过程中新价值是如何决定的，提出抽象劳动的凝结决定商品的价值。而在社会必要劳动时间决定商品价值量理论中，马克思谈道，正常生产条件下生产商品所耗费的生产资料中包含的价值通过转移其中包含的过去劳动创造的价值也形成新产品的价值。也就是说，社会必要劳动时间决定商品价值量，不仅包括新创造的价值量，而且包括所使用的生产资料

---

① ［德］马克思．资本论：第1卷［M］．北京：人民出版社，2004：228.

② ［德］马克思．资本论：第3卷［M］．北京：人民出版社，2004：157.

③④ ［德］马克思．资本论：第1卷［M］．北京：人民出版社，2004：244.

中包含的过去劳动创造的旧价值量的转移，因此，这不仅是一个抽象劳动创造新价值的过程，而且是一个价值形成过程，社会必要劳动时间理论所涉及的是价值形成问题。社会必要劳动时间理论是讨论价值形成过程的基础，价值形成过程理论是商品价值量由社会必要劳动时间决定理论的具体展开，可以更加接近现实地来看价值在商品生产过程中是如何形成的。商品价值的形成过程，是生产资料旧价值的转移和活劳动创造新价值的过程，所有生产要素都在价值形成过程中发挥作用。价值形成理论建立在劳动二重性学说基础之上，并且有力地证明了劳动二重性的客观性。

商品生产过程具有二重性，是劳动过程和价值形成过程的统一，劳动二重性决定商品生产过程的二重性。劳动过程是作为生产力的具体劳动发挥作用的过程，它是生产力三要素结合发挥作用的过程，“是人以自身的活动来中介、调整和控制人和自然之间的物质变换的过程”①，劳动过程的结果是改变劳动对象的形态，生产出新的使用价值，比如棉花纺成棉纱。价值形成过程是具体劳动转移生产资料旧价值和抽象劳动创造新价值的过程。首先，劳动作为具体劳动转移生产资料旧价值，生产资料（劳动资料和劳动对象）旧价值是当期生产生产资料时所耗费的社会必要劳动时间；其次，劳动作为抽象劳动，它的凝结创造新价值。价值的形成必须具备两个条件：第一，生产资料必须实际上用来生产使用价值，因为使用价值是价值的物质承担者；第二，所用劳动时间是一定社会条件下的必要劳动时间。比如，使用铁锭纺纱，劳动 1 小时耗费 a 磅棉花纺出 b 磅纱是正常的即平均的社会的生产条件，那么，只能按照这个条件转移生产资料旧价值，创造新价值。马克思幽默地指出：“如果纺 1 镑纱只需要 1 磅棉花，那么，纺 1 镑纱就只应当消耗 1 磅棉花，纱锭也是这样。如果资本家异想天开，要用金锭代替铁锭，那么在棉纱的价值中仍然只计算社会必要劳动，即生产铁锭所必要的劳动时间。”② 关于生产资料旧价值的转移，马克思指出，所能转移的旧价值由现有的社会条件下生产这些生产资料的必要劳动计量，所以如果生产同样生产资料的社会必要劳动时间发生了变化，使用过去生产的生产资料所转移到新产品中的价值量可能等于、大于或小于其本身所包含的价值量。

价值形成理论表明，劳动创造价值具有客观性，并且可以计量。价值

① ［德］马克思．资本论：第 1 卷［M］．北京：人民出版社，2004：207-208.

② ［德］马克思．资本论：第 1 卷［M］．北京：人民出版社，2004：220.

首先是一种生产关系，体现着通过商品所有者之间平等交换劳动（等量劳动或者等价交换）实现其各自物质利益的关系，因此，价值概念有意义的是它的量的计量问题。从价值形成过程角度看，具体劳动和生产资料在其中也起着重要作用，在形成价值的过程中，原料是劳动的吸收器，产品是劳动的测量器，可以用产品数量体现社会必要劳动量，比如，皮鞋生产的平均生产效率是 1 小时生产 1 双鞋，则 1 双鞋就是这类产品社会劳动的化身——代表产品的社会必要劳动量，若效率提高 1 倍，那么，1 小时生产 2 双鞋为平均效率。“由经验确定的一定的产品量，现在只不过代表一定量的劳动，代表一定量凝固的劳动时间。它们只是一小时、两小时、一天的社会劳动的化身”①。马克思特别强调的是社会必要劳动时间的社会性和行业或者部门的生产条件的正常性或者平均性，这是一个社会选择过程，也是经验，而不是设计一个什么计量公式或者模型所能计算出来的。包括简单劳动和复杂劳动的量的关系、利润率和平均利润率、生产价格量和价值量的关系，马克思也是采用这样的方法和逻辑加以论证的，这种理论分析方法和逻辑符合现实经济运动的逻辑。

价值形成理论还表明，商品的价值量由所转移的旧价值量和当期抽象劳动新创造的价值量构成，这是马克思的科学劳动价值论的重要组成部分，旧价值的转移与生产资料也创造价值有着本质区别。准确理解价值形成理论，是坚持劳动价值理论、避免滑向生产要素价值论的关键，为剩余价值理论的创立奠定了科学、坚实的理论基础。“价值增殖过程不外是超过一定点而延长了的价值形成过程”②，在这个延长了的价值形成过程中，由当期劳动者新投入的劳动创造的新价值被资本无偿占有的部分，它形成剩余价值。

在价值形成过程中，具体劳动转移生产资料旧价值，抽象劳动创造新价值，劳动在生产商品过程中的这种二重性作用是客观存在的，它可以从劳动生产率、生产资料价值、活劳动投入量的变动中表现出来。具体有以下三种情况③：第一，生产资料价值不变，本部门劳动生产率提高（某种新发明运用），生产等量使用价值所花活劳动减少。这时可见，劳动作为具体劳动转移的生产资料旧价值没变，而作为抽象劳动创造的新价值量减

① ［德］马克思．资本论：第 1 卷［M］．北京：人民出版社，2004：221.
② ［德］马克思．资本论：第 1 卷［M］．北京：人民出版社，2004：227.
③ ［德］马克思．资本论：第 1 卷［M］．北京：人民出版社，2004：234-235.

少。因此，单位商品价值量下降是由于其中所含新价值量下降引起的。第二，本部门劳动生产率不变，活劳动投入量不变，单位生产资料价值量变动。如果生产生产资料的劳动生产率提高使生产资料价值量下降，商品价值量下降。这种下降是因具体劳动转移的生产资料价值下降造成的，而抽象劳动创造的新价值不变。第三，本部门劳动生产率不变，单位生产资料价值不变，活劳动投入量变动。如果活劳动投入量增加，商品的价值总量增加。其中，具体劳动转移的生产资料旧价值总量和抽象劳动创造的新价值总量都按照原来比例同时增加。

社会正常生产条件是一个可变量，它随着时间的推移会发生变动，使它发生变动的因素除了一些偶然的比如自然因素影响之外，主要是劳动生产率的变化。随着劳动生产率的提高，生产同样一种产品的同一数量，所耗费的社会必要劳动时间减少，这个结果不仅适用于当前生产的商品价值量的决定，而且，也适用于过去劳动生产的、当前仍然使用的商品价值量的计量，能够对劳动生产率产生影响的因素都会在此发挥作用。可见，正常生产条件与平均熟练程度和劳动强度不同，它最易变化，由于它的影响，社会必要劳动时间也会不断发生变化，它的变化除了受决定劳动生产力水平的因素①影响之外，还会受到市场机制作用的影响。在这个问题上，不同的认识长期争论不休，争论的一个重要焦点是，是不是存在两种含义的社会必要劳动时间，如果存在，是哪种社会必要劳动时间决定了商品的价值量。由于劳动者的熟练程度和劳动强度是生产过程中劳动使用方面的问题，具有确定性，所以这里的关键问题是对正常生产条件形成机制的理解。

（二）社会正常生产条件的形成机制与价值量的决定

在《资本论》第3卷中，马克思具体分析了部门内部正常生产条件的确定问题。对这个问题的讨论涉及市场供求、价格波动下价值量的实现和劳动力及其他资源在社会各个部门的合理（按比例）配置问题，是考虑到市场机制作用的从抽象到具体展开来的社会必要劳动时间决定价值量的问题。为此，马克思首先讨论了价值转化为市场价值②的问题。马克思在

① 具体的影响因素在本章第四个问题中予以说明。

② 马克思明确指出，市场价值是价值的转化形式，参见［德］马克思．资本论：第3卷［M］．北京：人民出版社，2004：216.

《资本论》第1卷关于价值决定和形成理论的分析中指出，商品的价值量是在现有的社会必要劳动时间下由新耗费的劳动量和以往耗费的劳动量共同决定的。在这里，马克思把抽象的理论扩展到具体的现实中，讨论了抽象的价值转化为现实中的市场价值问题。在现实中，一个生产部门内部同样一种商品的生产者在市场中必须遵循同样的市场价格出售商品，这个市场价格的基础是市场价值，它是区别于个别价值的社会价值或平均价值。部门内部众多生产同种商品的资本主义企业客观上存在着生产条件差异，每个生产者生产同量商品所耗费的个别劳动不同，所生产的个别商品的个别价值不同，但是，总会有一种生产条件下生产出的产品在市场上占大量，这个生产条件大致上可以看作该部门的平均生产条件，市场价值大致上可以看作由平均生产条件下生产商品所耗费的个别劳动时间形成的个别价值来决定。马克思说："市场价值，一方面，应看作一个部门所生产的商品的平均价值；另一方面，又应看作是在这个部门的平均条件下生产的并构成该部门的产品很大数量的那种商品的个别价值。"① 所以市场价值是区别于个别价值的社会价值或平均价值。马克思把生产条件分为最好条件、中等（正常）条件、较坏条件三种，以供求平衡为前提，具体说明了市场价值的决定。

第一，如果中等生产条件下生产的商品量占很大数量，并且，占较小部分的最好和较坏两端的商品量相等，那么，"这两端互相拉平，从而使属于这两端的商品的平均价值同属于中间的大量商品的价值相等，那么，市场价值就会由中等条件下生产的商品的价值来决定"②。这时，市场价值总和与个别价值总和是一致的。"在这种情况下，商品总量的市场价值或社会价值，即其中包含的必要劳动时间，就由中间的大量商品的价值来决定"③。而"在这些商品中，有些商品的个别价值低于市场价值（也就是说，生产这些商品所需要的劳动时间少于市场价值所表示的劳动时间），另外一些商品的个别价值高于市场价值。……如果满足通常的需求的，是按平均价值，也就是按两端之间的大量商品的中等价值来供给的商品，那么，其个别价值低于市场价值的商品，就会实现一个额外剩余价值或超额利润，而其个别价值高于市场价值的商品，却不能实现它们所包含的剩余价值的一部分"④。举例来说，

---

① ［德］马克思．资本论：第3卷［M］．北京：人民出版社，2004：199.

② ［德］马克思．资本论：第3卷［M］．北京：人民出版社，2004：203.

③ ［德］马克思．资本论：第3卷［M］．北京：人民出版社，2004：204.

④ ［德］马克思．资本论：第3卷［M］．北京：人民出版社，2004：199.

如表 2-2 所示①：①单位商品的市场价值由中等条件下生产的商品的个别价值 8 来决定；②个别价值总和 800 元等于市场价值总和 800 元；③最好条件下生产的商品实现了一个超额剩余价值，即 8-6=2（元），较坏条件下生产的商品不能实现它们所包含的全部剩余价值，即 8-10=-2（元）。

表 2-2 中等生产条件下生产的商品占很大数量情况

生产条件	产量/件	个别价值		市场价值	
		单位商品/元	全部商品/元	单位商品/元	全部商品/元
最好	15	6	90	8	120
中等	70	8	560	8	560
较坏	15	10	150	8	120
总计	100	—	800	—	800

第二，如果较坏生产条件下生产的商品量占很大数量，市场价值就由较坏生产条件下的商品的个别价值来调节。这是因为，“在较坏条件下生产的商品的价值，不能由于较好条件下生产的商品的价值而拉平，以致在较坏条件下生产的那部分商品，无论同中间的商品相比还是同另一端的商品相比，都构成一个相当大的量，那么，市场价值或社会价值就由在较坏条件下生产的大量商品来调节”②。这时，如表 2-3 所示：①所计算出来的单个商品的市场价值 9.1 元与每一个单个商品的个别价值不相等。但是，单个商品的市场价值 9.1 元与较坏生产条件下的商品的个别价值 10.0 元最接近，所以单位商品的市场价值就由较坏生产条件下的商品的个别价值来调节，而不是由单位商品的市场价值来决定。当然，由它来决定的情况也可能发生，马克思指出：“如果需求非常强烈，以致当价格由最坏条件下生产的商品的价值来调节时也不降低，那么，这种在最坏条件下生产的商品就决定市场价值。这种情况，只有在需求超过通常的需求，或者供给低于通常的供给时才可能发生。”③ ②由于市场价值是由最坏生产条件下的商品的个别价值来调节而不是来决定的，因此，个别价值总和 910.0 元与市场价值总和 900.0 元不一致。③最好和中等条件下生产的商品可以实现一个超额剩余价值。

① 表 2-2、表 2-3、表 2-4、表 2-5 参考了洪远朋．通俗资本论［M］．上海：上海科学技术文献出版社，2009：243-244 中相关内容。

② ［德］马克思．资本论：第 3 卷［M］．北京：人民出版社，2004：204.

③ ［德］马克思．资本论：第 3 卷［M］．北京：人民出版社，2004：199-200.

表 2-3 较坏生产条件下生产的商品占很大数量情况

生产条件	产量/件	个别价值		市场价值	
		单位商品/元	全部商品/元	单位商品/元	全部商品/元
最好	15.0	6.0	90.0	9.1	136.5
中等	15.0	8.0	120.0	9.1	136.5
较坏	70.0	10.0	700.0	9.1	637.0
总计	100.0	—	910.0	—	900.0

第三，如果最好生产条件下生产的商品量占很大数量，市场价值就由最好生产条件下的商品的个别价值来调节。如表 2-4 所示：①所计算出来的单个商品的市场价值 6.9 元与每一个单个商品的个别价值不相等。但是，单个商品的市场价值 6.9 元与最好生产条件下的商品的个别价值 6.0 元最接近，所以单位商品的市场价值由最好条件下生产的商品的个别价值 6.0 元来调节。"市场价值决不会同在最好的条件下生产的商品的这种个别价值相一致，除非供给极大地超过了需求。"[①] 也就是说，由最好的条件下生产的商品的这种个别价值来决定市场价值的情况，在供给极大地超过了需求时才可能发生。②由于市场价值是由最好生产条件下的商品的个别价值来调节而不是来决定的，因此，个别价值总和 690.0 元不等于市场价值总和 680.0 元。③"那些在最坏条件下生产的商品，也许连它们的成本价格都不能实现，而那些按中等平均条件生产的商品，也只能实现它们所包含的剩余价值的一部分。"[②]

表 2-4 最好生产条件下生产的商品占很大数量情况

生产条件	产量/件	个别价值		市场价值	
		单位商品/元	全部商品/元	单位商品/元	全部商品/元
最好	70.0	6.0	420.0	6.9	483.0
中等	15.0	8.0	120.0	6.9	103.5
较坏	15.0	10.0	150.0	6.9	103.5
总计	100.0	—	690.0	—	680.0

第四，市场价值实质上是全部商品的个别价值总和平均化了的社会价值。由于第一种情况所规定的那种占较少份额的两端的商品量正好相等的情况很少见，在第一种情况下如果占较少份额的两端的商品量不相等，

① ［德］马克思．资本论：第 3 卷［M］．北京：人民出版社，2004：205-206.
② ［德］马克思．资本论：第 3 卷［M］．北京：人民出版社，2004：200.

那么，并不是由中等条件下生产的商品总量的个别价值决定市场价值，而是由中等条件下生产的商品总量的个别价值调节市场价值。如表 2-5 所示。

表 2-5 市场价值形成一般情况

生产条件	产量/件	个别价值		市场价值	
		单位商品/元	全部商品/元	单位商品/元	全部商品/元
最好	25.0	6.0	150.0	7.6	190.0
中等	70.0	8.0	560.0	7.6	532.0
较坏	5.0	10.0	50.0	7.6	38.0
总计	100.0	—	760.0	—	760.0

因此，“严格地说，每一单个商品或商品总量的每一相应部分的平均价格或市场价值，在这里是由那些在不同条件下生产的商品的价值相加而成的这个总量的总价值，以及每一单个商品从这个总价值中所分摊到的部分决定的”①。即市场价值是按各种生产条件下生产的商品总量的个别价值的加总并除以商品总量来决定的。而哪种条件下生产的商品所占的数量越多，它的个别价值就越接近市场价值，其个别价值对市场价值的调节作用就越大，在第二、第三、第四种情况中都如此。

由上述举例分析可见，市场价值实质上是全部商品的个别价值总和平均化了的社会价值，市场价值可以利用如下公式计算：

$$\text{单位商品的市场价值}=\frac{\text{全部商品个别价值总和}}{\text{各种生产条件下的产量总和}}$$

马克思不仅有上述抽象的关于市场价值确定的叙述，而且还把它放到一般商品经济现实活动中来考察，指出“不同的个别价值，必须平均化为一个社会价值，即上述市场价值，为此就需要在同种商品的生产者之间有一种竞争，并且需要有一个可供他们共同出售自己商品的市场”②，所以必须引入市场关系，讨论市场价值决定过程。在市场中，商品生产者之间的竞争、供给和需求、市场价格等因素发挥作用，对市场价值决定过程产生重要的影响。

马克思的供给理论包括以下几点：①供给是生产量的总和，或者说是商品售卖量的总和。②这个生产量不仅是满足人类需要的使用价值，而且

① ［德］马克思．资本论：第 3 卷［M］．北京：人民出版社，2004：205.

② ［德］马克思．资本论：第 3 卷［M］．北京：人民出版社，2004：201.

以一定量存在于市场上。供给“是处在市场上的产品，或者能提供给市场的产品”①。③这个商品量还有一定的市场价值，也就是说，“在一定的劳动生产率的基础上，每个特殊生产部门制造一定量的物品，都需要一定量的社会劳动时间”②。马克思的需求理论包括以下几点：①需求就是消费量的总和，或者说是商品购买量的总和。②需求是有支付能力的需要。马克思说：“要给需求和供给这两个概念下一般的定义，真正的困难在于，它们好像只是同义反复。……社会要满足需要，并为此目的而生产某种物品，它就必须为这种物品进行支付。事实上，因为商品生产是以分工为前提的，所以社会购买这些物品的方法，就是把它所能利用的劳动时间的一部分用来生产这些物品，也就是说，用该社会所能支配的劳动时间的一定量来购买这些物品。”③ 可见，马克思在这里所说的需求首先是一个生产问题，即需求方之所以有支付能力，是因为他在生产中投入了相当的社会必要劳动量，向社会提供了包含这个一定社会必要劳动量的使用价值，马克思把它称为“社会需要”，并且它“总是指有支付能力的需要”④。③社会需求由阶级关系和它们各自的经济地位决定的分配状况所决定。“‘社会需要’，也就是说，调节需求原则的东西，本质上是由不同阶级的互相关系和它们各自的经济地位决定的，因而也就是，第一是由全部剩余价值和工资的比率决定的，第二是由剩余价值所分成的不同部分（利润、利息、地租、赋税等等）的比率决定的”⑤。④需求包括生产消费需求和个人消费需求。从生产消费需求看，其与生产目的紧密相关，比如在资本主义生产方式中，“生产的消费需求是资本家的需求，他的真正目的是生产剩余价值，因此，只是为了这个目的，他才生产某种商品”⑥，才会对生产这种商品的生产资料产生或大或小的需求。⑤需求从量的规定性来说，“具有很大弹性和变动性。它的固定性是一种假象。如果生活资料便宜了或者货币工资提高了，工人就会购买更多的生活资料，对这些商品种类就会产生更大的‘社会需要’”⑦。

关于市场价格，它与之后所讨论的价格有所不同。在《资本论》中，

---

① ［德］马克思．资本论：第3卷［M］．北京：人民出版社，2004：207.
② ［德］马克思．资本论：第3卷［M］．北京：人民出版社，2004：208.
③ ［德］马克思．资本论：第3卷［M］．北京：人民出版社，2004：207-208.
④ ［德］马克思．资本论：第3卷［M］．北京：人民出版社，2004：202.
⑤ ［德］马克思．资本论：第3卷［M］．北京：人民出版社，2004：202.
⑥ ［德］马克思．资本论：第3卷［M］．北京：人民出版社，2004：210.
⑦ ［德］马克思．资本论：第3卷［M］．北京：人民出版社，2004：209-210.

价格理论包含两个层次的内容：一个层次是用货币表现商品价值的价格，所揭示的是价格的本质，这与市场竞争和供求等因素无关；另一个层次是市场价格，所说的是价格在市场中的现实运动，它除了由价值作为内在规定之外，还受市场上竞争、供求等诸多因素影响，价格理论的展开研究将在下一章中进行。在这里，只是使用市场价格概念讨论相关问题。

在市场上，供求、竞争、市场价格与市场价值是一个相互作用的联动机制，由此构成市场机制，这实际上就是价值规律作用的表现形式，它对社会必要劳动时间的变化起着作用。从供求的作用看，在市场上，供求的变动使市场价格围绕市场价值这个中心发生波动，并且使市场价格趋向市场价值。如果一种商品的需求大于供给，市场价格高于市场价值，本部门的生产者会扩大生产，其他部门的投资也会流入这个部门，这个部门的生产规模就会扩大，供给量增加。而需求按照和市场价格相反的方向变动，市场价格提高，需求量减少。结果是，供求趋于平衡，市场价格趋向市场价值。如果一种商品的供给大于需求，市场价格就会低于市场价值，生产者就会从这个部门撤出，使这个部门生产规模缩小，产量下降。而此时，需求量则增加，结果是，供求趋于平衡，市场价格趋向市场价值。所以“供求关系一方面只是说明市场价格同市场价值的偏离，另一方面是说明抵消这种偏离的趋势，也就是抵消供求关系的作用的趋势”①。“如果供求之间的比例，使某个生产部门的商品总量能够按照它们的市场价值出售，既不高，也不低，供求就是一致的”②，但事实上，“供求实际上从来不会一致；如果它们达到一致，那也只是偶然现象，所以在科学上等于零，可以看作没有发生过的事情”③，这就在事实上有力地回击了供求价值论。马克思说，“在政治经济学上必须假定供求是一致的”，这是为了“撇开由供求变动引起的假象来进行考察。另一方面，是为了找出供求变动的实际趋势，为了在一定程度上把这种趋势确定下来”④。所以讨论供求关系，目的不是讨论价值决定问题，价值是在生产过程中形成的，供求关系在市场交换过程中产生，供求关系所影响的是市场价格，它使市场价格背离或者接近市场价值，因此所影响的是价值的实现。而假定供求一致，供求因素的影响不存在，由供求变动引起的假象被撇开了，这就可以清楚地看到，市

① ［德］马克思．资本论：第3卷［M］．北京：人民出版社，2004：212.
② ［德］马克思．资本论：第3卷［M］．北京：人民出版社，2004：210.
③④ ［德］马克思．资本论：第3卷［M］．北京：人民出版社，2004：211.

场价值一定不是由供求决定的。然后再回到现实的市场看，市场供求总是不一致，这时，“供求关系一方面只是说明引起市场价格同市场价值的偏离，另一方面是说明抵消这种偏离的趋势，也就是抵消供求关系的作用的趋势”①。有一点需要说明的是，虽然供求既不能决定市场价值，也不能直接影响市场价值，但是，供求可以通过竞争和对市场价格产生影响，改变不同生产条件下所生产的商品在部门中的数量，间接影响市场价值，这在前面的举例分析中提到了，这里再总结一下：①当劳动和其他资源在各部门投入合理（按比例）时，市场供求大致相等，大多数生产者大体上是按照正常生产条件（中等条件）进行生产的，此时，市场价值由中等条件下生产的商品的个别价值来决定或者调节；②当劳动和其他资源在各部门投入比例严重失调，某种商品的需求非常强烈，或者供给低于通常的供给时，在最坏条件下生产的商品决定市场价值；③当劳动和其他资源在各部门投入比例严重失调，“所生产的商品的量大于这种商品按中等的市场价值可以找到销路的量，那么，那种在最好条件下生产的商品就调节市场价值”②。

市场竞争对市场价值的决定和实现也有影响。从价值实现看，市场竞争的作用表现在，在市场上，如果“需求超过了供给，那么，在一定限度内，一个买者就会比另一个买者出更高的价钱，这样就使这种商品对全体买者来说都昂贵起来，提高到市场价值以上；另一方面，卖者却会共同努力，力图按照高昂的市场价格来出售。相反，如果，供给超过了需求，那么，一个人开始廉价抛售，其他的人不得不跟着干，而买者却会共同努力，力图把市场价格压到尽量低于市场价值”③。从价值决定看，市场竞争对生产者产生外在压力，“如果一个人用较便宜的费用进行生产，用低于现有市场价格或市场价值出售商品的办法，能售出更多的商品，在市场上夺取一个更大地盘，他就会这样去做，并且开始起这样的作用，即逐渐迫使别人也采用更便宜的生产方法，把社会必要劳动减少到新的更低的标准”④。所以生产者之间的竞争不仅在流通领域展开，而且在生产领域展开，生产者共同的提高劳动生产率的行为使社会必要劳动时间减少。

供求、竞争和劳动生产力的变化影响着社会必要劳动时间的变化，但是，无论这些因素怎样影响社会必要劳动时间的变化，价值归根结底是无

---

① ［德］马克思．资本论：第 3 卷［M］．北京：人民出版社，2004：212.

② ［德］马克思．资本论：第 3 卷［M］．北京：人民出版社，2004：200.

③ ［德］马克思．资本论：第 3 卷［M］．北京：人民出版社，2004：215-216.

④ ［德］马克思．资本论：第 3 卷［M］．北京：人民出版社，2004：216.

差别的人类劳动耗费形成的，价值量是由所耗费的社会必要劳动时间决定的，这些本质的、内在的东西是不变的。

（三）关于两种社会必要劳动时间的理解和各自的作用

马克思在“超额利润转化为地租”中谈到相关问题，就是在那里，马克思提出了生产总产品的必要劳动时间，并且说在这里必要劳动时间包含着“另一种意义”，由此引起了两种社会必要劳动时间与价值量决定关系的长期争论。价值量决定是劳动价值理论的基本内容，使劳动价值理论成为科学，必须要科学地解决价值量的决定问题，马克思已经完美解决了这个问题，后人的争论产生于对马克思相关论述理解的偏差和对这些误解的反驳，为了理解马克思本人的观点，首先把引起误解的这段论述完整地摘录在此。

马克思指出：“事实上价值规律所影响的不是个别商品或物品，而总是各个特殊的因分工而互相独立的社会生产领域的总产品；因此，不仅在每个商品上只使用必要的劳动时间，而且在社会总劳动时间中，也只把必要的比例量使用在不同类的商品上。这是因为条件仍然是使用价值。但是，如果说个别商品的使用价值取决于该商品是否满足一种需求，那么，社会总产品量的使用价值就取决于这个量是否符合社会对每种特殊产品的量上一定的需要，从而劳动是否根据种量上一定的社会需要按比例地分配在不同的生产领域（我们在论述资本在不同的生产领域的分配时，必须考虑到这一点）。在这里，社会需要，即社会规模的使用价值，对于社会总劳动时间分别用在各个特殊生产领域的份额来说，是有决定意义的。但这不过是已经在单个商品上表现出来的同一规律，也就是：商品的使用价值是商品的交换价值的前提，从而也是商品的价值的前提。这一点只有在这种比例的破坏使商品的价值，从而使其中包含的剩余价值不能实现的时候，才会影响到必要劳动和剩余劳动之比。例如，假定棉织品按比例来说生产过多了。尽管在这个总产品中实现的只是既定条件下生产这个总产品的必要劳动时间，但是，总的来说，这个特殊部门消耗的社会劳动是过多了；就是说，产品的一部分已经没有用处。可见，只有当全部产品是按必要的比例进行生产时，它们才能卖出去。社会劳动时间可分别用在各个特殊生产领域的份额的这个数量界限，不过是价值规律本身进一步展开的表现，虽然必要劳动时间在这里包含着另一种意义。为了满足社会需要，只有如许多的劳动时间才是必要的。在这里界限是由于使用价值才产生的。

社会在既定生产条件下，只能把它的总劳动时间中如许多的劳动时间用在这样一种产品上。”① 马克思的这段论述完全不是在讨论同种商品的价值量决定问题，这里的讨论涉及的是由生产每种商品耗费的各自的社会必要劳动时间决定的价值量的实现以及社会总劳动时间按照社会分工在社会各个部门按比例投入的问题，展现了已经形成的价值量在市场交换中实现和价值规律引导社会总劳动时间按比例在各个生产部门分配的机制，按比例规律是分工条件下社会生产的客观规律，在商品经济形态下，劳动具有二重性，由此决定，投入劳动生产出的商品不仅是使用价值量的比例，而且是价值量的比例。

首先，从前面介绍的马克思的供求理论可见，马克思所说的供求是一个总量问题，本质上是一个社会生产是否按比例进行的问题。社会总产品按比例生产是客观规律，按比例规律是按比例分配社会总劳动的问题，在一定的生产条件下，社会只能按社会分工的比例把它的总劳动时间用在各个特殊生产部门生产各种商品。对于分配到某个特殊生产部门的劳动时间而言，是满足社会对其产品需要所必须的，在这个意义上，有了所谓第二种含义的社会必要劳动时间，现在，不仅在每个商品上只使用决定商品价值量的社会必要劳动时间，而且在社会总劳动时间中，也必须要把必要的比例量使用在不同种类的商品上。一旦社会劳动按照一定比例分配到各个部门，事实上就把各种不同商品的供给和需求的界限确定了，因为社会给这个部门投入多少劳动，它就会有多少收入，从而就会形成多少有支付能力的需求，同时，投入多少劳动，就会为社会供给多少产品，由于供给和需求都表现为对使用价值的供求，而且使用价值又是价值的物质承担者，社会劳动是不是按比例投入到各个部门，在市场上表现为投入的社会劳动所生产的使用价值能否满足社会需要，所以马克思指出，在这里界限是由于使用价值才产生的，为了满足社会需要，只有这样多的劳动时间才是必要的。关于这个问题，马克思实际上已经说得很明白了，他说：“社会的一部分人，由于分工的缘故，要把他们的劳动用来生产这种既定的物品；这部分人，当然也要从体现在各种满足他们需要的物品上的社会劳动中得到一个等价物……尽管每一个物品或每一定量某种商品都只包含生产它所需要的社会劳动，并且从这方面来看，所有这种商品的市场价值也只代表必要劳动，但是，如果某种商品的产量超过了当时社会的需要，社会劳动

① ［德］马克思．资本论：第3卷［M］．北京：人民出版社，2004：716-717.

时间的一部分就浪费掉了，这时，这个商品量在市场上代表的社会劳动量就比它实际包含的社会劳动量小得多……因此，这些商品必然要低于它们的市场价值出售，其中一部分甚至会根本卖不出去。如果用来生产某种商品的社会劳动的数量，同要由这种产品来满足的特殊的社会需要的规模相比太小，结果就会相反。但是，如果用来生产某种物品的社会劳动的数量，和要满足社会需要的规模相适应，从而产量也和需求不变时再生产的通常规模相适应，那么这种商品就会按照它的市场价值来出售。”① 所以说，为了满足社会需要，只有按照一定比例投入的劳动时间才是必要的，只有按照社会需要的规模投入了一定数量的社会劳动，商品才能够按照生产它的社会必要劳动时间决定的市场价值出售。可见，所谓第二种含义的社会必要劳动时间所涉及的是社会总劳动在各个部门按比例投入和价值实现的问题，因此，不存在第二种社会必要劳动时间决定商品价值量的问题。

其次，在商品经济形态下，把社会总劳动按比例地投入各个生产部门进行生产是通过价值规律实现的。举例来说，假设社会只有 A、B 两个部门，它们互为供求；社会总劳动既定。如果 A 部门投入的社会劳动时间过多，B 部门一定是投入的社会劳动时间不足，在市场上，表现为 A 部门的产品供给大于有支付能力的需求（由 B 部门投入的社会劳动形成对 A 部门的支付能力的需求），同理，B 部门的产品供给小于需求，这时，价值规律调节机制发挥作用，供给大于需求的 A 部门产品的市场价格下降，价值不能全部实现，甚至一部分产品“已经没有用处”，这迫使一部分社会劳动从该部门流出，而供给小于需求的 B 部门则市场价格上升，能够实现超额价值，吸引从 A 部门流出的社会劳动流入 B 部门，结果是，实现社会劳动时间在各部门按比例分配，表现为各部门商品供求平衡，按比例规律通过价值规律实现。

马克思在《资本论》第 1 卷揭示出价值本质和价值量决定的基础上，从抽象到具体，加入市场供求、竞争、市场价格波动等因素，不断丰富着劳动价值理论。进一步展开对现实市场运动的研究表明，市场机制通过供求、竞争、市场价格波动，对市场价值的决定过程产生影响。所以市场机制作为价值规律作用的表现形式使价值规律有了一个重要作用，即自发地调节着社会总劳动时间在各个部门的分配，社会生产按比例规律通过价值

① ［德］马克思．资本论：第 3 卷［M］．北京：人民出版社，2004：208-209.

规律作用实现。但是，商品的价值量归根结底是由社会正常生产条件下的劳动耗费量所决定的，这个本质不会因为加入对现实市场运动的研究发生变化，因此，不存在第二种社会必要劳动时间决定商品价值量的问题，更不能认为市场供求决定市场价值。决定价值量的社会必要劳动应当理解为：社会必要劳动是在正常生产条件下耗费的劳动（平均劳动），正常生产条件的产生是一个社会过程，是市场通过长期调整实现资源在各部门按比例配置状态下部门的大多数生产者拥有的生产条件，它是公平评价生产同种商品的众多生产者的效率标准，价值的本质是商品生产者之间的生产关系——平等劳动（以社会必要劳动时间为尺度）、平等交换劳动（等价交换）、公平实现商品生产者各自物质利益的关系。

现实经济活动中，影响供求的不仅是社会劳动投入的比例，还有来自影响供给和需求的其他一些因素。第一，当劳动和其他资源在各部门投入合理（按比例）时，短期市场供求波动使市场价格围绕市场价值波动，使商品按照高于或低于它的市场价值的价格出售，这是价值量能否在交换中按量实现的问题。这种波动是短期的和轻微的，比如气候对运输进而对蔬菜市场供求的暂时影响，不会影响到生产条件的变动。如果波动是剧烈的和较长时间的，则会使社会正常生产条件发生变化，波动的原因可以来自供给和需求两个方面：从供给方面看，该部门普遍使用了一种新技术，劳动生产力水平的普遍提高使供给水平提高，由于供给水平提高和劳动耗费普遍下降，市场价格下降，而因为没有使用新技术生产条件，比较差的生产者无法生存，只能转移投资方向，原来比较优等的生产条件成为平均或正常的生产条件，表现为在该条件下生产的商品在市场上占大量，单位商品平均耗费的劳动量减少，价值量下降，这种变化引起的是“价值革命”①，改变的是部门生产条件。从需求方面看，由于市场对某部门产生强烈需求，比如快速城市化带动的房地产业快速扩张对钢材产生了强烈需求，钢材的价格持续上升，这不仅使部门中原来在较差生产条件生产的产品价值能够实现，而且会吸引大量其他生产者进入，短缺和大规模快速进入会导致较大量的产品在比较差的生产条件下生产出来，并且成为平均或正常生产条件，它们耗费的劳动和其他资源多，因此，价值量大，但是，由于市场需求旺盛，比较高的价值量仍然能够在市场上实现。第二，劳动和其他资源在各部门投入的比例失调，根源是社会劳动在各部门投入不合

① ［德］马克思．资本论：第2卷［M］．北京：人民出版社，2004：122.

理，表现为各部门生产的产品供求失衡，这时，市场调节机制发挥作用，供给大于需求的 A 部门产品价格下降，一部分资源从该部门流出，而供给小于需求的 B 部门则价格上升，从 A 部门流出的资源因此流入 B 部门，结果是，实现社会劳动在各部门间的按比例分配，表现为各部门商品供求平衡，同时，市场也重新选择了各部门的正常生产条件。可见，无论是什么原因引起的供求失衡，在实现供求比例平衡之前的短期调整阶段，市场价格背离价值，这是价值实现问题；通过较长期的调整实现供求比例平衡，这时，各部门新的正常生产条件被选择确定下来，由它们决定各自商品的价值量。因此，市场机制通过市场供求和价格波动对社会正常生产条件的选择起作用，但是，价值量归根结底是由社会正常生产条件下的劳动耗费量所决定的，所以不能认为市场供求决定价值量。另外，社会劳动必须按照客观比例在各部门投入，即各个部门必须各自投入满足社会需要所必要的社会劳动，这是保证各部门生产出的商品中所包含的价值能够全部实现，从而再生产正常进行的条件。

（四）对简单劳动和复杂劳动的理解

和社会必要劳动时间紧密相关的还有简单劳动和复杂劳动及相互关系问题。关于这个问题，需要认识如下几点：

第一，形成商品价值的抽象劳动是简单劳动，复杂劳动是多倍的简单劳动，而“各种劳动化为当作它们的计量单位的简单劳动的不同比例，是在生产者背后由社会过程决定的，因而在他们看来，似乎是由习惯确定的”①。可见，在马克思的劳动价值理论中，复杂劳动和简单劳动的换算关系不是一个公式的计算过程，为这个过程寻找计算方法或者以无法计算为理由否定劳动价值理论是徒劳的，是没有理解马克思劳动价值理论的方法和逻辑，也是违背现实经济活动规律的。

第二，马克思把简单劳动也称为“简单平均劳动”②，因此是在社会正常生产条件下的体力和脑力劳动耗费，包含了社会当时普遍具有的科技和知识，不能把简单劳动理解为没有任何知识和技术含量的体力与脑力的支出。构成社会必要劳动时间的简单劳动具有时代特征，它“在不同的国家和不同的文化时代具有不同的性质”③，包含了推广为一般的、转化为由广

①② ［德］马克思．资本论：第 1 卷［M］．北京：人民出版社，2004：58.

③ ［德］马克思．资本论：第 1 卷［M］．北京：人民出版社，2004：58.

大劳动者掌握的科技和知识因素，比如机器大工业时代操作机器的工人属于简单劳动，机器使劳动者不需要较为复杂的手艺并且大幅度降低了对体力的要求，所以在资本主义生产方式下，为了降低工资成本，获取最大限度的剩余价值，资本家大量使用女工和童工，这些劳动者的劳动都是简单劳动。而在当今社会，随着智能化的逐渐普及，大多数劳动者都具有的使用一般智能化工具的能力当属简单劳动要素。

第三，关于复杂劳动，马克思说："比社会的平均劳动较高级、较复杂的劳动，是这样一种劳动力的表现，这种劳动力比普通劳动力需要较高的教育费用，它的生产要花费较多的劳动时间，因此它具有较高的价值。既然这种劳动力的价值较高，它也就表现为较高级的劳动，也就在同样长的时间内对象化为较多的价值。"① 所以复杂劳动包含新知识和新研发的技术，它作为多倍的简单劳动使商品中包含的价值量变大，体现着人类为了获得新知识和新技术所耗费的劳动（时间、体力、脑力）代价。科学技术本身不是创造价值的因素，创造更高价值的是人类在探寻新知识和新技术过程中所耗费的复杂劳动。复杂劳动在劳动实践中会转化为简单劳动，转化的途径是新知识和新技术在实践中的普及与应用，成为大多数劳动者具有的基本知识和技能，使简单劳动有了相较之前高的效率和质量，从手工业到机器大工业再到智能化的机器都充分体现了这一点，这是劳动生产力提高的根本，是人类不懈地追求新知识和新技术的动力，但是，在资本主义生产方式下，它成了资本追逐剩余价值的手段，这个目的导致了科学技术使用中的价值目标的扭曲，给人类带来了灾难，比如对生态环境的破坏、把原子能运用于战争等。人类追求新知识和新技术应该是为人类谋福祉，其价值目标是使人类能够用更少的劳动耗费获得更多的财富，这才是追求新知识和新技术的最终目的。马克思的劳动价值论最深刻地体现着以人为本的科学发展观——人类劳动是推动社会生产力发展的本源，它的最终目标是使人类从繁重的劳动中解放出来，以最小的劳动耗费为代价，最大限度地改善社会总体福利水平，实现这个目标的手段是通过把包含着不断进步的科学技术的复杂劳动转化为简单劳动。中国以马克思主义为指导，走中国特色社会主义道路，在社会主义初级阶段，必须要以努力发展生产力为手段，目的是逐渐把劳动者从繁重的体力和脑力劳动中解放出来，不断提高人民的生活质量。发展生产力，在实践中，要

① ［德］马克思．资本论：第1卷［M］．北京：人民出版社，2004：230.

努力探索新知识、新技术，而最重要的是，努力把它们转化为现实的生产力，把它们消化为效率更高的简单劳动，实现这个转化的关键环节是通过教育、培训和生产劳动实践，不断地把新知识、新技术普及到每一个劳动者。

四、劳动生产力理论的价值以及与商品价值量的关系

（一）劳动生产力的源泉和要素及实践价值

劳动生产力有两个原始源泉和一个派生源泉：劳动力和自然力是两个原始源泉，在原始源泉基础上派生出来的是劳动生产力的科学技术力源泉。劳动力是蕴含在劳动者体内的体力和智力的总和，自然力是人周围的外界自然条件，主要是土地和环境提供自然资源的能力，“外界自然条件在经济上可以分为两大类：生活资料的自然富源，例如，土壤的肥力，鱼产丰富的水域，等等；劳动资料的自然富源，如奔腾的瀑布、可以航行的河流、森林、金属、煤炭等。在文化初期，第一类自然富源具有决定性的意义；在较高的发展阶段，第二类自然富源具有决定性的意义”①。劳动力在利用自然进行生产过程中，不断认识和掌握自然规律，经过研究和理论概括形成科学，科学在工艺上的应用就是技术，只有在劳动力和自然力相结合的过程中才能派生出科学技术力。劳动生产力的主观和主导因素是劳动力，所以生产力归根结底是劳动生产力。马克思指出，劳动力和自然力及科学技术力相结合，形成三种不同的劳动生产力。

首先，劳动力和劳动力相结合，形成劳动的社会生产力。劳动者在一起进行劳动，通过一定程度的分工协作，在同样的劳动时间和劳动人数下，会产生比单个劳动者独自劳动高出许多的生产力，这种特殊生产力就是劳动的社会生产力。“许多人在同一生产过程中，或在不同的但互相联系的生产过程中，有计划地一起协同劳动，这种劳动形式叫作协作。……这里的问题不仅是通过协作提高了个人生产力，而且是创造了一种生产力，这种生产力本身必然是集体力”②。这是因为，协作产生规模效益；协作产生集体力，可以完成一个人根本不能进行的生产；协作激发竞争

① ［德］马克思．资本论：第1卷［M］．北京：人民出版社，2004：586.

② ［德］马克思．资本论：第1卷［M］．北京：人民出版社，2004：378.

心，提高了劳动效率；协作可以通过分工细化和流水线作业提高工作效率；协作可以集中力量完成紧急任务。马克思说："在所有这些情形下，结合工作日的特殊生产力都是社会的劳动生产力或社会劳动生产力。这种生产力是由协作本身产生的。劳动者在有计划地同别人共同工作中，摆脱了他的个人局限，并发挥出他的种属能力。"① 由协作和分工产生的生产力，是每个劳动者个体通过分工协作结合起来，摆脱了个人劳动的局限性，产生出劳动的社会生产力，是推动社会劳动生产力发展的重要源泉之一。

其次，劳动力和自然力相结合，形成劳动的自然生产力。"劳动的自然生产力，即劳动在无机界中发现的生产力"②。人的外界存在着的自然力是生产力源泉之一，而不是生产力本身，它只有与劳动结合起来才成为生产力。所以不是自然条件可以产生生产力，而是在劳动对自然的利用中产生生产力。当然，自然条件作为劳动生产力的一个原始源泉，对于生产力的发展有其重要意义，"撇开社会生产的形态的不同发展程度不说，劳动生产率是同自然条件联系的"③，"自然力……是特别高的劳动生产力的自然基础"④。在一些部门，比如农业、采矿业等部门，劳动的自然生产力在劳动生产力中起着重要的作用。劳动的自然生产力在相当大程度上受自然条件的制约，良好的自然条件和劳动相结合，产生较高水平的劳动的自然生产力，使劳动者不必以全部时间从事维持自己生存的必要劳动，使劳动者能够为社会发展提供所需要的必要劳动⑤。所以良好的自然条件产生的较高的劳动的自然生产力，为人类社会的发展、福利的改善提供了自然基础，正如习近平总书记所指出的，"绿水青山就是金山银山"。

再次，劳动与科学技术力相结合，产生劳动的科学技术生产力。劳动的科学技术生产力在生产方式的变革中起着重要作用，在生产力发展史中，机器的使用是革命性的：机器的使用突破了手工劳动的局限性，"大工业把巨大的自然力和自然科学并入生产过程，必然大大提高劳动生产

① ［德］马克思．资本论：第1卷［M］．北京：人民出版社，2004：382.

② 中共中央马克思恩格斯列宁斯大林著作编译局．马克思恩格斯全集：第26卷Ⅲ［M］．北京：人民出版社，1974：122.

③ ［德］马克思．资本论：第1卷［M］．北京：人民出版社，2004：586.

④ ［德］马克思．资本论：第3卷［M］．北京：人民出版社，2004：728.

⑤ 关于必要劳动的范围扩大为不仅为劳动者自己生存而且为自己和社会发展的思想参见［德］马克思．资本论：第1卷［M］．北京：人民出版社，2004：605.

率”[①]；“机器的使用要遵照严格的科学规律，能够更多地节约它的各个组成部分和它的消费资料的消耗”[②]；机器在大工业中的使用使本来是人的劳动产品的机器大规模地像自然界的自然力一样无偿地发生作用。“如果我们不算机器和工具二者每天的平均费用，即不算由于它们每天的平均损耗和机油、煤炭等辅助材料的消费而加到产品上的那个价值组成部分，那么，它们的作用是不需要代价的，同未经人类加工就已经存在的自然力完全一样。机器的生产作用范围越是比工具大，它的无偿服务的范围也就越是比工具大。只是在大工业中，人才学会让自己过去的、已经对象化的劳动的产品大规模地、像自然力那样无偿地发生作用”[③]；机器的使用进一步改变了社会劳动组织以适应新的技术条件，比如按机器的生产程序组织劳动的分工、协作[④]。劳动者创造并使用机器，机器的使用使劳动力和科学技术力相结合，创造出巨大的劳动的科学技术生产力，是推动社会劳动生产力发展的重要源泉之一。马克思在谈到机器使用的资本主义性质时指出：“大工业则把科学作为一种独立的生产能力与劳动分离开来，并迫使科学为资本服务。”[⑤]在这里，马克思提到了科学技术作为独立的生产力问题，许多研究者因此认为马克思有科学技术是生产力的思想。这是一种误解，系统研究马克思关于劳动生产力和科学技术的关系及发展过程，仔细体味马克思的上述论述，并不能得出科学技术是生产力的结论。在马克思看来，首先，机器中合并的科学技术力是劳动者智力劳动发展的结晶，由此形成的是以智力劳动发展为能动因素的劳动的科学技术生产力，根本不存在离开智力劳动的独立的科学技术生产力。沿着马克思的研究轨迹可见，一般而言，科学、知识、技能主要由劳动者拥有，体现为劳动者的简单劳动和复杂劳动的差别；在资本主义机器大工业条件下，科学技术发展的成果体现在机器中，而机器作为物质资本归资本家所有，结果使科学与劳动相分离，作为一种独立的生产力为资本服务。马克思的观点是，科学与劳动分离表现为一种独立的生产力是资本主义制度的产物，无论是在马克思的劳动生产力理论中还是在现实生产过程中，都不存在可以独立存在的科学技术生产力。

最后，劳动的社会生产力、劳动的自然生产力、劳动的科学技术生产

---

① ［德］马克思．资本论：第1卷［M］．北京：人民出版社，2004：444.

②③ ［德］马克思．资本论：第1卷［M］．北京：人民出版社，2004：445.

④ ［德］马克思．资本论：第1卷［M］．北京：人民出版社，2004：436-437.

⑤ ［德］马克思．资本论：第1卷［M］．北京：人民出版社，2004：418.

力相结合，共同构成社会生产力，社会生产力在这三种劳动生产力构成的合力的推动下突飞猛进地发展。近代以来，科学技术的快速发展，成为推动社会生产力发展的重要源泉，而发展的瓶颈来自劳动的自然生产力，这是人与自然怎样和谐相处的问题，处理不好这个问题，影响的是人类社会能不能实现可持续发展的问题。劳动的科学技术力是一种派生的力量，它不是独立存在而是渗透到其他两个原始源泉中的，赋予劳动的社会生产力和劳动的自然生产力更加强大的发展力量，表现为：科学技术的发明创造，引起劳动资料、劳动对象和劳动者素质的深刻变化和巨大进步；应用于生产的组织管理，能够大幅度提高管理效率；为劳动者所掌握，极大地提高劳动生产率。所以科学技术体现在生产力发展的各个环节，是先进生产力的集中体现和主要标志，从这个意义上讲，科学技术是第一生产力。但是也要清醒地看到，科学技术是一把“双刃剑”，科学技术只是工具理性，价值理性对工具理性具有重要作用。前面已经谈到过，在发展生产力中怎样使用科学技术，应该有价值标准，否则科学技术的发展给人类带来的不是福祉而是灾难。从人类福祉的角度看，劳动的科学技术生产力不仅仅是提高劳动生产率，还应该是解决劳动的自然生产力发展瓶颈从而解决可持续发展的重要手段，所以劳动的科学技术生产力的发展要以人与自然和谐共生为目的，要努力选择实施“绿色”技术，比如，实施节约资源减少“三废”排放的资源循环利用技术；实施节约能源消耗和发展新能源的较少二氧化碳排放技术；实施有效治理污染和生态保护修复技术；等等。

把劳动生产力的源泉转变为现实的劳动生产力，是一个具体劳动发挥作用的劳动过程，“劳动过程的简单要素是：有目的的活动或劳动本身、劳动对象和劳动资料”①，所以生产力有三个要素：劳动者、劳动资料和劳动对象②。劳动者是主体要素，劳动资料和劳动对象是客体要素，或者可以概括为人的要素和物的要素。要想进行生产，这三个要素缺一不可，从生产力的三个源泉看生产力的三个要素，劳动的社会生产力由劳动者在劳动中的分工协作产生，这个力量人化在劳动者身上，通过分工协作进行劳动的形式形成和表现出来，自然力通过劳动者的劳动物化在劳动力和劳动

① ［德］马克思．资本论：第1卷［M］．北京：人民出版社，2004：208.

② 关于劳动生产力三要素及其相互关系的分析参见王岩．马克思主义可持续发展观及当代价值研究［M］．北京：光明日报出版社，2012：50-55.

对象之中，科学技术力则通过劳动者的劳动特别是智力劳动渗透在生产力的每个要素当中。可见，发展劳动生产力，重要的是要通过教育和培训提高劳动者的知识和技能水平，重视人才培养和技术创新；重视科学研究并且通过技术应用把它们转化为现实生产力；要合理使用和保护自然资源，保护生态环境。

（二）如何理解劳动生产力变化与商品价值量变化的关系

从生产商品的劳动二重性来看，“生产力当然始终是有用的、具体劳动的生产力，它事实上只决定有目的的生产活动在一定时间内的效率”①，所以“生产力变化本身丝毫也不会影响表现为价值的劳动”②，生产力变化与抽象劳动无关，它所影响的是具体劳动的质量和能力，而抽象劳动是没有质的区别的人类劳动。具体劳动生产商品的使用价值，因此，一定劳动时间内生产的使用价值量的多少体现着劳动生产力的效率，劳动生产力提高，生产的使用价值量多，生产力降低时生产的使用价值量少。同时，马克思又指出，“那种能提高劳动成效从而增加劳动所提供的使用价值量的生产力变化，如果会缩减生产这个使用价值量所必需的劳动时间的总和，就会减少这个增大了的总量的价值量。反之亦然”③。也就是说，劳动生产力的提高可以缩减生产既定量使用价值所需要的劳动时间总量，使生产这个使用价值总量所耗费的劳动时间总量减少，甚至生产比原来更多些的使用价值量亦会使耗费的劳动时间比之前更少，即用更少的时间耗费生产出更多的使用价值。这表明，“劳动生产力越高，生产一种物品所需要的劳动时间就越少，凝结在该物品中的劳动量就越小，该物品的价值就越小。相反地，劳动生产力越低，生产一种物品的必要劳动时间就越多，该物品的价值就越大。可见，商品的价值量与实现在商品中的劳动的量成正比地变化，与这一劳动的生产力成反比地变动”④。劳动生产力只与具体劳动有关，那么，为什么劳动生产力的变动又会引起商品价值量的变动，表现为“随着物质财富的量的增加，它的价值量可能同时下降”⑤呢？马克思说：“这种对立的运动来源于劳动的二重性。”⑥生产商品的劳动具有具体劳动和

①⑤　［德］马克思．资本论：第 1 卷［M］．北京：人民出版社，2004：59.
②③　［德］马克思．资本论：第 1 卷［M］．北京：人民出版社，2004：60.
④　［德］马克思．资本论：第 1 卷［M］．北京：人民出版社，2004：53-54.
⑥　［德］马克思．资本论：第 1 卷［M］．北京：人民出版社，2004：59.

抽象劳动二重性质，具体劳动生产使用价值的生产过程要花费时间，而抽象劳动创造价值的关键在于生产这个商品耗费了多少社会必要劳动时间，在具体劳动生产一定量的使用价值时，“如果生产商品所需要的劳动时间不变，商品的价值量也就不变。但是，生产商品所需要的劳动时间随着劳动生产力的每一变动而变动。……劳动生产力越高，生产一种物品所需要的劳动时间就越少，凝结在该物品中的劳动量就越小，该物品的价值就越小”①。也就是说，劳动作为具体劳动，生产一定量的使用价值，作为抽象劳动，要耗费一定的劳动时间，而劳动生产力提高，使生产一定量的使用价值所耗费的劳动时间减少了。如果部门内个别生产者的劳动生产力水平提高，那么可以用低于部门的社会必要劳动时间耗费进行生产，从而获得超额价值，这部分超额价值在资本主义生产方式下转化为超额剩余价值。从整个部门看，生产某种商品的劳动生产力水平普遍提高，会使生产该商品所需要的社会必要劳动时间减少，该商品的价值量降低，这种用更少的劳动耗费生产更多使用价值带来的福利本来是造福于人类的，但是这在资本主义生产方式下，成为资本获得相对剩余价值的手段。在资本主义生产方式下，发展生产力是资本追逐最大剩余价值的手段，生产力发展的利益由资本占有。

劳动生产力由五种情况决定，“其中包括：工人的平均熟练程度，科学的发展水平和它在工艺上应用的程度，生产过程的社会结合，生产资料的规模和效能，以及自然条件”②。生产力中的各个因素发生变动，表现为生产力水平的变动，如果生产力水平提高，耗费同样的劳动时间可以生产更多的使用价值量，表现为单位商品价值量下降。关于工人的平均熟练程度，在之前已经专门进行了分析，劳动者的劳动熟练程度高于或者低于平均熟练程度，对生产力的高低产生同向影响；科学的发展水平和它在工艺上应用的程度是科学技术力通过对人和物的渗透转化为现实的生产力的程度，这个程度越高，劳动生产力水平越高；生产过程的社会结合，即之前谈到的分工协作产生劳动的社会生产力；马克思着重分析了自然条件通过影响生产力对价值量决定的作用，他指出，“金刚石在地壳中是很稀少的，因而发现金刚石平均要花很多劳动时间。因此，很小一块金刚石就代表很多劳动。……如果发现富矿，同一劳动量就会表现为更多的金刚石，金刚

①② ［德］马克思．资本论：第1卷［M］．北京：人民出版社，2004：53.

石的价值就会降低"①。马克思认为，自然力和劳动生产力同方向变动，就金刚石而言，自然条件的影响使得金刚石非常稀缺，因而使生产它所花费的劳动时间很多，价值量因此很大。如果金刚石在自然界不那么稀缺，生产它所耗费的劳动时间就会减少，其价值就会降低。同样的例子，西方经济学用边际效用价值论解释为：由于金刚石非常稀缺，在边际效用递减规律（每增加一单位产品消费给消费者带来的效用递减）的作用下，它的边际效用很大，因此价值量很大。显然，边际效用价值论是从需求角度、从主观评价入手讨论价值决定，没有客观标准，而马克思的劳动价值论是从生产角度、从生产所花费的劳动时间（劳动者付出的代价）角度讨论价值决定，就探寻价值决定的本源而言，马克思的劳动价值论具有客观性和科学性。

对马克思关于构成劳动生产力的五个因素的分析表明，生产力的源泉包括劳动力、自然力和科学技术力，再进一步看，决定生产力水平高低的根本因素是劳动者的智力劳动的水平和自然条件。因为工人的平均熟练程度、科学的发展水平和它在工艺上应用的程度、生产过程的社会结合，都是通过劳动者对科学知识和技术的运用以及他们之间的分工协作体现的，这都是生产力中的主观能动因素——劳动者行为的结果，它是一个不断发展的动态过程，而容纳劳动能力不断发展的客观条件是自然资源。所以从实现社会生产力科学发展的视角看，以人与自然和谐相处的理念发展生产力，促进生产力中创造财富源泉的劳动力和自然资源的科学开发及使用，是实现生产力科学发展的根本；生产力的科学发展实质上就是以最小的人类劳动和人类赖以生存的自然资源耗费为代价，获取满足人类社会发展需要的物质财富，而实现这个目标，则需要有相适应的生产关系。

五、从价值形式的发展揭示价值的客观性、货币及价格的本质

商品用它自己的身体来体现使用价值，而它的价值是看不见、摸不着的，因此，必须要回答一个问题——价值是否是客观存在的。价值的客观性"只能在商品同商品的社会关系中表现出来"②，亦即必须在商品的相互

① ［德］马克思．资本论：第1卷［M］．北京：人民出版社，2004：53.
② ［德］马克思．资本论：第1卷［M］．北京：人民出版社，2004：61.

交换中体现出来，在之前讨论价值决定问题时，“我们实际上也是从商品的交换价值或交换关系出发，才探索到隐秘在其中的商品价值”①。事实上，马克思不仅是从交换价值入手进入商品价值的讨论，而且在其对劳动二重性、价值决定、价值量决定和变动等劳动价值理论基本问题讨论的不断推进中，我们已经看到了价值的客观性，看到了用其他价值理论攻击劳动创造价值没有客观性是不能成立的，事实上，其他的价值理论都不能科学地说明自己所主张的价值理论的客观性。早期的效用论把使用价值和价值相混同，用商品的使用价值决定价值，无法说明不同性质的使用价值怎么能够建立起交换的量的比例，而现代西方经济学中的边际效用价值论则更进一步从需求角度把物的稀缺程度和人对物的主观评价作为价值决定因素，没有客观标准；生产费用价值论则认为商品的价值由生产费用的价值构成，虽然是从生产领域寻找价值是如何决定的，但是这种理论不仅混淆了价值创造和价值形成，而且用价值决定价值，是循环论证，没有找到价值的本源；供求决定价值理论把价值决定归结为供求作用，现代西方微观经济学的创始人马歇尔进一步发展了供求论，实际上就是把边际效用价值论作为需求方的因素，把生产费用价值论作为供给方，然后结合起来就有了现代西方经济学的价值论。对于供求论，从客观现实看，供求平衡是偶然现象，不平衡是常态，如果供求决定价值，那么价值量的确定只是一种幻想，不可能成为客观存在，马歇尔对供求论的发展不过是边际效用价值论、生产费用价值论和供求论的“大杂烩”。由于没有科学、客观的价值理论，现代西方经济学在发展中已经放弃了价值概念，只讨论市场价格问题，并且把价值等于价格。与其他价值理论不同，科学地证明价值的客观性，是劳动价值理论的重要内容。为此，马克思区分了价值和价值形式，指出价值是无差别人类劳动的凝结，本质是商品生产者之间的生产关系，因此，商品中包含着的价值自身无法表现自己，但是A商品可以在和B商品交换时，把另一种B商品的使用价值当作自己的镜子②，把其中蕴含的价值表现出来，即价值可以表现在另一种商品的使用价值上面。可见，价值是要被表现的东西，而价值形式是那个看不见、摸不着的价值的表现形式，这个区别在马克思之前是不清楚的，“少数经济学家，例如赛·贝利，曾分析了价值形式，但没有得到任何结果，这首先是因为他们把价值形式

① ［德］马克思．资本论：第1卷［M］．北京：人民出版社，2004：61.
② ［德］马克思．资本论：第1卷［M］．北京：人民出版社，2004：67.

同价值混为一谈，其次，是因为在讲求实用的资产者的粗鄙的影响下，他们一开始就只注意量的规定性”①。这种不知道本质，只是从现象到现象，只是注意量的规定性而不注重质的规定性的研究，注定是没有任何结果的。马克思揭示了现象背后的本质，区分了价值和价值形式，然后回过头来再对价值表现形式的发展历史进行深入研究，为的是进一步证明价值的客观性，揭示价值的本质以及价格与价值的关系。在这里，马克思沿着历史发展的逻辑，从最简单的交换关系即一种商品同另一种商品相交换的关系入手，寻找表现价值的形式，然后，逐步发展到“炫目的货币形式”②，即用货币这个具体的使用价值物去表现所有商品的价值，更进一步证明了抽象劳动创造价值的客观性。对这个历史过程的分析，可以让人清晰地看到价值存在的客观性，看到货币的起源和本质，看到价格的本质。

（一）从价值形式的发展揭示价值的客观性

1. 简单价值形式

从最简单的形式研究价值表现形式就是简单价值形式，即用一种商品的使用价值量表现另一种商品的价值量。例如：

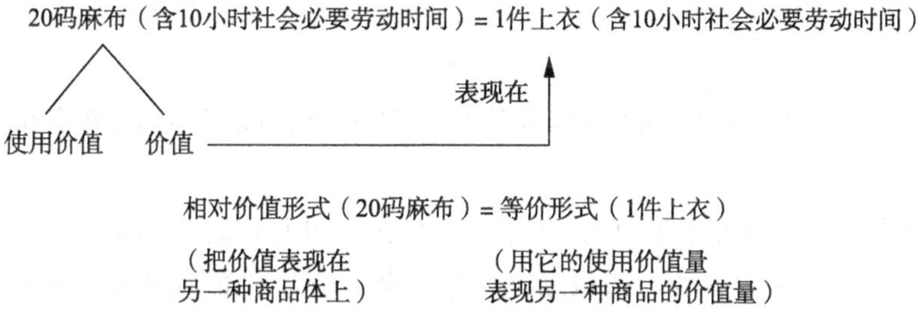

交换等式建立的基础是，两种不同使用价值的商品都包含大量社会必要劳动时间，它们在价值量上相等。马克思说，亚里士多德是“最早分析了价值形式”的，他指出了不同种的物不能建立交换的量的关系，因为它们没有可通约性，这是“闪耀出他的天才的光辉”的地方，但是，他认为可以使不同的物能够等同进而能够通约的东西“实际上是不可能存在的”，这个结论却是错误的，这是因为他没有价值概念，他不知道，不同的物中

① ［德］马克思．资本论：第1卷［M］．北京：人民出版社，2004：64注释（17）．

② ［德］马克思．资本论：第1卷［M］．北京：人民出版社，2004：62.

有等同的东西，“这就是人类劳动”，“亚里士多德没有能从价值形式本身看出，在商品价值形式中，一切劳动都表现为等同的人类劳动，因而是同等意义的劳动”①。

在这里，特别重要的是等价形式，一个商品作为等价形式，有了特别的作用：它的使用价值量表现了另一种商品的价值量；它的具体劳动表现了抽象劳动；生产它的生产者的劳动即私人劳动表现了社会形式的劳动即无差别抽象人类劳动。等价形式之所以有上述作用，是因为它也是商品，其中包含着和作为相对价值形式的商品相等的抽象劳动。

价值形式是在商品交换过程中表现的，在交换中以不同商品的使用价值的量的比例呈现，这个量的比例就是交换价值，它和价值形式的区别在于，交换价值所强调的是，价值的表现形式最终是以一种量的比例关系出现在市场上的。价值形式包含相对价值形式和等价形式两个方面，交换价值作为一种量的关系或比例，由价值形式的两项内容共同规定，对价值形式的分析表明，这种量的比例本质上是一种使用价值所含价值量和另一种使用价值所含价值量的关系或比例，而在表现形式上则表现为一种使用价值同另一种使用价值相交换的量的比例。

$$\text{交换价值（麻布的）}=\frac{\text{10 小时/20 码麻布（相对价值形式）}}{\text{10 小时/1 件上衣（等价形式）}}$$

$$=\text{1 件上衣/20 码麻布}$$

就是说，20 码麻布的交换价值是 1 件上衣，或者 20 码麻布值 1 件上衣。

由价值形式量的比例关系可见，生产麻布和上衣的劳动生产力发生变化，它们当中所包含的价值量随之发生变化，交换价值因此发生变化：生产麻布（相对价值形式）的生产力水平提高，10 小时生产 30 码麻布，则 30 码麻布的交换价值是 1 件上衣，或者 30 码麻布值 1 件上衣。所以相对价值形式贬值，其自身的交换价值下降；生产上衣（等价形式）的劳动生产力提高，10 小时生产 2 件上衣，20 码麻布的交换价值上升为 2 件上衣，或者说，20 码麻布值 2 件上衣。所以等价物贬值，商品麻布的交换价值上升。

简单价值形式的分析包含着对价值形式的一般分析，在后面扩展的分析中都适用。简单价值形式反映了价值最本质、最基本的关系，但仍具有

① ［德］马克思．资本论：第 1 卷［M］．北京：人民出版社，2004：74-75.

偶然性，还不能真正表明商品中包含着无差别人类劳动。

2. 扩大的和一般的价值形式

在交换中，各种商品都可以按照一定的交换价值进行交换，这表明，所有商品的使用价值的一定量都可以表现一种商品的价值量，这就是扩大的价值形式。在扩大的价值形式上，无数商品可以作为等价形式表现麻布的价值量，使创造商品的劳动真正表现为无差别人类劳动，充分证明了价值的客观性。但是，在扩大的价值形式上，价值表现未完成，杂乱无章，等价形式由不同的具体劳动创造的不同使用价值来充当，没有统一的表现形式，因此需要确定一种商品作为等价物去表现所有商品的价值量，这就形成了一般价值形式。一般价值形式的出现是一个历史过程，"一般价值形式的出现只是商品世界共同活动的结果。一种商品所以获得一般的价值表现，只是因为其他一切商品同时也用同一个等价物来表现自己的价值"①。在一般价值形式上，商品的价值形式获得客观的固定性和一般社会效力，所有商品的价值量都是由一种固定的商品的使用价值量来表现，纠正了扩大的价值形式的缺点。

（二）从价值形式的发展揭示货币的起源、本质和价格的内在规定性

在货币形式上，等价形式固定下来由金承担，即用金的使用价值量表现所有商品的价值量。从一般价值形式发展到货币形式，没有本质的变化，金之所以会被当作货币，绝不是金天然具有的属性，而是商品关系内部矛盾发展的结果。金本来就是商品，如同历史上许多东西一样，曾经充当过相对价值形式，也充当过等价物。所以"货币同任何商品一样，只能相对地通过别的商品来表现自己的价值量。它本身的价值是由生产它所需要的劳动时间决定的，并且是通过任何另一个凝结着同样多劳动时间的商品的量表现出来的"②，而"商品用金来估计也只是以下面一点为前提：在一定时间内生产一定量的金要耗费一定量的劳动"③。

马克思通过研究价值形式的发展，揭示了货币的起源和本质。货币是从交换过程中产生的，它的产生就像粮食需要计量重量因而需要斗、秤，布需要计量尺度因而需要尺子一样，所有的商品都需要计量它们的价值

① ［德］马克思．资本论：第1卷［M］．北京：人民出版社，2004：82-83.
② ［德］马克思．资本论：第1卷［M］．北京：人民出版社，2004：111.
③ ［德］马克思．资本论：第1卷［M］．北京：人民出版社，2004：119.

量，货币产生的第一个需要就是充当一般等价物作为价值尺度计量商品的价值量，并且这是在交换过程中产生的需求，“随着劳动产品转化为商品，商品就在同一程度上转化为货币”①，在交换过程中，“其他一切商品的社会的行动使一个特定的商品分离出来，通过这个商品来全面表现它们的价值。于是这个商品的自然形式就成为社会公认的等价形式。由于这种社会过程，充当一般等价物就成为被分离出来的商品的独特的社会职能。这种商品就成为货币”②，因此，货币没有丝毫的神秘性。当货币产生之后，“其他一切商品只是货币的特殊等价物，而货币是它们的一般等价物，所以它们是作为特殊商品来同作为一般商品的货币发生关系”③，在交换中，货币作为一般等价物，是每个特殊商品的等价物，从这个意义上说，货币是一般商品，这是从货币作为一般等价物意义上来说的，在这里，一般商品是一般等价物的同义语，货币在本质上就是一般等价物，这是货币的一个本质特征。在货币发展历史中，许多商品充当过货币，“随着商品交换日益突破地方的限制，从而商品价值日益发展成为一般人类劳动的化身，货币形式也就日益转到那些天然适于执行一般等价物这种社会职能的商品身上，即转到贵金属身上。‘金银天然不是货币，但货币天然是金银’”④，因为金银贵重、质地均匀，可以随意分割和合并，便于携带。货币不仅是充当了一般等价物，而且“金银作为货币代表一种社会生产关系，不过这种关系采取了一种具有奇特的社会属性的自然物的形式”⑤，并且被固定下来代表一种社会生产关系，所以说，货币是特殊商品，因为它具有“奇特的社会属性”，这个属性决定了货币的另一个本质特征。

综上所述，货币在本质上不过就是充当一般等价物的特殊商品，也就是说，货币是一般等价物，并且代表一种社会生产关系。有一种观点认为，货币是充当一般等价物的一般商品，这种说法不仅是同义反复，而且丢掉了货币的社会属性。马克思在评论古典政治经济学忽略对价值形式的分析时，指出了其原因，同时也指出认识货币的社会属性具有重要的理论和现实意义。马克思说：“古典经济学的根本缺点之一，就是它从来没有从商品的分析，特别是商品价值的分析中，发现那种正是使用价值成为交

① ［德］马克思．资本论：第1卷［M］．北京：人民出版社，2004：106.
② ［德］马克思．资本论：第1卷［M］．北京：人民出版社，2004：105-106.
③ ［德］马克思．资本论：第1卷［M］．北京：人民出版社，2004：109.
④ ［德］马克思．资本论：第1卷［M］．北京：人民出版社，2004：108.
⑤ ［德］马克思．资本论：第1卷［M］．北京：人民出版社，2004：101.

换价值的价值形式。恰恰是古典政治经济学的最优秀的代表人物，像亚当·斯密和李嘉图，把价值形式看成一种完全无关紧要的东西或在商品本性之外存在的东西。这不仅仅因为价值量的分析把他们的注意力完全吸引住了。还有更深刻的原因。劳动产品的价值形式是资产阶级生产方式的最抽象的、但也是最一般的形式，这就使资产阶级生产方式成为一种特殊的社会生产类型，因而同时具有历史的特征。因此，如果把资产阶级生产方式误认为是社会生产的永恒的自然形式，那就必然会忽略价值形式的特殊性，从而忽略商品形式及其进一步发展——货币形式、资本形式等等的特殊性。”① 从理论逻辑和历史逻辑来看，当商品交换从物物交换发展为以货币为媒介的交换时，货币代表着交换双方物质利益关系的实现，即能否拿到货币代表着商品所有者能否获得物质利益，商品所有者只有拿到了货币，才能卖出其商品的使用价值和实现价值，解决商品内在的使用价值和价值的矛盾；能够拿到多少货币，意味着能够卖出多少使用价值和实现多少价值，代表着商品所有者能够获得多少物质利益。所以这个过程是一个惊险的跳跃，跳不好，摔坏的不是商品，而是商品所有者，和物物交换相比，货币的出现虽然可以帮助解决商品使用价值和价值这个内在矛盾，但是不能彻底解决矛盾，而且可能会激化矛盾，这是后话。正因为货币在本质上代表一种社会生产关系，因此，成为资本的首先是货币，货币通过购买劳动力商品，使劳动者的劳动成为能够为货币所有者创造剩余价值的雇佣劳动——货币转化为资本，货币所有者成为资本家，使资本主义生产方式得以确立。作为资本的货币，不仅代表商品生产者之间的社会生产关系，而且代表资本主义生产关系，即无偿占有雇佣劳动的剩余价值。

货币出现以后，商品的价值便表现在货币上，“一个商品（如麻布）在已经执行货币商品职能的商品（如金）上的简单的相对的价值表现，就是价格形式”②，所以“价格是对象化在商品内的劳动的货币名称”③，也就是说，价格的本质是客观存在的劳动创造的价值的货币表现。“在这里，货币充当计算货币，它把商品的价值表现为商品价格”④，即用货币的使用价值量比如2盎司金来衡量商品20码麻布的价值量，20码麻布的价格是2盎司金。这样，商品内在的由社会必要劳动时间决定的价值量，就被表现

① ［德］马克思．资本论：第1卷［M］．北京：人民出版社，2004：98-99注释（32）．
② ［德］马克思．资本论：第1卷［M］．北京：人民出版社，2004：87．
③ ［德］马克思．资本论：第1卷［M］．北京：人民出版社，1975：122．
④ ［德］马克思．资本论：第1卷［M］．北京：人民出版社，2004：183．

为商品的使用价值量同货币量的交换比例关系。在价格形式上，与简单价值形式的不同只是用货币代替上衣作了等价物：麻布的价格=相对价值形式（10小时/20码麻布）/货币形式（10小时/2盎司金）= 2盎司/20码麻布。

从价格的内在规定性看，商品的价格由商品自身的价值量和货币的价值量共同规定，其中商品或货币价值量任何一方发生变化，都会引起价格变动。马克思说："商品的价格只有在货币价值不变、商品价值提高时，或在商品价值不变、货币价值降低时，才会普遍提高。反之，商品价格只有在货币价值不变、商品价值降低时，或在商品价值不变、货币价值提高时，才会普遍降低。"① 例如，黄金非常容易得到，生产黄金的劳动生产力提高，10小时能够生产4盎司黄金，20码麻布的价格从原来的2盎司黄金提高到4盎司黄金，货币贬值，商品价格上升。需要注意的是，这里的价格变动只与其内在规定性相关，在市场上，价格以市场价格的形式出现，其变动受诸多因素影响，这将在下一章讨论。

六、基于劳动价值论的通货膨胀理论

货币是商品经济的"血液"。货币的出现解决了商品使用价值和价值的矛盾，畅通了使用价值和价值的实现过程，但是，货币的出现不能彻底解决商品经济运动的矛盾，而且又带来了一系列的新问题。以建立在劳动价值理论基础上的价格理论为基础，诞生了马克思的通货膨胀理论。从马克思的理论视角讨论通货膨胀，实际上是在讨论价格总水平变动的原因。

（一）金属货币条件下价格总水平的变动原因

首先，生产商品和货币的劳动生产率水平的变化引起商品价格的变动。这个问题在价格理论讨论中已经说明，这一点无论是对某种商品的价格而言还是对总体商品而言都是如此。由此可见，价格总水平上升的原因可以来自生产商品的劳动生产率下降使单位商品的价值量上升，也可以来自生产货币的劳动生产率提高使单位货币的价值量下降，后者才是真正意义上的货币贬值。价格总水平可能但是不一定随着货币贬值而上升，随着

① ［德］马克思．资本论：第1卷［M］．北京：人民出版社，2004：119.

货币升值而下降。所以不能简单地认为通货膨胀就是货币贬值，按照马克思的价格理论下定义，通货膨胀应当是指价格总水平不断上升的现象。具体到现实经济活动而言，通货膨胀可能来源于货币因素，是货币贬值的结果，也可能来源于商品因素，是商品本身的价值量持续上涨也就是商品生产和交换中所花费的成本持续过度上涨的结果。就后一种情况而言，通货膨胀主要来源于土地价格、能源价格和粮食等基础性生产要素的价格上升导致的商品成本的上升，由此产生成本推动通货膨胀。成本上升意味着劳动生产率的下降，所引起的通货膨胀不是货币问题。解决成本推动通货膨胀，调节对象不能是减少货币供给量，而是要提高这些生产要素的供给能力，降低它们的价格，进而降低待实现的商品价格总额。此时减少货币量，会阻碍经济增长，使失业增加，甚至导致经济衰退。

其次，从货币来看，除了货币本身的价值变动之外，货币供求也会通过影响货币价值量实现使货币发生贬值或升值，进而对商品的价格总水平也有重要影响，这从以下两个方面产生影响：

第一，生产金属货币的劳动量投入与生产商品的劳动投入量比例失调。马克思的货币理论指出，货币也是商品，具有商品的所有特性。在交换中，总体商品和货币量之间存在着互为供求的关系，并且遵循等价交换原则。假定生产商品和金属货币的劳动生产率不变，如果货币供给大于需求，就意味着总体商品对货币的需求小于货币的供给，根源是投入生产货币的总劳动相对于投入生产商品的总劳动过多，这与商品市场中互为供求的商品供求失衡状况无异。此时，由于货币量相对于总体商品量过多，总体商品能实现大于其所含价值量的价值，货币只能实现小于其所含价值量的价值，因此，总体商品价格上升。所以当货币供给量相对于它所媒介的商品总量所需要的货币量过多时，货币发生实际贬值（实现的价值下降），总体商品价格水平上升（实现的价值上升）。由此可见，控制通货膨胀，首先要控制货币供给量。

第二，货币流通速度的变动使货币的供给量变动。货币虽然是商品，但是，其作为交易媒介和流通手段，在一定时期内，可以多次媒介一定量的商品，也就是说，货币流通速度会影响货币供给量，所以决定一定时期货币供给量的因素可以归结为待实现的商品价格总额和货币的流通次数，商品总价格=单位商品的价格×流通中商品量，可见，价格的变动、流通的商品量、货币的流通速度，这三种因素变化都会从不同的方向影响货币流通量。以货币在一定时间内的平均流通次数衡量速度，马克思提出了货币流通量规律：货币流通量=待实现的商品价格总额/货币的平均流通次数。考虑到货币支付手段职能通过商品交易者赊销和赊购彼此抵销的支付量对货币流通量的影响，货币流通量=（待实现商品价格总额+到期支付总额-彼此抵销支付）/货币的流通次数。变换一下货币流通量公式可以得到以下公式：货币流通量×货币流通速度=待实现商品价格总额，这个公式可以称为马克思的商品货币交易方程。从形式上看，马克思的商品货币交易方程与由庸俗经济学的货币数量论演化而来的交易方程没有区别，但是，它们在本质上不同①。以劳动价值论为基础的马克思的货币流通规律说明：由于商品的价格由商品的价值量和货币的价值量共同决定，当货币流通速度既定、商品的供求平衡、商品和货币的供求平衡时，流通中所需要的货币量由货币的价值量决定，“流通手段量决定于流通商品的价格总额和货币流通的平均速度这一规律，还可以表述如下：已知商品价值总额和商品形态变化的平均速度，流通的货币或货币材料的量决定于货币本身的价值”②。货币数量论则认为，“在进入流通过程时，商品没有价格，货币也没有价值，然后在这个过程内，商品堆的一个可除部分同金属堆的一个可除部分相交换”③。缺少价值理论基础的货币数量论无法说明，当等待交易的商品总量和货币流通速度亦即马克思所说的“商品形态变化的平均速度”确定不变时，货币量是如何决定的。货币流通速度对货币流通量进而对商品的价格总水平产生影响的机理是：货币流通速度加快（流通次数减少），使货币的供给量大于待实现的商品价值总额对货币的需求量，货币的市场价格背离其内在价格，表现为货币的市场价格低于其内在价格，货币贬值，商品的价格总水平上升，货币流通速度加快是导致通货膨胀的一个原因。所以控制货币供给量过快增长，保持价格总水平不变，需要关注货币流通速度。根据马克思的商品货币交易方程，从增长率的角度看，商品价格总水平上升（通货膨胀率）=货币增长率-经济增长率+货币流通速度变动率，可见，控制由货币方面引起的通货膨胀率，不仅要关注货币增长率和经济增长率，还要关注货币流通速度变动率。

---

① 柳欣、王璐在“货币理论的基础”（见张宇，等，主编．高级政治经济学［M］．北京：中国人民大学出版社，2006：505．中认为，马克思在讨论到纸币时发表了类似货币数量论的观点。事实上，马克思在讨论金属货币流通规律时已经提出了形式上和货币数量论类似但是本质上不同的商品货币交易方程。两种理论在形式上和数量变动方面的殊途同归意味着，在马克思理论的基础上，可以吸收现代经济学的合理内容来完善、发展马克思的货币理论和通货膨胀理论。

② ［德］马克思．资本论：第1卷［M］．北京：人民出版社，2004：145-146．

③ ［德］马克思．资本论：第1卷［M］．北京：人民出版社，2004：146．

由于金是商品，有储藏价值，作为储藏手段，在货币过多时，会退出流通（甚至可以金银器皿和首饰形式储藏），“货币贮藏的蓄水池，对于流通中的货币来说，既是排水渠，又是引水渠，因此，流通中的货币永远不会溢出它的流通的渠道”①。所以在金属货币条件下，市场机制能够有效地调节货币流通量，通货膨胀不会发生。

（二）纸币条件下价格总水平的变动原因

货币作为流通手段，可以用其他材料作记号象征性地代替金属货币执行这个职能，所以由法律规定强制流通的国家纸币产生。纸币产生之后，掩盖了货币的本质，好像货币只是符号。随着商品流通跨地域发展，纸币也能够代替金属货币执行支付手段职能。

在马克思的货币理论中，纸币本身有流通规律：“纸币的发行限于它象征地代表的金（或银）的实际流通的数量。”② 所以在金属货币条件下所揭示出的价格总水平的决定和影响其变动的因素、货币流通量规律等基本关系，都不会因为纸币象征地代表金属货币而改变。在金或银本位制时纸币发行量超过所代表的金属货币需要量，必然会发生纸币贬值，由于纸币没有了与金属货币同等的货币贮藏的蓄水池功能，市场机制对货币流通量的调节出现失灵，如果纸币发行量超过市场对其所代表的金属货币需要量，那么必然会发生纸币贬值，产生通货膨胀。

马克思没有讨论在非金本位制下货币量的决定、变动和通货膨胀问题，这是马克思的货币理论、通货膨胀理论需要完善和发展的地方。在现代非金本位制下，事实上，需要有一个类似于金或银这样的商品作为决定货币量的锚，当纸币发生较大规模贬值时，人们抢购商品和黄金来尽量避免通货膨胀的损失就是最好的说明。因此，归根结底，商品和货币要等价交换，流通中的货币量由商品的价值量和货币的价值量共同决定。在具体操作中，依据马克思的货币理论和商品货币交易方程推论，如果一个国家有一个明确的零通货膨胀率控制目标，就意味着当年的纸币增长率由经济增长率和货币流通速度增长率规定。当纸币增长率超过经济增长率和货币流通速度增长率之和时，就会使纸币贬值，产生通货膨胀，历史上，这种事例有很多。20 世纪 40 年代中国经历的通货膨胀被经济学家看作人类历

① ［德］马克思．资本论：第 1 卷［M］．北京：人民出版社，2004：157-158.

② ［德］马克思．资本论：第 1 卷［M］．北京：人民出版社，2004：150.

史上15次最有代表意义的超速通货膨胀之一（Paarlberg，1993：85-96）。以1936年上半年物价指数为1，到1949年物价上涨幅度竟然超过了1万亿倍，表示物价增幅的天文数字已远远超出人们正常理解能力范围。100元法币1936年能买1头犍牛，1941年能买1头猪，1947年能买1只煤球，1949年竟然只能买一百万分之一粒大米。通货膨胀产生的一个重要条件是1935年实行的币制改革，币制改革的核心措施，是由官方指定3家银行（后来扩大到4家）发行钞票，取代银本位货币，钞票成为具有"无限偿还能力"的"法币"（贾秀岩、陆满平，1992：58）。币制改革在为经济运行提供了更有效率交换媒介的可能性的同时，也为政府在短期内超越税收和借债能力扩大开支提供了现实可能性。随着政府后来变本加厉地滥发法币获取收入，通货膨胀便如脱缰之马，货币供应量也不得不随之飞涨，最终导致金融崩溃并加速了国民党统治的终结。①

在当代社会非金银本位制下，如果货币过量发行，单位货币能够代表的物质财富量减少，根据马克思的货币理论，这意味着货币供给大于需要媒介的待实现的商品价格总额，货币贬值，即产生通货膨胀。所以无论是否实行货币的金银本位制，马克思所揭示的通货膨胀产生的基本原理都具有适用性。中国进行市场经济体制改革以来发生的4次通货膨胀都符合马克思所揭示的通货膨胀产生的基本原理：1980年商品零售价格指数上升了6.0%，这在当时对于物价长期稳定的中国来说无疑是很高的通胀率。造成这次通胀的直接原因是1979年和1980年货币流通量的迅速增长，而货币量的增长又主要源于当时加快实现现代化的"洋跃进"，在"洋跃进"中，基本建设支出大幅增加。1984年出现通货膨胀，1985年的商品零售价格指数上升了8.8%。这次通胀的主要原因是银行贷款规模膨胀，这两年的银行贷款余额分别增长了32.8%和23.9%，当时伴随着计划决策权的下放，地方和企业自主权扩大，出现了工资奖金失控、投资扩张等问题。1988—1989年的商品零售价格指数分别上升了18.5%和17.8%。当时政府表态要勇闯价格改革关的信息强化了人们的通胀预期，消费需求迅速膨胀，公众动用大量银行存款抢购商品，流通中的货币量大量增加，导致了通货膨胀。1993—1995年，三年的零售价格指数分别上升了13.2%、21.7%和14.8%。尤其是1994年，通货膨胀率是改革开放以来最高的。这次通货膨胀源于当时的"房地产热"、"开发区热"、投资膨胀、货币发行量增大、

① 摘自卢锋．经济学原理［M］．北京：北京大学出版社，2002：589-590.

能源紧张等因素。[①] 可见，不论最初是什么原因诱发的，使通货膨胀成为事实的最终原因，都是过多的货币供给追逐相对短缺的商品。

七、拜物教理论的要义及价值

（一）商品和货币拜物教理论的意义

商品和货币拜物教理论的意义在于，进一步揭示价值的本质和客观性。马克思的分析表明，本来用一定量的即耗费一定劳动时间的具体劳动就可以生产一定量的使用价值，即使它是为别人生产的，取得了社会的形式成为商品，也不过是劳动产品具有了使用价值和价值两个因素，生产商品的劳动具有了二重性，私人用具体劳动生产商品的使用价值，其劳动的社会性表现为抽象劳动形成商品的价值，进一步地，同质的抽象劳动可以计量生产商品所耗费的劳动时间，而生产同种商品具有平均性质的社会必要劳动时间决定该商品的价值量。通过解剖商品这个经济细胞形式可以看到，生产商品的私人劳动的社会性质、价值的本质、价值量这些关系都是客观存在的，已经非常明了，没有什么神秘之处。“可是，劳动产品一采取商品形式就具有了谜一般的性质究竟是从哪里来的呢?”[②]

从商品形态的生产和交换过程看，商品是互相独立的私人劳动的产品，由于社会分工，私人劳动又具有社会性质，是社会总劳动的一个部分，但是，在生产过程中，私人劳动者彼此分离，他们私人劳动的社会性质并不能表现出来。只有通过交换，劳动的社会性质才能表现出来，也就是说，交换成功了，私人劳动才被社会承认，交换双方商品中所包含的价值才得以实现。但是在交换过程中，商品生产者所交换的已经不是自己的劳动，而是在交换自己的劳动产品，这样，商品生产者之间等量劳动相交换的人与人的关系就表现为某种物的一定量与另一种物的一定量之间的关系。在交换中，商品所有者关心的是他的商品能够交换到多少他所需要的其他商品。然而，私人所耗费的劳动在多大程度上能够被承认，事实上取决于社会必要劳动时间，而且供求、竞争和劳动生产力的变化又影响着社

① 资料摘自黎诣远．西方经济学［M］．北京：高等教育出版社，1999：464-465.

② ［德］马克思．资本论：第1卷［M］．北京：人民出版社，2004：89.

会必要劳动时间的变化，所以商品的“价值量不以交换者的意志、设想和活动为转移而不断地变动着。在交换者看来，他们本身的社会运动具有物的运动形式。不是他们控制这一运动，而是他们受这一运动控制。……生产这些商品的社会必要劳动时间作为起调节作用的自然规律强制地为自己开辟道路，就像房屋倒在人的头上时重力定律强制地为自己开辟道路一样。因此，价值量由劳动时间决定是一个隐藏在商品相对价值的表面运动后面的秘密。这个秘密的发现，消除了劳动产品的价值量纯粹是偶然决定的这种假象，但是绝没有消除价值量的决定所采取的物的形式”①。在这种颠倒的关系中，商品被神秘化了，商品所有者只要拥有一些商品，就能通过交换获得其他所需要的商品，好像这些物天然就具有这种属性，对此“要找一个比喻，我们就得逃到宗教世界的幻境中去，在那里，人脑的产物表现为赋有生命的、彼此发生关系并同人发生关系的独立存在的东西。在商品世界里，人手的产物也是这样。我把这叫作拜物教。劳动产品一旦作为商品来生产，就带上拜物教性质，因此拜物教是同商品生产分不开的”②。在货币产生之后，商品交换者关心的是商品能换得多少货币，有了以物的形式表现的货币，就可以在任何时空交换到任何商品，货币形式把在商品形式上还较为容易看穿的物物交换背后掩盖着的关系彻底掩盖了，“商品世界的这个完成的形式——货币形式，用物的形式掩盖了私人劳动的社会性质以及私人劳动的社会关系”③。货币拜物教是商品拜物教的派生物，是商品经济形态下拜物教的完成形式，“货币拜物教的谜就是商品拜物教的谜，只不过变得明显了，耀眼了”④。在现实生活中，这种崇拜商品和货币的拜物教发展为权物交易、权钱交易，凭借权力可以获得金钱，凭借金钱可以获得一切，其本质是金钱和权力相勾结，无偿占有别人的劳动成果，结果是使社会腐败，是破坏社会正常发展的“蠹虫”。

从理论研究看，立场和方法起着决定作用。马克思指出：“对人类生活形式的思索，从而对这些形式的科学分析，总是采取同实际发展相反的道路。这种思索是从事后开始的，就是说，是从发展过程的完成的结果开始的。”⑤研究商品经济形态也是如此，在人们开始研究之前，商品形式已经存在，科学的研究方法应该是从现存的客观事物入手，在其历史发展过

① ［德］马克思．资本论：第1卷［M］．北京：人民出版社，2004：92-93.
② ［德］马克思．资本论：第1卷［M］．北京：人民出版社，2004：90.
③⑤ ［德］马克思．资本论：第1卷［M］．北京：人民出版社，2004：93.
④ ［德］马克思．资本论：第1卷［M］．北京：人民出版社，2004：113.

程中，剖析现象，揭示本质。商品形式是以交换价值、价值形式，然后当货币出现后又以价格形式表现自己，从形式到内容、从现象到本质的研究过程一定是这样的，“只有商品价格的分析才导致价值量的决定，只有商品共同的货币表现才导致商品的价值性质的确定”①。马克思正是这样做的，他从研究价值形式发展的历史过程入手，用理论逻辑和历史逻辑相统一的方法揭示出价值的本质和价值量的决定，从而证明了“商品形式的奥秘不过在于：商品形式在人们面前把人们本身劳动的社会性质反映成劳动产品本身的物的性质，反映成这些物的天然的社会属性，从而把生产者同总劳动的社会关系反映成存在于生产者之外的物与物之间的社会关系。……商品形式和它借以得到表现的劳动产品的价值关系，是同劳动产品的物理性质以及由此产生的物的关系完全无关的。这只是人们自己的一定社会关系，但它在人们面前采取了物与物的关系的虚幻形式”②。更进一步的是，“我们要做资产阶级经济学从来没有打算做的事情：指明这种货币形式的起源，就是说探讨商品价值关系中包含的价值表现，怎样从最简单的最不显眼的样子一直发展到炫目的货币形式。这样，货币的谜就会随着消失”③。如上所述，古典政治经济学把价值形式看成一种完全无关紧要的或在商品本性之外存在的东西，所以他们必然会忽略价值形式的特殊性，从而忽略商品形式及其进一步发展——货币形式、资本形式等的特殊性。因为商品形式和进一步发展的货币形式是资本主义生产方式产生的前提，没有商品货币关系，就不可能有货币资本的产生，因而就不可能有资本主义生产方式。马克思从最顽强的客观事实出发，用严谨的历史逻辑和理论逻辑展示了从商品价值到价值形式到货币形式再到资本形式的发展过程，不证自明地展示了资本主义生产方式只是人类社会历史发展的一个阶段，这是那些认为“资产阶级制度是天然的”④ 资产阶级经济学家不愿意承认的，是立场和阶级局限性限制了他们对价值形式的科学分析。“在李嘉图本人那里找不到关于价值和价值形式即交换价值之间的内部的任何说明”⑤，所以他们不知道货币的来源和本质，不知道货币是一种社会关系，因而“在那些完全同意用劳动时间来计算价值量的经济学家中间，对于货

① ［德］马克思．资本论：第1卷［M］．北京：人民出版社，2004：93.
② ［德］马克思．资本论：第1卷［M］．北京：人民出版社，2004：89-90.
③ ［德］马克思．资本论：第1卷［M］．北京：人民出版社，2004：62.
④ ［德］马克思．资本论：第1卷［M］．北京：人民出版社，2004：99注释（33）.
⑤ ［德］马克思．资本论：第1卷［M］．北京：人民出版社，2004：102注释（36）.

币即一般等价物的完成形态的看法是极为混乱和矛盾的"[①]，由于把货币的价值和交换过程给予它的特殊的价值形式相混淆，有些人比如约翰·洛克误认为金银作为货币其价值是想象的，还有的人以为货币是一种单纯的符号[②]。不知道本质，丢掉了根本，是货币主义的幻觉——货币拜物教产生的根本原因，并且在此基础上派生出诸如货币数量说等货币理论。认清货币的本质，对于理解货币流通数量的变动规律和通货膨胀的本质及治理通货膨胀具有重要意义。

商品拜物教产生的原因在于，在对商品形式的看法上，习惯的思维与历史的行程或者发展逻辑相反。资产阶级经济学的各种范畴恰恰就是这样形成的，那些作为各种范畴产生的基础的"形式在人们看来已经是不变的了"，"已经取得了社会生活的自然形式的固定性"，他们只是"试图了解它们的内容而不是了解它们的历史性质"，那么，从结果的表现看，具体劳动成了抽象劳动的表现形式，使用价值成了价值的表现形式，私人劳动成了社会劳动的表现形式，商品形式像被施了魔法一样，"通过这种荒谬的形式呈现在他们面前"，使他们无法摆脱魔法妖术的迷惑。如果从考察社会历史发展过程而不是从"商品世界的这个完成的形式——货币形式"出发，那么，"一旦我们逃到其他的生产形式中去，商品世界的全部神秘性，在商品生产的基础上笼罩着劳动产品的一切魔法妖术，就立刻消失了"[③]。无论是在鲁滨孙的孤岛上，还是在昏暗的中世纪，无论是在自然经济中，还是在未来社会的自由人联合体中，虽然劳动时间还有计算劳动耗费量的作用，但是，在鲁滨孙那里只是为了记账；在农奴和领主那里只是为了计算农奴为领主提供的徭役劳动量；在自由人联合体那里是为了按比例分配社会总劳动时间到各个生产部门，是为了"计量生产者在共同劳动中个人所占份额的尺度，因而也是计量生产者在共同产品的个人消费部分中所占分额的尺度"[④]。在所有这些社会生产有机体中，虽然对劳动时间进行计量包含了"价值的一切本质上的规定"[⑤] 即无差别的人类劳动，虽然各自有不同的劳动时间和物质财富的分配方式，但是，"人们同他们的劳

① ［德］马克思．资本论：第1卷［M］．北京：人民出版社，2004：98-99注释（32）．

② ［德］马克思．资本论：第1卷［M］．北京：人民出版社，2004：110-111注释（46）、（47）．

③ ［德］马克思．资本论：第1卷［M］．北京：人民出版社，2004：93.

④ ［德］马克思．资本论：第1卷［M］．北京：人民出版社，2004：96.

⑤ ［德］马克思．资本论：第1卷［M］．北京：人民出版社，2004：94.

动和劳动产品的社会关系，无论是在生产上还是在分配上，都是简单明了的"①，劳动产品不需要采取和它们的使用价值形式不同的“虚幻形式”，商品形式以及与其相伴随的价值形式是不需要的，人与人之间的关系不需要借助物与物之间的关系来表现。只有当社会有机体生产采取了商品形式，才使本来非常明了的社会关系披上了物的外衣，有了“虚幻的形式”，商品拜物教和货币拜物教是商品形式与货币形式特有的，“是从这种形式本身来的"②。由此可见，社会科学研究一定要注重考察社会历史发展过程，不能不去了解事物的历史性质就对现存的事物作判断、下结论，更不能把历史作为“任意打扮的小姑娘”，只取对自己有用的东西，就像马克思所批评的那样，“经济学家们的论证方式是非常奇怪的，他们认为只有两种制度：一种是人为的，一种是天然的。封建制度是人为的，资产阶级制度是天然的……于是，以前是有历史的，现在再也没有历史了"③。当然，资产阶级经济学家断章取义的论证与他们的阶级立场紧密相关，他们不承认唯物史观，对于根本性问题不可能进行科学论证。

（二）拜物教的最高形式——资本拜物教

对于那些用借入资本经营的职能资本家，总利润会被分成两个部分：利息和超过利息的余额。这是量的分割。由于资本是借入的，他首先必须支付利息，又由于利息率是在生产过程以前，也就是职能资本家没取得总利润以前，就已经预先确定了，因此，核算成果时要先把利息扣掉。这样，本来是职能资本先获得一个平均利润，之后再分割为企业主收入和利息，现在则成了企业主收入和利息是不同资本的果实，利息在生产过程之外表现为资本所有权的果实，企业主收入表现为执行职能的资本使用的果实。于是，即使资本的使用者是使用自有资本经营的，也具有了双重身份，他不仅是资本的使用者，也是资本的所有者。他的资本虽然不是贷出而是直接投入生产过程，但他也要把利润分为利息和企业主收入。利息是在生产过程之外作为所有权资本的结果，表现为资本的所有权创造的；企业主收入是在生产过程之内作为职能资本的结果，表现为资本的使用权创造的。结果是原本单纯量的分割便转化为质的分割，利息因此也就固定下

① ［德］马克思．资本论：第1卷［M］．北京：人民出版社，2004：96-97.
② ［德］马克思．资本论：第1卷［M］．北京：人民出版社，2004：89.
③ ［德］马克思．资本论：第1卷［M］．北京：人民出版社，2004：99注释（33）.

来，即使企业主用自有资本从事经营，他的利润也会分为利息和企业主收入（现实即如此），所以这种分割现在对所有资本家都适用了，只要拥有资本，无论是自己使用还是贷放出去，都会有一个固定的利息收入。从生息资本的运动形式上看，资本只是一个数量关系，是从货币到更多的货币，是货币生产更多的货币。“货币现在‘害了相思病’。只要它被贷放出去，或者投到再生产过程中去（这时，它会为作为资本所有者的职能资本家，除提供企业主收入外还提供利息），那就无论它是睡着，还是醒着，是在家里，还是在旅途中，利息都会日夜长到它身上来。这样，在生息的货币资本（而且，一切资本就它的价值表现来说都是货币资本，或者现在被看成是货币资本的表现）上货币储藏者的虔诚愿望得到了实现”①。在这里，其中的一切起中介作用的过程即价值的增殖过程都不见了，一切社会生产关系也不见了，在生息资本形式上，资本与雇佣劳动的关系完全颠倒地表现为物与物的关系，即表现为资本能自行生出利润和利息来，既掩盖了剩余价值的来源，又掩盖了资本剥削劳动的关系。“因此，在生息资本上，这个自动的物神，自行增殖的价值，会生出货币的货币，纯粹地表现出来了，并且在这个形式上再也看不到它的起源的任何痕迹了。社会关系最终成为一种物即货币同它自身的关系”②。所以“在生息资本上，资本关系取得了它的最表面和最富有拜物教性质的形式”③。马克思采用历史和逻辑统一的方法在《资本论》中研究了经济生活中存在着的拜物教现象，并指出，自从有了商品经济以来，无论从历史逻辑还是从理论逻辑看，经济生活中都存在着拜物教，它沿着商品拜物教、货币拜物教、资本拜物教的轨迹变化，资本拜物教是拜物教的最高形式。

八、劳动价值论的精髓和需要进一步说明的问题

（一）劳动价值理论揭示出价值的本质

各部门的社会必要劳动时间体现为正常生产条件，也就是部门内平均生产条件或该部门占很大数量的那种商品的生产条件，什么样的生产条件

① ［德］马克思．资本论：第3卷［M］．北京：人民出版社，2004：443.
② ［德］马克思．资本论：第3卷［M］．北京：人民出版社，2004：441.
③ ［德］马克思．资本论：第3卷［M］．北京：人民出版社，2004：440.

下生产出来的产品能够在市场上占大量？这是在市场供求、竞争和价格相互作用机制中形成的。在这个机制的作用下，规定或者说是选择了一个平均效率标准，体现的是同种商品生产者之间的物质利益的关系，它迫使生产者必须不断提高效率，以求以低于社会必要劳动时间的劳动耗费为代价生产使用价值（物质财富），如果生产者能够有高效率的劳动水平，通过流通领域的等价（等量社会必要劳动）交换，可以获得比其他同类生产者更多的利益，反之则反是。所以生产者获得的更多的物质利益短期内可以来源于市场价格的波动，但是市场价格在长期的波动中会抵消，生产者获得的更多的物质利益归根结底来源于生产者的劳动生产率的提高。社会必要劳动时间决定商品的价值量、等价交换、单位商品价值量同劳动生产率成反比例变动等规律是不以人的意志为转移的客观规律，即价值规律。从古典经济学、庸俗经济学到现代西方经济学的价值（价格）理论，没有一个可以像劳动价值理论一样深刻地说明这些道理，揭示出价值的本质及价值规律。遵循价值规律，在现实经济活动中，科学技术的发展、劳动者素质的提高、自然资源的节约和合理利用是推动劳动生产率提高的主要途径，维护公平竞争、公平交易的市场环境，反对人为垄断，打击欺行霸市，是激励生产者提高劳动生产率和市场交易正常运行的基本条件。

以劳动价值理论为基础的分析表明，在社会分工存在条件下，社会劳动必须要按比例分配到各个部门，按比例规律是社会分工条件下客观存在的规律，认识和遵循这个规律在社会化大生产条件下尤为重要。在市场经济条件下，市场供求失衡的根本原因是社会劳动在各个部门投入的比例失调，这必须通过竞争和市场价格背离价值产生的利益重新分配，引导逐利的生产者调整投资方向和数量，使市场供求重新趋于平衡。当市场上各种商品的供求都趋于平衡时，社会实现了按比例生产，即实现了社会劳动和自然资源在各个部门的合理配置。所以在市场经济条件下，社会生产按比例进行必然通过价值规律的作用来实现，或者说，市场通过价值规律的作用对资源配置起决定性作用，这是不以人的意志为转移的。

（二）劳动耗费形成的价值是人类自身为了获取社会财富付出的代价

价值是人类为获取社会财富即使用价值在一定时间内所耗费的体力和脑力，它和抽象劳动相关，体现着人类以生命为代价获取物质财富的过程，时间就是生命，劳动者劳动 1 小时，就是生命力在 1 小时内的耗费。

从生产过程看，低效率生产者为了取得等量社会财富要比高效率生产者付出更多的代价，表现为耗费更多的劳动时间，形成更多的个别价值；从交换过程看，只有按照社会必要劳动时间进行生产，个别劳动耗费才能够被社会承认，个别价值才能成为社会价值，价值才能实现，付出的代价才能够得到报酬。从价值形成过程看，生产商品所花费的代价包括两个部分：一部分是人类自身付出的劳动耗费代价，它形成商品的价值；另一部分是自然资源的耗费，它和使用价值的形成相关。如若谈价值，后一部分代价与其无关。但是谈到代价，必然涉及人类社会存在和发展的根本源泉劳动和自然资源的耗费，用最小的劳动代价和自然资源耗费代价满足人类自身对美好生活的追求则是人类社会发展的终极目标。

使用价值是劳动者在一定的技术条件下，使用劳动工具，利用自然资源作用与劳动对象，通过具体劳动形式生产出来，它是各种生产要素协同作用的结果。这种协同作用产生的人类利用自然和改造自然为自身谋福利的能力，马克思把它称作生产力，显然，如果谈对社会物质财富形成所做的贡献，应当和生产力相关。由于马克思区分了劳动二重性，我们可以清楚地看到劳动生产力提高的意义——劳动生产力提高，表现为既定的劳动耗费下具体劳动生产出了更多的使用价值，因此，生产每单位商品的平均劳动耗费量即抽象劳动下降，取得单位商品所付出的劳动代价减少，劳动生产力越高，所付出的劳动代价就越小。

由此可见，劳动生产力通过影响价值量来影响取得社会财富的代价，二者反方向变化；劳动生产力通过影响使用价值量来影响取得社会财富的贡献，二者同方向变化。代价还包括生产使用价值所耗费的自然资源，引进这个因素，劳动生产力的提高涉及一个重要问题，即劳动生产力的提高是资源节约型的还是资源消耗型的，生产力的可持续发展需要以自然资源的可持续利用为前提，推动生产力可持续发展的重要手段是以此为价值目标的科学技术发展。由此引申到另一个问题，生产社会财富所耗费的代价即劳动者的劳动耗费和自然资源（以及由此派生出的生产资料）的耗费，需要使用一部分社会财富进行补偿，用于劳动力的恢复和自然资源的保护，扣除补偿代价之后的剩余如何分配，则由构成生产力要素的所有权归属决定。

马克思提出了劳动二重性学说，揭示出劳动作为抽象劳动其耗费形成的价值是人类自身为获取社会财富付出的代价，而作为具体劳动的劳动生产力诸要素协同作用则是为创造社会财富所做出的贡献，真正体现出经济活动的本质——以最小的劳动耗费获取最大可能的收益，而自然资源则是硬约束。

（三）具有社会平均性质的抽象劳动包含着科学技术因素

在现代社会，科学技术在经济发展中起着越来越重要的作用，技术创新给生产者、消费者、全社会带来了巨大的福利。面对这样一个不可抗拒的事实，有学者对作为马克思主义经济学基石的劳动价值论是否仍能解释这一现实提出一些看法，认为马克思的劳动价值论中的劳动是抽象一般人类劳动，这种高度的抽象使形成价值实体的劳动没有给科技、知识、经营管理的地位，它只是体力劳动而不是富有科学技术含量的高级劳动。因此，硬要把这些因素加入马克思的劳动价值论中，就违背了马克思的原意。[①] 由此观点推论，马克思的劳动价值论在科技迅速发展的现代经济社会已不合时宜。的确，马克思说过，商品价值体现的是人类劳动本身，是一般人类劳动的耗费。它是每个没有任何专长的普通人的机体平均具有的简单劳动力的耗费。但应当注意的是，马克思所说的“人类机体”不仅指体力，还包括脑力，一般人类劳动的耗费“是人的脑、肌肉、神经、手等等的生产耗费”[②]，所以一般人类劳动耗费不等于体力劳动。另外，关于这方面的问题，马克思还有至少以下几方面的说明：①抽象劳动是简单劳动，而形成价值实体的抽象劳动具有社会平均性质，因此，只有具有平均性质的劳动或社会必要劳动时间决定商品的价值量，而社会必要劳动时间则是在现有的社会正常的生产条件下，在社会平均的劳动熟练程度和劳动强度下制造某种使用价值所需要的劳动时间。显然，简单劳动不是只能使用原始工具支出体力的劳动，它是在当时的社会生产力水平、科学技术条件下每个生产部门劳动者应具有的平均劳动能力。如前所述，马克思指出，简单平均劳动在不同的国家和不同的文化时代具有不同的性质，如果社会普遍使用机器生产，劳动者必须具备操作机器的技能才能进入劳动过程，操作机器的劳动就是简单劳动。如果社会普遍使用电脑控制系统进行生产，操作电脑的劳动就是简单劳动。所以简单劳动不是一个一成不变的体力劳动的概念，而是随着社会生产力水平的变化而变化的，它是相对于复杂劳动而存在的。②关于复杂劳动和简单劳动的关系，马克思是根据复

---

① 晏智杰．重温马克思的劳动价值论［J］．经济学动态，2001（3）．

② ［德］马克思．资本论：第1卷［M］．北京：人民出版社，2004：57．

杂程度不同，把形成价值实体的抽象劳动区分为简单劳动和复杂劳动，并且把形成价值实体的抽象劳动定位在简单劳动上，之所以以简单劳动为基础，是因为简单劳动是一定社会里普遍存在的具有平均性、一般性的劳动，由它作价值量决定的计量标准，复杂劳动所形成的价值量大小就只是一个折算问题了。③关于复杂劳动和简单劳动的区别及作用，前面已经谈到过一些，在这里，结合我们要说明的问题作进一步的分析。复杂劳动是生产过程中掌握科学知识和专业技能的劳动者所从事的特殊生产环节的劳动。简单劳动就是生产某种产品过程中的一般生产劳动，比如流水线上组装产品的每一环节上的劳动。至于复杂劳动的内容，在论述机器大工业时马克思指出，在生产过程中“负责检查和经常修理全部机器的人员，如工程师、机械师、细木工等等。这一类是高级的工人，其中一部分人有科学知识，一部分人有手艺，他们不属于工厂工人的范围，而只是同工厂工人聚集在一起。这种分工是纯技术性的”[①]。所谓工厂工人，是指在当时的生产条件下具有操作机器能力的劳动者，他们从事的是简单劳动；所谓不属于工厂工人范围的高级工人，就是具有科学知识和专业技能的劳动者，他们从事的是复杂劳动。由此进一步证明，抽象劳动耗费形成的价值量强调的是人类自身为了获取一定的财富所付出的代价，其中复杂劳动付出的代价（培训、学习、长期刻苦研究）要高于简单劳动，因此，复杂劳动在单位时间内比简单劳动创造的价值量大。

仔细研究马克思的相关论述可以看到，形成价值实体的抽象劳动及与此相应的价值，本质上讲具有社会性，是一种特定社会条件下的产物，体现的是特定社会条件下的生产关系。抽象劳动作为一般人类劳动，是具有劳动能力的劳动者体力、脑力的总和，这种能力通过劳动者的学习、培训，融入了科学技术因素，无论是简单劳动还是复杂劳动均如此，不同的只是前者融入的是普及化的科学技术，后者融入的是先进的科学技术，并且，科学技术是劳动者的脑力劳动发明创造出来的，因此，马克思的劳动价值论与科学技术相关。马克思的劳动价值论中的劳动包含了科技、知识、经营管理因素，重要的是，不是科技、知识、经营管理因素本身创造价值，而是掌握和运用这些因素的劳动者的劳动创造价值，他们的劳动作为复杂劳动创造了比简单劳动更多的价值。而科学技术在生产上的普遍应用使劳动生产率提高，结果使使用价值量增加，单位商品中所含价值量下

① ［德］马克思．资本论：第1卷［M］．北京：人民出版社，2004：484.

降。这些思想才是马克思劳动价值论中的应有之义。①

(四) 从劳动二重性入手看科学技术的作用

在关于科学技术与劳动价值理论关系的研究中，还有两种观点：①现代化的生产越来越依赖于含有高科技的生产装备这类物化劳动，它们在价值创造中起着重要作用，因此，物化劳动也创造价值，这是马克思的劳动价值论中的应有之义。② 这种观点试图说明科学技术包含在物化劳动中，并且通过物化劳动创造着价值。②彻底否定劳动价值论，认为科学技术作为影响经济发展越来越重要的因素，应该创造价值，否则，无法解释完全自动控制的无人工厂所获得的价值是从哪里来的。③ 这种观点往往与其他生产要素也创造价值这类观点相伴随。这些观点歪曲了马克思的劳动价值理论。

首先，科学技术不是一个独立的生产要素，构成生产力的基本要素是劳动力和生产资料，在生产力发挥作用创造物质财富的过程中，科学技术不像劳动和生产资料那样缺其一就不能进行生产。从具体劳动生产使用价值角度看，劳动（包括分工协作下的管理劳动）、劳动工具、自然资源这些生产的基本要素缺一不可。从生产力水平提高对社会财富的增加做出贡献的角度看，科学技术因素发挥着更重要的作用，它使劳动者劳动的平均熟练水平提高，使分工协作水平和管理水平提高，使劳动工具的效能提高，使自然条件得到改善，最终使劳动生产力水平大幅度提高。科学技术决定并影响生产力水平，不仅需要科学技术自身有一定发展水平，而且要在现实的生产过程中得到应用。科学技术与劳动、资本、自然资源等构成生产力的其他要素不同，它在转变为现实的生产力时，是融入劳动、生产资料（包含自然资源，比如改良土地、保护自然环境）之中发挥作用的。

其次，生产力是有用的具体劳动的生产力，它总是和具体劳动、使用价值相关。科学技术对生产力的影响表现为，随着科学技术水平的提高，具体劳动在一定时间内的效率提高，从而使使用价值量增加，但是，劳动

① 卫兴华．再论深化对劳动价值论的认识［J］．宏观经济研究，2001（3）；吴易风．坚持和发展劳动价值论［J］．群言，2001（2）．

② 钱伯海．社会劳动创造价值之我见［J］．经济学家，1994（2）；否定物化劳动创造价值，就等于否定马克思的劳动价值论，经济评论，1999（2）；王莉霞，等．确认物化劳动创造价值才能使我们坚信马克思的劳动价值论［J］．经济评论，2001（1）．

③ 黄勇．劳动价值论的回顾与思考［J］．江汉论坛，2000（8）．

生产力本身的变化丝毫也不会影响表现为价值的抽象劳动，因为生产力属于劳动的具体形式，它自然同抽去了具体有用形式的抽象劳动无关，因此，不管生产力发生了什么变化，同一劳动量在同样的时间内提供的价值总量是相同的。在这里，如果说科技因素对价值量有什么影响的话，概括地说就是，它通过提高既定劳动时间内的生产效率生产出更多的使用价值量，使每单位使用价值量包含的价值量下降。单位产品中所包含的价值量大小表明了为生产该产品所花费劳动代价的大小，而科学技术的创新和普及使人类以较小的劳动耗费为代价获得了较大的财富。科学技术不创造价值，在生产资料中无论物化了多么先进的科学技术，也不会创造价值，恰恰相反，先进的科学技术通过提高劳动生产力使同量社会财富中包含的价值量下降，所以即使在科学技术发达的现代社会，物化劳动也不创造价值。

至于认为科学技术作为独立的因素应创造价值，这是对价值、使用价值概念的混淆。同样的劳动投入，创造出的使用价值越多，表明给人们带来的福利越多。而既定的使用价值量所包含的价值量越大，则表明人们为获得这个既定的财富所付出的代价越大。如果科学技术也创造价值，科技因素的加入，使价值总量甚至单位产品价值量变大，也就是说，人们为获取一定的财富要付出的代价不因科学技术进步减少，反而要增加，这显然是荒谬的。这里再重复一下之前我们提到的马克思的举例："假如能用不多的劳动把煤变成金刚石，金刚石的价值就会低于砖的价值。"① 我们借用一下马克思的例子：假如用比寻找稀缺的金刚石更多的劳动代价去把煤变成金刚石，使金刚石的价值变得更大，这种代价一定是不被社会承认的。

科学技术在研发和初期使用阶段与其普及使用阶段对产品价值量的影响不同。科学技术在研发和初期使用阶段由于需要耗费较多的劳动（前人劳动的积累和今人劳动总和），因此从事这些工作的劳动者的劳动以复杂劳动耗费形式创造更多的价值量，而不是新技术本身在创造价值。但是，这绝不是科学技术发展的目的，如果一项科学技术不能通过转化为现实的生产力使生产单位产品的代价（所含价值量）下降，或者在相同的代价下获得质量更高、效能更好的使用价值，这种技术就不是适用性技术，它最终不能被推广使用。可见，耗费在科技创新上的复杂劳动创造更大的价值，而运用到实际生产过程中的科学技术本身不创造价值，如果说物化劳

① ［德］马克思．资本论：第1卷［M］．北京：人民出版社，2004：53.

动（机器设备、原材料）中的科技因素使由其生产的产品的价值量变大，那只是因为物化劳动包含着较大量的复杂劳动，在产品生产过程中，具体劳动把这个较大的旧价值量转移到产品中去，而不是包含科技因素的物化劳动本身也参与了价值的创造。

如何用劳动价值论说明“无人工厂”中生产的产品价值量的决定？在讨论劳动价值论与科学技术的关系时这个问题总会被提到。所谓“无人工厂”，实际上是劳动工具的高度自动化和智能化，而不是生产要素中没有了劳动力。根据马克思的劳动价值理论，在“无人工厂”条件下，仍然是掌握高科技的劳动者的劳动创造了高度自动化设备的价值，而“无人工厂”在使用这些设备时，则是向所生产的产品中转移过去劳动物化在设备中的旧价值。如果在高度自动化的工厂中仍有少数工人控制设备，有少量工程技术人员维护、修理设备，那么，他们的劳动分别作为简单劳动或复杂劳动形成产品的新增价值，但是，和有大批工人操作机器进行生产时相比，新增加的价值量即所耗费的活劳动大幅度下降。科学技术发展推动生产力不断发展，最终就是要把人从繁重的劳动中解放出来，以越来越少的劳动耗费为代价获取越来越多的财富，从必然王国进入自由王国。

总而言之，必须完整、准确地理解和把握马克思劳动价值理论中的劳动二重性与由此决定的商品两因素，才能够正确看待科学技术的作用。

第三章　价格理论要义及其当代价值

在《资本论》中，价格理论有基于货币理论的商品价格理论，还有在劳动力成为商品、货币资本成为商品和土地成为商品基础上的劳动力价格理论、货币资本价格理论，以及土地价格理论，它们共同构成了一个完整的价格理论体系。马克思的价格理论以劳动价值理论为基础，每种价格又有各自的本质、内涵和影响因素及所体现的关系。

一、基于货币理论的商品价格理论及完善

（一）马克思的价格理论由内在价格和市场价格两部分内容构成

如前一章所述，在价格只反映价值的条件下，作为货币的金，用它的使用价值量2盎司金来衡量使用价值量为20码麻布的商品价值量，即20码麻布的价值量为2盎司金，本质上是2盎司金的生产花费了与20码麻布相同的劳动时间，含有相同的价值量。所以在马克思的价格理论中，商品的价格由商品和货币的价值量共同规定，其中商品或货币任何一方的价值量发生变化，都会影响价格。这就是说，无论是从各量还是从总量关系看，货币（金属货币）之所以能够作为价值尺度，用其使用价值量来表现商品的价格，是因为货币中间包含着和商品相等的价值量，因此，价格变动根源于商品价值或货币价值变动。在这个层面上的价格概念是理论价格，不是市场上存在的实际价格或者市场价格。结合马克思的交换价值理论进一步看，货币起着媒介商品交换的作用，其首要职能是价值尺度，它用自己的使用价值量来表现被交换的商品价值量，而这个使用价值量也是从生产过程中耗费劳动时间生产出来的。所以马克思首先是从生产角度、

价值决定角度，从货币也是商品的角度提出价格概念，并且得出价格是价值的货币表现，对此马克思指出，把“商品价值作为基础仍然是重要的，因为货币只有从这个基础出发才能在概念上得到说明，而价格就其一般概念来说，首先也只是货币形式上的价值”①。可见，价格是价值的货币表现只是价格的一般概念，旨在说明价格的内在规定性，为了和现实市场活动中存在的市场价格进行区分，我们把它称为内在价格。

现实中的实际价格是市场价格，市场价格的决定和变动除了受内在价格影响外，还受市场供求和影响市场供求的其他因素影响。在进一步的讨论中，马克思使用了“市场价格”一词，并且在对市场价格决定和变动的具体分析中指出：“如果供求调节市场价格，或者确切地说，调节市场价格同市场价值的偏离，那么另一方面，市场价值调节供求关系，或者说，调节一个中心，供求的变动使市场价格围绕这个中心发生波动。”② 也就是说，一方面，在市场上，供求的波动使市场价格与市场价值偏离，这时候，市场价格与反映价值的内在价格偏离，但是，无论怎么偏离，市场价格总是围绕市场价值波动，如果市场价值由于劳动生产率变动而变动，也会引起内在价格进而市场价格相一致的变动，这是由价格的内在规定性决定的。另一方面，竞争和供求对这个中心即价值的决定有调节作用，它们通过发送市场信号迫使生产者提高劳动生产率和按照需求投入社会劳动，“供求关系一方面只是说明市场价格同市场价值的偏离，另一方面是说明抵消这种偏离的趋势，也就是抵消供求关系的作用的趋势。……如果需求减少，因而市场价格降低，结果，资本就会被抽走，这样，供给就会减少”③。但是，正如马克思指出的，“供求一致只是偶然现象，在科学上等于零”，所以市场价格与价值的偏离是常态，二者相一致是偶然的。

可见，讨论市场价格问题，除了讨论它的质的规定性，还需要讨论竞争、供求对它的影响，才能够把握其变动规律。马克思的价格理论分为两个层次，不能只把马克思的内在价格简单地等同于市场价格，这样做的结果必然得出马克思的价格理论和现实中的市场价格不符合的结论，为否定马克思的价格理论进而否定劳动价值理论的人提供口实。

① ［德］马克思．资本论：第3卷［M］．北京：人民出版社，2004：215.
② ［德］马克思．资本论：第3卷［M］．北京：人民出版社，2004：202.
③ ［德］马克思．资本论：第3卷［M］．北京：人民出版社，2004：212.

（二）市场需求与市场价格的决定和变动规律

在第二章第三个问题中已经概括分析了马克思的需求理论：需求是有支付能力的需求，分配关系是影响支付能力需求的重要因素；从生产消费看，生产目的对生产消费具有重要影响；从量的规定性来说，消费者的消费需求面对市场价格变动和收入的变动具有很大的弹性与变动性。研究市场需求对市场价格的影响，重要的是分析什么因素影响市场需求。如果对市场需求进行更加细致的讨论，除了马克思所谈到的问题之外，还有一些其他因素也对需求产生重要影响。

首先，就消费需求而言，消费者对商品使用价值给他们带来的效用满足的评价是产生需求和确定需求强度的基础。如果消费者认为某商品的效用大，需求就比较强烈，反之则反是。效用评价会受许多因素影响，进而需求水平受这些因素影响。比如，棉衣的使用价值是能够御寒，但是对于生活在热带地区的人来说，它没有效用，因此没有什么需求，生活在寒带地区的人则会有强烈需求；当今人们出于保健目的对粗粮、野菜有较高的效用评价，对它们的需求就比较强烈；在喜欢吃牛羊肉的地方，对猪肉的效用评价就低于牛羊肉，前者的需求强度低于后者。当商品的供给确定、收入水平确定时，那些效用评价高的商品需求水平提高，因此市场价格提高，反之则反是。

其次，相关商品的市场价格和消费者的预期市场价格也会影响需求。相关商品有替代品和互补品：替代品是在消费中可以互相替代的物品，牛肉和羊肉就是替代品，牛肉市场价格上升会使羊肉的需求量增加，如果羊肉的供给量不变，其市场价格上升；互补品是共同消费才能发挥效用的物品，汽车和汽油就是互补品，汽车的市场价格上升，会引起汽油需求量减少，如果汽油的供给不变，其市场价格下降。

另外，马克思谈到了消费需求对市场价格和收入变动有很大的弹性，但是没有对此进行进一步的分析，现代西方经济学的需求弹性理论值得借鉴。所谓需求弹性，是表示需求量对影响需求量的各种因素变动的反应程度大小的，这之间的数量变动关系是客观存在的，不同类型的商品，需求弹性的大小不同。第一，就价格变动对需求量的影响程度即需求的价格弹性而言，有些商品完全没有弹性，比如火葬；有些商品缺乏弹性，比如食盐和粮油等生活必需品；有些商品富有弹性，比如奢侈品。不同类型的商品有不同的需求价格弹性的主要原因有以下几点：①商品的替代品数目和可替代程度。替代品数目越多和可替代程度越高，需求弹性越大，反之则反是，比如我们提到的食盐，很难有替代品，所以需求弹性较小，而苹果的替代品较多且很容易被替代，所以需求弹性较大。②商品在消费者家庭预算支出中所占比例的大小。这个比例越小，需求弹性越小，比如家庭缝补衣物的针线，市场价格的涨跌不会影响人们的预算支出。③商品用途的多少。一般说，用途多的商品需求弹性较大，比如棉花有多种用途，它的市场价格变动会从多种途径引起需求量的变动，因此需求弹性较大。④时间长短。一般而言，时间越长，同一种商品的需求弹性越大，因为时间越长，消费者越容易改变消费习惯或者找到替代品，企业也越容易改变生产方法或者找到替代品。第二，人们的收入是影响需求量变化的重要因素。商品的需求量对收入变化的反应程度称为需求收入弹性。如果收入增加1%，需求量增加大于1%，属于高质量商品或者奢侈品，比如与在电影院看一场某地的风光片相对应的到当地旅游、与普通服装相对应的高档服装，等等。如果收入增加1%，需求量增加小于1%，属于必需品，在收入比较少的时候大部分支出用于这类商品的购买，以维持生活需要，所以当收入增加时需求量增加不多。如果收入增加，需求量减少，属于低档商品，因为收入增加，消费者会减少这类商品的消费，转而购买品质较高的商品以提高生活质量。可以看到，当供给确定时，虽然无论是收入和市场价格发生变动，都会引起需求变动，但是变动的程度因商品不同而异，因此，它们的需求变动与确定不变的供给相互作用引起的市场价格的变动程度不同。

（三）市场供给与市场价格的决定和变动规律

在第二章第三个问题中也已经概括分析了马克思的供给理论：供给是提供到市场上出售的商品，包含使用价值和价值，生产商品的社会必要劳动时间决定商品的价值量，商品的内在价格是价值的货币表现。研究市场供给对市场价格的影响，也需要分析什么因素影响市场供给。面对市场价格变动，所引起的各种商品供给量的变化程度不同，所以供给和需求一样，也有弹性问题。供给弹性是商品的供给量对市场价格变动的反应程度。不同类型的商品，供给弹性的大小不同。一些商品供给完全缺乏弹性，市场价格无论怎样变动，供给量都不会发生变化，比如早市的活鱼、难以复制的物品；一些商品供给富有弹性，其供给量变动率大于市场价格变动率，一般而言，纺织品、手工业品等劳动密集型产品属于这种情况；一些商品供给缺乏弹性，其供给量的变动率小于市场价格的变动率，一般而言，汽车、钢材等资本密集型产品属于这种情况。不同类型的商品有不同供给弹性的主要原因有以下几点：①产品的成本状况。如果增加供给量成本只是较小幅度增加，价格上升后，供给量增加幅度较大，供给富有弹性，反之则缺乏弹性。②调整产量的难易程度。调整产量受设备、技术、投入的生产要素和来源制约，易于调整产量的产品比如劳动密集型的轻工业产品的供给弹性较大，难以调整产量的产品比如资本密集型的重工业产品的供给弹性较小。农业调整产量规模受土地和自然条件限制较为困难，农产品的供给弹性较小。③时间因素。就一种商品而言，时间越长，越有充裕的时间克服调整产量的各种约束，因此，供给弹性也就越大，反之供给弹性就越小。所以就某种产品和某个行业来说，随着时间的推移供给弹性逐渐变大。

（四）马克思的市场价格理论的完善及理论和实践意义

马克思的研究注重质的规定性分析，目的是揭示商品货币背后掩盖着的人与人之间的生产关系，分析指出价格的内在规定性。当商品从生产过程走进市场进行交换时，其质的规定性不会改变，而表现形式和影响因素则随着生产力的发展和交换形式的变化发生着变化，有些影响因素的变化在马克思所处的时代没有出现，所以关于市场价格变动规律的问题，有些马克思提出了，比如竞争、供求与市场价格相互作用机制；生产目的决定生产者的供给和需求；工人的收入影响他们的消费需求；工人对消费资料的需求面对市场价格变动是有弹性的。但是对于市场价格变动对供给和需求的影响程度这类数量变动（弹性）规律没有展开分析，因为影响供求从而影响供给和需求弹性的因素随着商品经济的发展在变化，跟随着这些因素的变化，市场价格变动规律问题还需要补充和完善。

在市场价格数量变动规律的补充和完善方面，可以吸收现代西方经济学的价格理论。现代西方经济学的价值理论是错误的，他们用边际效用（需求）价值论、生产费用（供给）价值论和供求论这种大杂烩的理论拼盘来讨论价值决定理论，一直无法找到价值的本源，无法说明价值的客观存在性，无法区分价值和价格，使其价值理论陷入主观评价、循环论证和供求决定论的“泥潭”，把价值和市场价格混为一谈，致使在理论的研究和不断拓展过程中，实际上放弃了价值理论，只有价格理论。而作为市场价格理论，西方经济学的许多研究具有合理性，对于其中的合理内容，本着以马克思主义为本、兼收并蓄的科学精神，引入其价格理论中的弹性理论，运用需求弹性分析市场价格和收入变动对需求量的影响程度，运用供给弹性理论分析供给量对市场价格变动的反应程度，了解是什么因素使商品的需求和供给弹性不同，从而进一步把握市场价格的变动规律，对于补充和完善马克思的市场价格理论、丰富和巩固马克思的价格理论具有重要的理论价值。从实践角度看，有支付能力的需求归根结底取决于收入分配和市场价格，但是，对于不同种类的商品和不同收入水平而言，有支付能力的需求还受许多其他因素的影响并且有一定的变化规律，在影响供给弹性因素作用下，供给的变动也有规律，研究和把握这些规律，对于中国特色社会主义市场经济活动中的企业和政府遵循市场需求与供给变动规律进行供给侧结构性改革具有十分重要的意义。

在西方经济学的价格理论中，稀缺性占有重要地位。稀缺性产生于物品的有限供给和对其无限扩大的需求，这种情况主要存在于使用不可再生自然资源所生产的商品上。在之前关于生产力的决定因素及对价值量决定的讨论中已经说明，就金刚石而言，自然条件的影响使金刚石非常稀缺，因而使生产它所花费的劳动时间很多，价值量因此很大，马克思的劳动价值论是从生产角度、从生产所花费的劳动时间角度讨论价值决定。稀缺性产生于供给和需求两个方面，因此与价值决定无关，但是加入需求因素看稀缺性，对不可再生资源的过度需求会导致其稀缺性越来越强，因此把它们变成商品所耗费的劳动时间越来越多，其价值量越来越大，内在价格因此越来越高。而且，在寻找不到替代品的情况下，这类稀缺物品的需求弹性较小，需求的增加会使其市场价格上升较大幅度，如果过度需求的状况不能改变，市场价格会以较快速度不断上升。以劳动价值理论为基础的价格理论并不否认稀缺性对价值和市场价格的影响，把稀缺性因素引入相关问题分析，对于用劳动价值理论正确认识不可再生资源的价值量决定和市场价格变动、寻找节约利用不可再生资源的途径具有重要意义。

二、劳动力的价格——工资理论及其当代价值

（一）劳动力价值的决定

劳动力作为商品，像其他商品一样，不仅有使用价值，而且有价值，

这个价值是其价格的基础。劳动力的价值和其他各种商品的价值一样，是由生产和再生产它所必需的劳动时间决定的。但劳动力是一个特殊商品，劳动力的价值存在于人的身体之中，劳动力要维持自己的劳动能力，就要有吃的、住的、穿的等生活资料。所以生产劳动力商品所需要的劳动时间，可以转化为生产这些生活资料所需要的劳动时间，也就是说，“劳动力的价值，就是维持劳动力占有者所必要的生活资料的价值”①。它包括三个因素：①劳动者本人所必需的生活资料价值。这是劳动力商品再生产所必需的。劳动力价值有一个最低限度，它是维持劳动者身体所必不可少的生活资料的价值。假如劳动力的价格降到它的价值以下，劳动力就只能在萎缩的状态下保持和发挥。②劳动者子女们所必需的生活资料价值。这是因为，因损耗和死亡而退出市场的劳动力，至少要不断由同样数目的新劳动力来补充。③劳动者一定的教育和训练费用。这是劳动者获得一定的从事劳动的技能所必需的。和其他商品不同，劳动力价值包括一个历史的和道德的因素，比如一国的生活习惯和生活要求、文化水平等。但是，一个国家在一定时期，必要生活资料的平均范围是一定的。

劳动力的价值主要由所消费的生活资料的价值决定，如果生产这些生活资料的劳动时间改变了，这些生活资料的价值就要改变，劳动力的价值也随之同方向改变。所以劳动者收入的高低不是判别劳动力是不是商品的标准，只要他通过为别人劳动实现了自身提供的劳动力价值并且为生产资料私有者提供了剩余价值，劳动力就是商品，即使获得了一定的福利和奖金也是如此。

（二）工资是劳动力价值或者价格的转化形式

以劳动力的价值为基础的劳动力价格最基本的表现形式是计时工资，即以每小时支付多少货币的形式来表现，所以工资是劳动力价值或价格的转化形式。但是，在表面现象上，工人的工资表现为劳动的价格，工资成了劳动价值或者价格的转化形式，表现为对一定量劳动支付的一定量货币，而且一般的人包括工人自己也只能看到这个表象。这是因为，工人无论是提供的劳动还是获得的工资都是按照劳动时间即计时工资计算的，而且工资是按照事先订立的契约在劳动结束之后才支付的，所以从表面上看，好像是劳动了多少就支付了多少工资，这一点在计件工资这个计时工

① ［德］马克思．资本论：第1卷［M］．北京：人民出版社，2004：199.

资的转化形式上表现得尤为突出。然而，这是一种歪曲了本质的表象，“工资的形式消灭了工作日分为必要劳动和剩余劳动、分为有酬劳动和无酬劳动的一切痕迹。全部劳动都表现为有酬劳动。……在雇佣劳动下，货币关系掩盖了雇佣工人的无代价劳动”①。首先，按照劳动价值理论，“劳动是价值的实体和内在尺度，但是它本身没有价值”②，如果说劳动有价值，就等于说劳动的价值由劳动决定，比如 1 小时劳动的价值由 1 小时劳动创造，这是无谓的同义反复。其次，撇开同义反复不说，如果把工资作为劳动的价值，按等价交换原则，剩余价值的源泉即劳动力价值和劳动所创造的价值的差额就不见了，对于资本家来说，“如果劳动的价值这种东西确实存在，而且他确实支付了这一价值，那么资本就不会存在，他的货币也就不会转化为资本”③。结果是，“或者消灭那个正是在资本主义生产的基础上才自由展开的价值规律，或者消灭那种正是以雇佣劳动为基础的资本主义生产本身”④。

把工资等同于劳动的价格正是资产阶级所需要的。由于阶级立场所限，“古典政治经济学毫无批判地从日常生活中借用了‘劳动的价格’这个范畴”⑤，他们虽然试图寻找支配调节劳动的市场价格的“必要价格”或者“自然价格”，认为这个价格是生产和再生产工人本身的费用，但是，由于他们没有意识到这个特殊的生产和再生产过程生产出来的不是劳动而是劳动力，所以“在劳动本身的生产费用上只是兜圈子，没有前进一步”⑥。马克思说：“古典政治经济学几乎接触到事物的真实状况，但是没有自觉地把它表述出来。只要古典政治经济学附着在资产阶级的皮上，它就不可能做到这一点。”⑦ 最终的结果只能说是“陷入了无法解决的混乱和矛盾中，同时为庸俗经济学在原则上忠于假象的浅薄性提供了牢固的活动基础”⑧。在庸俗经济学那里，商品的价值是由资本、劳动、土地共同决定的，在此基础上有了著名的“三位一体”公式，即资本表现为利润（企业主收入加上利息），土地表现为地租，劳动表现为工资，进一步地，“利息表现为资本固有的、独特的产物，与此相反，企业主收入则表现为不以资

① ［德］马克思．资本论：第 1 卷［M］．北京：人民出版社，2004：619.
② ［德］马克思．资本论：第 1 卷［M］．北京：人民出版社，2004：615.
③ ［德］马克思．资本论：第 1 卷［M］．北京：人民出版社，2004：621.
④ ［德］马克思．资本论：第 1 卷［M］．北京：人民出版社，2004：614.
⑤ ［德］马克思．资本论：第 1 卷［M］．北京：人民出版社，2004：616.
⑥⑧ ［德］马克思．资本论：第 1 卷［M］．北京：人民出版社，2004：617.
⑦ ［德］马克思．资本论：第 1 卷［M］．北京：人民出版社，2004：622.

本为转移的工资，所以上述‘三位一体’的形式可以进一步归结为：资本—利息，土地—地租，劳动—工资；在这个形式中，利润，这个体现资本主义生产方式的独特特征的剩余价值形式，就幸运地被排除了”①。可见，说劳动有价值或者有价格绝不是像蒲鲁东说的那样只是一种“比喻说法”，是文法上的简略②，工资形式对其本质的歪曲“具有决定性的重要意义。这种表现形式掩盖了现实关系，正好显示出它的反面。工人和资本家的一切法的观念，资本主义生产方式的一切神秘性，这一生产方式所产生的一切自由幻觉，庸俗经济学的一切辩护遁词，都是以这个表现形式为依据的”③。这个决定性的重要意义被庸俗经济学的发展强有力地证明了，从“三位一体”公式到如今现代西方经济学的按照生产要素贡献分配论，都以这个表现形式为依据，并且以此为资本无偿占有工人的剩余劳动作辩护遁词。

马克思的研究表明，“劳动”和“劳动力”是两个不同的概念，事实上，“在商品市场上同货币占有者直接对立的不是劳动，而是工人，工人出卖的是他的劳动力。当工人的劳动实际上开始了的时候，它就不再属于工人了，因而也就不再能被工人出卖了”④。工人出卖的是他的劳动力并获得工资，他的劳动是不能出卖的，劳动不存在于流通过程，而是存在于生产过程，劳动在劳动者出卖劳动力进入生产过程发挥作用时才存在，此时，已不是出卖而是使用问题。劳动力商品理论和工资理论是劳动价值理论与剩余价值理论的组成部分，“工资，总是先以资本形式同工人相对立，然后才取得收入的形式，即工人的收入的形式”⑤，在资本主义生产方式下，工资以可变资本形式同工人相对立，在资本家那里，是他预付的资本，然后才在工人那里以收入的形式出现。如果把工资作为收入分配问题来讨论，“这种分配关系，指的是对产品中归个人消费的部分的各种索取权”⑥。在公众的眼睛里，能看到的只是劳动一定时间获得的收入这个表象，而在马克思那里，看到的是工资的本质以及与资本的关系，工资本质上是劳动力的价值或者价格，在资本家那里是能够为资本家带来剩余价值

① ［德］马克思．资本论：第3卷［M］．北京：人民出版社，2004：921-922.
② ［德］马克思．资本论：第1卷［M］．北京：人民出版社，2004：616注释（26）.
③ ［德］马克思．资本论：第1卷［M］．北京：人民出版社，2004：619.
④ ［德］马克思．资本论：第1卷［M］．北京：人民出版社，2004：615.
⑤ ［德］马克思．资本论：第3卷［M］．北京：人民出版社，2004：994.
⑥ ［德］马克思．资本论：第3卷［M］．北京：人民出版社，2004：995.

的可变资本。当把购买的劳动力商品投入生产过程中时，资本家开始使用劳动力的使用价值——劳动，在资本主义生产方式下，工人的劳动必须分割为必要劳动和剩余劳动。工人的必要劳动再生产出劳动力的价值，补偿了资本家预付的可变资本，工人的剩余劳动为资本家创造了剩余价值，后者才是资本家购买劳动力的目的。把劳动力和劳动区分开来是马克思夯实劳动价值理论与建立剩余价值理论的重要环节。

（三）工资是压榨雇佣工人剩余劳动力的手段

应当注意的是，马克思在讨论工资的本质和表现形式时，是以劳动力供求平衡为前提的，这时，工资是劳动力价值或价格的转化形式。但是，工资作为资本占有劳动力剩余劳动的手段，资本家作为占强势地位的劳动力需求方，会利用需求者的权利和劳动力市场的供求关系，把工资压低到劳动力价值之下。特别是，计件工资“是克扣工资和进行资本主义欺诈的最丰富的源泉”①。

在 19 世纪，英国曾将在计件工资基础上实行的，由中间人（工头或帮头）在资本家与雇佣工人之间进行层层盘剥的“包工制”，叫作“血汗制度”②。所以工资本质上是劳动力价值或价格的转化形式，但是在数量上并不一定等于劳动力的价值。19 世纪末 20 世纪初，首先在美国，以后在欧洲各国普遍实行了和包工制不同的以提高劳动强度为核心的血汗工资制度。其中，最具代表性的是“泰罗制”和“福特制”。泰罗制核心是，通过制定最经济、生产效率最高的“标准操作方法”作为标准，制定出操作规程和劳动定额，定出等级不同的工资单价。工人为了完成定额，必须在规定时间内紧张地劳动，完成高等级定额的工人的工资虽然有所增加，但劳动强度却大大提高，通过提高劳动强度使劳动生产率提高的结果是劳动者身体衰弱。福特制主要是在采用机械化或自动化生产线和产品标准化的基础上，利用加快传送装置的运转速度，最大限度地提高劳动强度，赶不上机器运转速度的工人，将被克扣工资，甚至被解雇，在这种紧张劳动的情况下，虽然名义工资有所上升，但是实际工资却下降了。名义工资是“表现为货币的劳动力的等价物”③，即用货币代表的劳动力的价值（由再

① ［德］马克思．资本论：第 1 卷［M］．北京：人民出版社，2004：636.
② ［德］马克思．资本论：第 1 卷［M］．北京：人民出版社，2004：636-637.
③ ［德］马克思．资本论：第 1 卷［M］．北京：人民出版社，2004：645.

生产劳动力所必需的生活资料的价值决定)，实际工资是“供工人支配的生活资料”[①]，即货币工资所能购买到的生活资料量。劳动强度提高，以平均劳动强度折算，现在的 8 小时劳动时间相当于 10 小时或者更多的劳动时间，名义工资如果只是相当于原来 9 小时水平，实际工资是下降的，因此弥补不了劳动力的过度消耗。

第二次世界大战后，特别是 20 世纪 50 年代以来，在发达资本主义国家中，由于自动化程度的提高，工人之间因技能、体力、耐力等不同而在生产上的差别日益缩小，劳动质量和劳动强度日益由自动化机器来控制，计件工资的比重有所减小。在更多采用计时工资的情况下，资本家推出了名目繁多的“津贴”“奖金”“分红”等方法，比如羊毛出在羊身上的“工人分红制”，是由资本家事先减少工人应得的工资数额，用这笔钱建立“工人分红基金”，年终时根据企业盈利情况从分红基金中拿出一部分以“红利”形式分给工人，以此激励工人提高劳动强度。这类制度虽然包含着一系列科学管理的成就，但是剥削工人劳动的手段也更加残酷而且隐蔽。列宁指出：“资本主义在这方面的最新发明——泰罗制——也同资本主义其他一切进步的东西一样，有两个方面，一个方面是资产阶级剥削的最巧妙的残酷手段，另一方面是一系列的最丰富的科学成就，即按科学来分析人在劳动中的机械动作，省去多余的笨拙的动作，制定最精确的工作方法，实行最完善的计算和监督制等等。”[②] 采用科学技术进行劳动过程的组织和管理是提高劳动生产率所必需的手段，但是，在资本主义生产方式下，它成了剥削工人剩余价值的手段。列宁指出，这些科学和技术上的宝贵成就需要采用，而在“社会主义实现得如何，取决于我们苏维埃政权和苏维埃管理机构同资本主义最新的进步的东西结合的好坏”[③]，如何结合和结合的好坏，当然由社会主义的生产目的所规定、所评判。

劳动力价值在不同时期的量是不同的。在当代资本主义国家，随着社会生产力的发展、科学技术的进步、劳动过程的复杂化和脑力劳动作用的加强，工人的实际工资呈现出不断提高的趋势，但是和剩余价值增长幅度相比，提高幅度较小。由于提高了劳动强度，简化了操作方法，降低了对劳动者的技术要求，资本家可以减少劳动力需求，并且广泛雇用工资低廉

① ［德］马克思．资本论：第 1 卷［M］．北京：人民出版社，2004：646.

②③ 中共中央马克思恩格斯列宁斯大林著作编译局．列宁选集：第 3 卷［M］．北京：人民出版社，1972：511.

的非熟练工人，大量使用女工和童工，结果是使产业后备军队伍不断扩大，使广大工人的实际工资下降。这种现象在机器大工业时期就已经出现，马克思把它称为“机器排挤工人”，在当代自动化、智能化加速的情况下，这种趋势在资本主义生产方式下会日益凸显。

三、资本的价格——利息形成理论及其重要价值

（一）利息作为资本商品的价格是价格的不合理形式

货币作为资本，不仅具有价值，而且具有能够生产利润的使用价值，“它的使用价值正在于它转化为资本而生产的利润。就它作为可能的资本，作为生产利润的手段的这种属性来说，它变成了商品，不过是一种特别的商品。或者换一种说法，资本作为资本，变成了商品”①。由于这一特殊属性，货币资本变成资本商品。普通商品在售卖时，并不出让价值，价值只是由商品形式转化为货币形式，资本商品的流通不是买卖关系，而是借贷关系，它以资本商品的所有权和使用权分离为前提。但在贷出时要把这个价值暂时出让给借者，正因为这样，一定要有未来的偿还把它保存下来。另外，资本商品也具有使用价值，它能够当作资本执行职能，具有生产平均利润的能力，货币资本家在贷出期内实际让渡给职能资本家的就是这种特殊的使用价值，这种使用价值也不会消失，而是保存下来，并且归还给所有者。资本商品的使用价值是能够给使用者带来平均利润，为了获得这个使用价值，职能资本家必须把平均利润的一部分以利息形式付给货币资本家，所以利息本质上是利润归货币资本家的部分。货币资本家是把货币资本作为资本商品来使用，这时，货币资本在货币资本家手中就是生息资本，生息资本是凭借资本商品的所有权获取利息的资本。

利息表现为资本商品的价格，实质是资本使用价值的报酬。这种报酬不是价值的货币表现，不能等同于出售一般商品时的价格。马克思说：“利息是资本的价格这种说法，从一开始就是完全不合理的。”② 他指出：“如果我们把利息叫做货币资本的价格，那就是价格的不合理的形式，与商品价格的概念完全相矛盾。”③因为商品的价格是价值的货币表现，“按照

① ［德］马克思．资本论：第3卷［M］．北京：人民出版社，2004：378.

②③ ［德］马克思．资本论：第3卷［M］．北京：人民出版社，2004：396.

价格的概念，价格等于这个使用价值的以货币表现的价值”①，使用价值只是价值的物质承担者。对利息的分析已经表明，利息作为货币资本的价格不是由它的价值决定的，而是和它的使用价值直接联系，是资本使用价值的报酬，这与商品价格的概念相矛盾。

那么，为什么利息又能作为资本商品的价格出现呢？这是因为：①资本主义生产关系的存在，使货币资本成为资本商品，作为商品，就会有价格；②平均利润如何分割为利息和本来意义上的利润，也是由生息资本的供求和资本市场上的竞争来调节的，如果对货币资本的需求比较强烈，平均利润更多的一个部分会分割为利息，资本的价格因此上升，这完全和商品的市场价格的变动、劳动力市场的工资变动一样。但是，资本商品和商品及劳动力不同，对于商品和劳动力而言，都存在一个价值基础，当供求不平衡时，市场价格背离价值，而竞争又使供求恢复平衡，使市场价格等于价值，这时，竞争和供求对价格调节的作用消失，市场价格归根结底由价值决定。对于资本商品而言，它的价格只是对其使用价值的支付，其大小只能由竞争和供求决定，而没有价值作基础。

利息作为资本商品的价格没有价值基础，它是平均利润的一个部分，是对平均利润的分割，利息量是利息在平均利润中的比重。利息率是在一定时期内利息量与贷出货币资本量之间的比率。由于利息是平均利润中分割出来的一部分，利息率一般不能超过或等于平均利润率，而必须在平均利润率以下，否则职能资本家就不愿意借钱。但是利息率也不能等于零，否则，借贷资本家不愿意放款。利息率一般是在平均利润率和零之间摆动，至于利息能够分割到多少平均利润，要看借贷资本的供求。

（二）市场利息率和平均利息率的决定及变动趋势

在利息率基础上加入市场供求因素，有市场利息率。由借贷资本②供求决定的利息率是市场利息率。在一定的平均利润率范围内，市场利息率的高低取决于借贷资本的供求状况。如果市场上对借贷资本的需求量大，市场利息率就高一些；对借贷资本的需求量小，市场利息率就低一些。“至于不断变动的市场利息率，那么，它和商品的市场价格一样……借贷

---

① ［德］马克思．资本论：第3卷［M］．北京：人民出版社，2004：396.

② 借贷资本就是用于生息的资本，因此也称为生息资本。参见［德］马克思．资本论：第3卷［M］．北京：人民出版社，2004：542.

资本的供给和借贷资本的需求之间的关系，决定着当时市场的利息状况”①。

从市场利息率变化趋势看，首先，市场利息率受平均利润率变化影响，与平均利润率同方向变化，平均利润率上升，市场利息率上升。这里的根本问题是，平均利润率上升，会对借贷资本产生更多的需求，因此，利息率上升；反之则反是。平均利润率有下降趋势，因此利息率有下降趋势。其次，利息率的变化和产业周期各阶段相联系，马克思关于其变化过程总结起来如表 3-1 所示②。①萧条阶段：经济停滞，平均利润率很低，对借贷资本的需求减少，市场利息率很低。②复苏阶段：经济逐渐活跃，平均利润率有所上升，对借贷资本的需求增加，市场利息率适度提高。③繁荣阶段：马克思认为，这时，平均利润率上升很快，资本供给充足，市场利息率较低。当代经济周期过程表现为，在经济活动从逐渐活跃到高涨阶段，市场利息率有一个从低到高的上升过程。这是因为，在当代，资本追求用别人的钱为自己生钱，在经济高涨时期会增加借贷资本的需求去获取更多的利润。而经济金融化使虚拟经济越来越脱离实体经济，在经济不断高涨阶段，虚拟资本价格高涨，对借贷资本的需求增加，市场利息率上升。市场利息率高涨又使平均利润率下降，使虚拟资本价格下降，使用借贷资本的风险增加。高涨的市场利息率是当代经济危机爆发的一个诱因。④危机阶段：生产过程对借贷资本需求减少（由平均利润率下降引起），照理说，市场利息率要下降。但是由于这时人们不得不惜任何代价借钱来应付支付的需要，结果可能使市场利息率达到高利贷的水平，这时，市场利息率可能突破平均利润率界限。再次，食利者人数增加，借贷资本的供给增加，市场利息率下降。最后，信用制度发展，大量小资本集中起来形成生息资本，货币资本供给增加，市场利息率下降。

表 3-1 利息率的变化和产业周期各阶段的联系

周期各阶段	借贷资本需求	平均利润率	市场利息率
萧条	减少	低	低
复苏	增加	高	适度提高
繁荣	增加	高	低
危机	减少	低	最高水平

① ［德］马克思．资本论：第 3 卷［M］．北京：人民出版社，2004：411.

② ［德］马克思．资本论：第 3 卷［M］．北京：人民出版社，2004：404.

市场利息率在借贷资本供求关系的作用下是不断变动的，但是，从某一时期看，有一个市场利息率的平均数，这就是平均利息率，它是一个国家占统治地位的利息率。影响平均利息率的因素有：①平均利润率；②整个产业周期中利息率的平均数；③长期投资的利息率；④习惯和法律传统也起重要作用；⑤世界市场的利息率对一个国家的平均利息率的影响。马克思指出："世界市场不以一个国家的生产条件为转移而对利息率的确定所产生的直接影响，比它对利润率的影响大得多。"① 马克思所说的情况是，借贷资本可以比较自由地在一国流进和流出，国内一定时期的平均利息率趋近于世界市场的平均利息率，世界市场的平均利息率对国内一定时期的平均利息率有非常大的影响。

马克思的利息理论涉及现代经济学利息理论的所有方面，包括国内货币市场供求对利率的影响、经济周期性波动中利率的变化规律、世界市场利率对国内平均利息率的影响，等等。但是，和现代西方经济学利息理论不同的是，利息理论作为马克思分配理论的一部分，重点是揭示职能资本和生息资本之间的利益分配关系。职能资本和生息资本之间的利益分配关系取决于货币资本的供求，一般而言，当平均利润率比较高时，货币资本的需求增加，市场利息率因此上升。虽然在经济虚拟化、金融化的当代，市场利率在经济周期的各个阶段出现了一些新变化，但是，马克思把利息率作为对平均利润率的分割，把分割比例和经济周期各阶段联系起来研究市场利率的变动趋势，研究职能资本和生息资本之间利益分配关系的视角与方法，对于我们研究现代市场中的利息理论、研究经济周期和利息率变动趋势之间的关系、研究职能资本和借贷资本之间的关系，进而研究当代经济虚拟化和金融化问题具有重要启示。

古典经济学认为，利息由储蓄和投资决定，后来，凯恩斯指出，储蓄和利率没有关系，利率由货币供求决定，是货币市场的价格，以凯恩斯理论为基础，凯恩斯主义提出国家可以利用货币政策通过采取调整法定准备金率、公开市场业务和调整贴现率手段调节货币供给来调节市场利率，进而调节投资。应当说，在市场经济条件下，这套调节政策机制有一定的效果，但是，效果的大小取决于政策手段的选择。比如，在经济高涨时，中央银行在公开市场上以比较低的价格卖出债券以控制货币供给量，由于平

① ［德］马克思．资本论：第3卷［M］．北京：人民出版社，2004：412.

均利润率高，投资者愿意接受比较高的利率借贷，商业银行因此一方面向中央银行贷款买进价格比较低的债券，另一方面去向中央银行贷款用来向投资者放贷，因而商业银行不会收缩向公众的贷款量，所以中央银行需要配合使用提高贴现率手段来提高商业银行向中央银行贷款的成本，使商业银行的资金供给能力下降。但是，凯恩斯主义的货币政策理论有效性的前提是，商业银行系统货币供给能力有限，而马克思早已指出，银行可贷资金的大小是影响利息率的重要因素，如果社会食利者人数多以及信用制度发展使银行总储蓄很多，货币资金很大部分集中于银行体系中，那么会使货币供给增加，市场利息率下降，起不到有效控制经济高涨的作用。这个思想启示我们，面对这种状况，中央银行控制因经济高涨产生的投资对货币资本的需求高涨的有效手段应该是，通过提高准备金率，直接控制货币供给量。马克思关于市场利率、平均利润率和货币供求关系的论述还启示我们，在经济危机来临时应该多管齐下，有效提高货币供给水平，抑制市场利率快速上涨，避免趁机而来的高利率导致企业大规模破产，减缓经济危机的冲击力。

四、自然资源价格形成理论及其重要价值

在以劳动价值理论为基础的价格理论中，关于不可再生资源的市场价格问题的分析是以自然资源本身没有价值因此没有价格为前提，目的是说明稀缺性是否对商品的价值和市场价格有影响与有什么影响。在现实经济活动中，自然资源是有市场价格的，也就是说，使用自然资源必须要付费。那么，以马克思的劳动价值理论为基础，如何说明自然资源的市场价格是一个无论在理论上还是在实践上都具有重要价值的问题？

（一）自然资源不是劳动产品，没有价值

马克思的劳动价值理论认为，劳动是创造价值的唯一源泉，自然资源在没有加入人类劳动之前没有价值，“如果生产资料没有价值可以丧失，就是说，如果它本身不是人类劳动的产品，那么，它就不会把任何价值转给产品。它只是充当使用价值的形成要素，而不是充当交换价值的形成要素。一切未经人的协助就天然存在的生产资料，如土地、风、水、矿脉中

的铁、原始森林中的树木等等，都是这样"①。但是现实经济活动中，自然资源是有市场价格的，这种现象促使一些研究者试图寻找作为价格基础的自然资源的价值决定。有种观点认为，自然资源具有"自然价值""生态价值"，并且试图用马克思的价值理论来解释。而用马克思的劳动价值论对此进行分析可以发现，这种观点混同了马克思严格区分的使用价值和价值概念。

首先，持上述"自然资源价值"观点的人以马克思的以下论述为依据："如果一个使用价值不用劳动也能创造出来，它就不会有交换价值，但作为使用价值，它仍然具有它的自然的效用。"② 据此段论述得出如下结论：马克思这里所说的"自然效用"就是指自然界的价值，并且进一步认为，它是由于自然资源和自然环境的稀缺性所带来的生态价值。③ 这种观点是对马克思价值理论的极大误解。我们来看马克思这段话的完整论述："自然力不是超额利润的源泉，而只是超额利润的一种自然基础，因为它是特别高的劳动生产力的自然基础。就像使用价值总是交换价值的承担者，但不是它的原因一样，如果一个使用价值不用劳动也能创造出来，它就不会有交换价值，但是作为使用价值，它仍然具有它的自然的效用。"④问题是一目了然的，马克思所说的"自然效用"是自然资源客观存在的使用价值，而不是价值。和人类具体劳动生产出来的商品的使用价值不同，自然资源的使用价值不是具体劳动生产出来的，它是天然存在的"自然效用"。马克思接下来提到，自然界中存在许多不用劳动创造但是有使用价值的东西，即有自然效用的东西，它们不是劳动产品，因此没有价值，所以没有交换价值，也就没有表现价值的价格。比如"瀑布的价格，也就是土地所有者把瀑布卖给第三者或卖给工厂主本人时所得的价格，……完全是一个不合理的表现，……瀑布和土地一样，和一切自然力一样，没有价值，因为它本身中没有任何对象化劳动，因而也没有价格，价格通常不外是用货币来表现的价值。在没有价值的地方，也就没有什么东西可以用货币来表现"⑤。

其次，上述把马克思的使用价值和价值概念相混淆的观点进一步认为，马克思的自然理论有逻辑矛盾，并且提出，没有自然价值或者生态价

① ［德］马克思．资本论：第1卷［M］．北京：人民出版社，2004：237.
②④ ［德］马克思．资本论：第3卷［M］．北京：人民出版社，2004：728.
③ 刘思华．生态马克思主义经济学原理［M］．北京：人民出版社，2006：160.
⑤ ［德］马克思．资本论：第3卷［M］．北京：人民出版社，2004：729.

值载体，劳动不能变换出价值，自然界不仅是物质财富的第一源泉，而且是价值的最终源泉。[①] 事实上，马克思从来没有认为劳动可以离开自然资源载体创造价值，恰恰相反，劳动价值论认为，劳动必须要凝结在被加工的对象中才能形成价值，这个对象归根结底就是自然资源，因为所有的价值的物质载体都是来源于自然资源。价值是一种看不见、摸不着的东西，作为价值载体的只能是客观存在的使用价值而不是什么价值，马克思的理论没有逻辑矛盾，而所谓自然价值、生态价值是商品价值载体的观点恰恰存在逻辑矛盾。

还需要说明的是，在马克思那里，效用从来是指使用价值，是指使用价值的客观有用性，效用只是使用价值的客观效能，和价值决定无关。至于说自然资源和环境的稀缺性带来“生态价值”则是西方经济学的边际效用价值论。如前所述，在马克思那里，稀缺性对价值决定的影响是引起劳动耗费增加的原因，而不是决定价值的原因，在市场交换中，稀缺性只是通过影响需求对市场价格产生影响。

（二）自然资源市场价格决定要义

按照马克思的劳动价值理论，由于未经人类劳动加工过的自然资源不是劳动产品，没有价值，因此不存在反映价值或以价值为基础的价格，但是，这不等于说自然资源就不会有市场价格，这是因为，马克思在《资本论》中运用从抽象到具体的叙述方法，在对劳动产品的价值和价格决定进行研究时，还没有涉及自然资源比如土地所有权、地租以及与其相伴随的价格决定问题。

使用价值构成社会的物质财富，是价值的物质承担者，自然资源和劳动是物质财富的源泉，所以包含地上地下自然资源的土地问题的研究是马克思《资本论》的重要研究内容。在商品经济社会，土地作为生产物质财富的重要源泉，作为生产要素，必然成为市场交易中的商品，因此必然有价格。但是，由于土地不是劳动产品，没有价值，它的价格不是以价值为基础，它的价格是由另外一些事情决定的。首先，它的价格与土地所有权和地租相关。马克思指出，土地所有权是土地所有者对土地的垄断，“土地所有权的前提是，一些人垄断一定量的土地，把它当作排斥其他一切人

---

① 刘思华．生态马克思主义经济学原理［M］．北京：人民出版社，2006：161.

的、只服从自己私人意志的领域”[①]，而地租则是“以土地所有权，以某些个人对某些地块的所有权为前提”[②]，地租是土地所有权借以实现的经济形式，“不论地租的特殊形式是怎样的，它的一切类型有一个共同点：地租的占有是土地所有权借以实现的经济形式”。[③]“真正的地租是为了使用土地本身而支付的，不管这种土地是处于自然状态，还是已被开垦”[④]。总而言之，有土地所有权存在，为了使用土地，无论土地是否被开垦，都要支付地租。其次，土地价格以地租的存在为前提，它是地租收入的资本化。“这种价格不外是资本化的地租。土地所有权使所有者能够把个别利润和平均利润之间的差额占为己有。这样获得的逐年更新的利润能够资本化，并表现为自然力本身的价格”[⑤]。也就是说，土地所有者凭借土地所有权获得的地租是瓜分到的使用土地的资本家所获得的平均利润的一部分，如果别人想要获得这块土地的所有权，必须支付一个价格买下这块土地，购买者愿意接受的价格的前提是，购买这块土地所支付的货币在未来所能够带来的货币地租收入起码要和这笔钱存入银行所能获得的利息收入相等，土地价格是地租这个未来收入的资本化。例如，利息率=5%，某块土地的年地租=200 元，由此决定，这块土地的价格=地租/利息率=200/5%=4000（元）。所以“实际上，这个购买价格不是土地的购买价格，而是土地所提供的地租的购买价格，它是按普通利息率计算的”[⑥]。“资本化的地租形成土地的购买价格或价值，一看就知道，它和劳动的价格完全一样，是一个不合理的范畴，因为土地不是劳动的产品，从而没有任何价值。”[⑦] 所谓不合理，就是指土地的价格没有价值基础，土地之所以有价格，是因为土地有所有权和由此产生的地租。如果土地所有权消失，地租消失，土地价格必然消失。

土地价格和地租呈同方向变化，和利息率呈反向变化。购买土地是购买的未来时期土地能够带来的地租收益，地租上升，土地价格上升。由于购买了土地就丧失了拥有货币资本每年所能获得的利息收入，因此，当地租不变、利息率上升时，购买土地者愿意用更低的价格购买土地。比如，

① ［德］马克思．资本论：第 3 卷［M］．北京：人民出版社，2004：695.
② ［德］马克思．资本论：第 3 卷［M］．北京：人民出版社，2004：714.
③ ［德］马克思．资本论：第 3 卷［M］．北京：人民出版社，2004：714.
④ ［德］马克思．资本论：第 3 卷［M］．北京：人民出版社，2004：699.
⑤ ［德］马克思．资本论：第 3 卷［M］．北京：人民出版社，2004：729-730.
⑥ ［德］马克思．资本论：第 3 卷［M］．北京：人民出版社，2004：703.
⑦ ［德］马克思．资本论：第 3 卷［M］．北京：人民出版社，2004：702-703.

在前面例子的基础上，如果现在利息率上升到10%，4000元存银行每年取得400元利息，而购买土地只能取得200元租金，那么，在4000元价格下，土地的需求量下降，结果使土地价格下降，直到土地价格下降到为2000元为止，因为，在10%的利息率下，2000元购买土地和存银行一样，每年都取得200元的收入。

从土地价格的变动趋势看，即使抽象掉土地及土地所生产的产品的供求对地租变动的影响不谈，土地价格也有上升趋势。马克思的研究及现代社会的实际情况表明，在社会发展进程中，利息率有下降趋势，所以土地价格有上涨趋势。另外，地租是不断上升的，马克思以依靠土地而生产的农产品为例分析指出，“随着农产品作为价值（商品）而发展的条件和它们的价值的实现条件的发展，土地所有权在这个未经它参与就创造出来的价值中占有不断增大部分的权力也发展起来，剩余价值中一个不断增大的部分也就转化为地租”①。农产品作为商品而发展的条件是指农业生产的集约化，集约化生产使土地的生产能力不断提高，地租因此不断增加（级差地租Ⅱ）；农产品的价值实现条件的发展是指社会发展对农产品需求的不断扩张，从而对土地的需求特别是好地的需求不断增加，相对于有限的好地来说，需求的不断增加使好地越来越稀缺，地租（级差地租Ⅰ）因此不断增加，即使利息率不下降，随着地租的上升，土地的价格也有上涨趋势。所以从变动趋势看，随着经济社会的发展，无论是农业用地还是城市的建筑用地，土地的价格特别是自然丰度和经济丰度好的土地的价格是不断上涨的。

（三）自然资源市场价格决定理论的当代价值

当代社会的现实是，市场经济是普遍的经济形态，商品生产和交换遍及各个经济活动领域。马克思的商品货币理论和地租理论告诉我们，在市场经济条件下，包括土地及地上和地下资源在内的生产要素都必须要经过市场交换才能够进入生产过程。土地及附属于土地的地上地下自然资源到市场上交换必然要有所有者，所有权的存在使绝对地租必然存在，由于土地和地上地下自然资源客观上存在自然丰度和经济丰度级差，土地所有权要求好地必须交更高的地租，因此，级差地租必然存在，而商品货币和信用关系又使地租资本化——不是劳动产品、没有价值的土地和附属于土地

① ［德］马克思．资本论：第3卷［M］．北京：人民出版社，2004：720.

的地上和地下自然资源有了市场价格。可见，在市场经济条件下，必须要有明确的所有权关系，自然资源作为最原始的生产资料必须经过市场交易过程才能被开发使用，自然资源的所有权和由此产生的地租及以此为基础形成的自然资源的市场价格必然存在，自然资源付费使用，通过价值规律调节自然资源的合理使用和有效配置，是在市场经济条件下实现公平竞争、避免因免费使用导致自然资源滥用的有效机制。然而，不是自然资源有了所有权，有了市场交易，有了市场价格，就一定不会被滥用，马克思的研究表明，资本主义土地私有权虽然创造了自然资源交易的市场条件，但是带来了一系列不利于自然资源可持续利用的弊病。马克思指出，不同的所有权关系对自然资源的利用产生不同的影响："土地所有权同其他各种所有权的区别在于：在一定的发展阶段，甚至从资本主义生产方式的观点来看，土地所有权也是多余而且有害的"①，"创造这种权利的，是生产关系。一旦生产关系达到必须蜕皮的地步，这种权利的和一切以它为依据的交易的物质的、在经济上和历史上有存在理由的、从社会生活的生产过程中产生的源泉，就会消失。从一个较高级的经济的社会形态的角度来看，个别人对土地的私有权，和一个人对另一个人的私有权一样，是十分荒谬的。甚至整个社会，一个民族，以至一切同时存在的社会加在一起，都不是土地的所有者。他们只是土地的占有者，土地的受益者，并且他们应当作为好家长把经过改良的土地传给后代"②。因为土地不仅是当代人赖以生存的重要的自然源泉，而且是子孙后代赖以生存的重要的自然源泉，当代人作为后代人的家长，有义务给后代人留下改良后可持续利用的土地。马克思认为，要实现这个目标，只有消灭土地私有制，全社会共同使用土地。马克思指出，在较高级的生产资料社会共同占有的社会中，资本主义土地私有制消亡，全社会共同占有和使用土地，但是不能说，土地就是当代社会共同所有，土地应该是人类社会共有的财富，当代人有义务给后代人留下改良后的土地，因为当代人是后代人的家长。当代人应当在这样的观念指导下在全社会范围内共同使用土地，消灭土地私有权对地租的索取造成的对土地的掠夺性使用，以子孙后代长远发展为目标，合理规划土地的使用和对土地进行改良，实现土地的永续利用。马克思在 100 多年前就提出了人类社会的可持续发展的实质问题，他告诉我们，地球上绵延

① ［德］马克思．资本论：第 3 卷［M］．北京：人民出版社，2004：702.

② ［德］马克思．资本论：第 3 卷［M］．北京：人民出版社，2004：877-878.

不断的人类都只能是土地资源的合理利用者，而不是以所有者的身份和权利去最大限度地攫取土地的自然力，使地上地下的自然资源枯竭。

虽然在当代社会乃至未来相当长时期市场经济依然存在，自然资源依然必须有市场价格，必须通过公平市场交易才能够实现有效利用，但是依照马克思的逻辑，从自然资源可持续利用角度看，个别人不应该拥有对土地和附属于土地的地上地下自然资源的私有权，而应该是由社会代表当代人和子孙后代占有并且合理规划管理自然资源的使用，那么问题是，在市场经济条件下能否做到自然资源社会占用和管理使用。中国特色社会主义市场经济实践表明，土地和地上地下自然资源公有（国有和集体所有）与市场经济并不矛盾，中国目前需要完善的是自然资源使用权的产权关系和价格形成机制，建立国家管理公有自然资源、实现自然资源可持续利用的体制机制。

遵循马克思研究商品经济及地租理论的基本逻辑和土地价格决定理论，土地和附属于土地的地上地下自然资源都可以通过契约或者法律形式明确自然资源所有权，形成自然资源使用租金，进而形成自然资源的价格基础。结合中国特色社会主义实践，在市场经济条件下实现自然资源可持续利用目标，国家以法律的形式代表全体社会成员占有自然资源，作为自然资源的占有者和管理者，规划管理土地和附属于土地的自然资源使用①，通过贯穿自然资源的可持续利用目标的制度设计确定自然资源使用租金的内容和最低标准，代表全体社会成员在市场上向自然资源使用者出让使用权，通过市场租赁形成反映供求关系的租金，进而形成激励自然资源保护性使用和循环利用的市场价格。租金体现管理者的收益，社会作为占用自然资源的管理者，所收取的租金和资本主义土地私有制下的土地所有者收取的租金本质上不同，它虽然在形式上仍然由社会全体成员负担，但是，租金收入不是由私人获得，收取目的是在市场上形成合理的自然资源市场价格，通过物质利益分配在行为上约束当代人对自然资源的掠夺性使用，实质上是代表当代社会全体成员和后代人收取的自然资源在使用过程中的修复和保护费用，租金收入最终通过生态补偿机制和相关的财政补贴政策被全部用于自然条件的修复与保护支出。为了鼓励自然资源使用者进行集约化经营，节约利用自然资源，避免使用者短期的掠夺性使用行为，在设计租金和土地价格形成机制中只应考虑绝对地租和级差地租Ⅰ，把通过集

① 参见《中华人民共和国宪法》第六条、第九条和第十条。

约化经营获得的利益归于土地使用者。

土地价格由地租和利息共同决定，在实际操作中，地租有其客观存在的量的决定基础，利息也是如此，所以与土地相关的地上地下资源的价格确定有其客观存在的量的标准。至于空气这样的与土地不相关的公共性自然环境资源，保护性使用则需要政府采取税收方式和制定强制性管制措施进行。

当自然资源有偿使用时，在产品的价值形成过程之外、在市场价格决定中，生产者就必须要考虑自然资源价格通过对生产成本的影响对产品价格形成的影响，消费者也要考虑为消费自然资源负担的费用，结果是使社会全体成员负担了对自然资源的付费，但是，这种支付只要不是由私人占有，而是由社会获得并统一用于自然资源保护和修复，就是合理的，并且，通过自然资源付费使用，会激励生产者和消费者节约使用自然资源，会为不可再生资源的节约利用创造出价格激励和约束机制。中国特色社会主义自然资源管理制度和价格形成机制的构建应该以马克思主义理论为基础，核心是通过物质利益调节，通过共享和激励约束机制，实现人与人、人与自然的和谐相处。

第四章　剩余价值理论和劳动价值理论关系解析

剩余价值理论是《资本论》的中心，是马克思主义政治经济学的理论基石，是认识资本主义生产方式的钥匙，马克思说："使各种经济的社会形态例如奴隶社会和雇佣劳动的社会区别开来的，只是从直接生产者身上，劳动者身上，榨取这种剩余劳动的形式。"① 马克思主义政治经济学以劳动价值理论为理论基础，以剩余价值理论为核心，是一个完整、科学的体系。劳动价值理论是《资本论》的理论基础，没有劳动价值理论就没有剩余价值理论。剩余价值理论包括剩余价值生产、实现和分配理论，马克思通过资本的生产过程说明剩余价值是如何生产出来的，通过资本的流通过程说明剩余价值是如何实现的，通过剩余价值分配理论完成了对资本主义生产的总过程的分析。剩余价值生产理论是剩余价值理论的基础和核心，与劳动价值理论直接关联，剩余价值的实现和分配理论建立在剩余价值生产理论基础之上，并且通过流通和分配理论充分证明了劳动价值理论的科学性。

一、商品和货币关系是资本主义生产方式的历史前提

从历史逻辑看，"商品流通是资本的起点。商品生产和发达的商品流通，即贸易，是资本产生的历史前提。世界贸易和世界市场在 16 世纪揭开了资本的现代史"②。资本主义萌芽于 14 世纪末 15 世纪初，途径有两个：一是从小商品经济分化出来；二是从商人和高利贷者转化而成。从小商品

① ［德］马克思．资本论：第 1 卷［M］．北京：人民出版社，2004：251.

② ［德］马克思．资本论：第 1 卷［M］．北京：人民出版社，2004：171.

经济分化中的资本主义萌芽是价值规律作用的结果。而“为资本主义生产方式奠定基础的变革的序幕，是在15世纪最后30多年和16世纪最初几十年演出的”[①]，在资本主义萌芽基础上，通过用暴力手段剥夺农民的土地和在世界贸易与世界市场进行殖民掠夺货币财富，使生产者与生产资料大规模地相分离，使分散的生产资料迅速集中于少数人手中，这个过程是资本的原始积累，它是一个“生产者和生产资料分离的历史过程”[②]，是资本主义生产方式的起点，是“创造资本关系的过程”[③]。在马克思研究的对象英国，毛纺织业繁荣，羊毛价格上涨，货币拥有者手中的“货币是一切权力的权力”[④]，他们凭借货币的权力不仅将“把耕地转化为牧场”作为他们的口号，而且付诸行动，进行了用暴力从耕地上赶走农民的圈地运动。资本原始积累的结果是使丧失土地的农民成为雇佣工人，使占有土地的生产者成为农业资本家，使农业革命形成了工业资本的国内市场，工业资本又通过殖民制度进行更大规模的原始积累。

从理论逻辑看，没有商品生产和交换关系，没有马克思在解剖商品细胞基础上创立的劳动价值理论，就没有剩余价值理论。马克思对一般商品货币关系的分析表明，货币是商品交换的最后产物，而货币又是资本的最初表现形式，是资本主义生产的第一推动力，它出现在市场上购买以商品形式存在的各种生产要素，经过生产和销售过程，带着一个增殖额回来，使货币转化为货币资本，表现为：G-W-G′，“其中的 $G'=G+\Delta G$，即等于原预付货币额加上一个增殖额。我把这个增殖额或超过原价值的余额叫做剩余价值（sur-plus value）。可见，原预付价值不仅在流通中保存下来，而且在流通中改变了自己的价值量，加上了一个剩余价值，或者说增殖了。正是这种运动使价值转化为资本”[⑤]。所以没有商品货币的运动，就不可能有价值转化为资本的运动。在这里，马克思第一次提到关于剩余价值的含义，这是从与预付资本量相比较多出来的价值量余额角度提出的剩余价值概念，是一个关于量的关系的描述，并不说明剩余价值的本质，但是已经足以看到，从初始的货币形式开始运动，只有带着一个价值增殖额回来，货币才能转化为资本，资本是能够带来剩余价值的价值，资本运动的目的就是追求剩余价值。资本的“运动是没有限度的”[⑥]，只有不停地运

①④ ［德］马克思．资本论：第1卷［M］．北京：人民出版社，2004：825.
②③ ［德］马克思．资本论：第1卷［M］．北京：人民出版社，2004：822.
⑤ ［德］马克思．资本论：第1卷［M］．北京：人民出版社，2004：176.
⑥ ［德］马克思．资本论：第1卷［M］．北京：人民出版社，2004：178.

动，资本才能不断地保存自身价值，不断地增殖。资本的不断运动必须要经过流通过程，所以剩余价值的形成离不开商品流通过程。按照价值规律，增殖的价值必须要经过生产过程中的劳动耗费来创造，商品交换必须遵循等价交换原则，在客观规律制约下，怎样能够实现价值增殖呢？理论的逻辑告诉我们，要使货币增殖，在流通过程中，货币不仅要购买到生产资料，更重要的是要购买到能够创造价值进而使价值增殖的生产要素。劳动价值理论表明，生产力各要素中，只有劳动力的劳动耗费能够创造价值，历史发展的现实为货币所有者提供了条件——劳动力成为商品，因而成为可以被资本雇用为其生产剩余价值的雇佣劳动力。以劳动价值理论为基础，马克思区分了“劳动”和“劳动力”的概念，指出成为商品的是劳动力而不是劳动，劳动力作为商品具有使用价值和价值。说明这个问题非常重要，亚当·斯密认为，“等量劳动在任何时候和任何地方对工人本身都必定具有同样的价值”，马克思指出，这是“把价值决定于生产商品所耗费的劳动量，同商品价值决定于劳动的价值混为一谈”①，错误认识的根源在于把劳动力和劳动混为一谈，并且不知道劳动力商品具有价值和使用价值两个因素。马克思分析指出，首先，劳动者出卖的不是他们的劳动而是劳动力，它是“一个人的身体即活的人体中存在的、每当他生产某种使用价值时就运用的体力和智力的总和”②。劳动力的价值由再生产劳动力的生活资料的价值决定，通过等价交换，劳动力获得工资，实现了它的价值，工资的本质是劳动力的价值或价格，它是劳动力价值或价格的转化形式。所以劳动力的价值不能决定商品的价值，如果说劳动力的价值决定商品的价值，就是由价值决定价值的循环论证，并且为生产要素价值论提供了“子弹”。其次，劳动力的使用价值是劳动，“它的使用价值本身具有成为价值源泉的独特属性，因此，它的实际消费本身就是劳动的对象化，从而是价值的创造”③。运用劳动价值理论，马克思建立了科学的劳动力商品理论，为剩余价值生产理论奠定了坚实的基础。劳动力成为商品是资本主义生产的特殊条件，劳动力的使用价值劳动是价值的源泉，因此，也是剩余价值的源泉。

马克思理论的科学性表现之一在于，它是理论逻辑和历史逻辑的高度统一。无论历史逻辑还是理论逻辑都表明，商品、货币以及商品流通关系

① ［德］马克思．资本论：第1卷［M］．北京：人民出版社，2004：60注释（16）．

②③ ［德］马克思．资本论：第1卷［M］．北京：人民出版社，2004：195．

的存在，是资本主义生产产生和存在的最一般条件，商品和货币关系是资本主义生产方式的历史前提。

二、劳动力成为商品标志着资本主义生产方式的诞生

历史的和理论的逻辑表明，劳动力自有人类以来就存在，但是，劳动力并不是从来就是商品的，劳动力成为商品是历史发展的产物。在奴隶社会，奴隶归奴隶主所有，不是自由人，没有劳动力所有权，不能把自己的劳动力当作商品自由支配。在封建社会，农奴依附土地，也不算自由人，他还有一点私有经济，也不是自由得一无所有，他只是出卖自己的一部分劳动力给封建领主。只有在封建制度已经崩溃，并且小生产者被剥夺得一无所有的时候，拥有劳动力所有权但其他生存条件一无所有的人才会大量出现。劳动力成为商品“是已往历史发展的结果，是许多次经济变革的产物，是一系列陈旧的社会生产形态灭亡的产物”①。

劳动力成为商品，最基本的历史前提是存在商品货币关系，存在生产和交换，这为劳动力可以像商品那样具有使用价值和价值，能够在市场上进行交换提供了可能性，而劳动力成为商品，走到市场上出卖，必须具备两个必要条件：第一，劳动者具有人身自由，即劳动者具有劳动力这个商品的所有权，可以自由出卖自身的劳动力。第二，劳动者自由得一无所有，没有任何生产资料和生活资料，除了自身的劳动力以外，不能出卖和劳动力不同的其他商品来维持生存。这些使劳动力成为商品的条件，通过资本主义萌芽期和资本积累过程已经准备好了。所以虽然货币是资本运动的第一推动力，但是，“有了商品流通和货币流通，决不是就具备了资本存在的历史条件。只有当生产资料和生活资料的占有者在市场上找到出卖自己劳动力的自由工人的时候，资本才产生；而单是这一历史条件就包含着一部世界史。因此，资本一出现，就标志着社会生产过程的一个新时代”②。

直接生产者丧失生产资料成为必须出卖自己的劳动力才能生存的雇佣劳动者，一般有两个原因：一是价值规律的自发作用，使小商品生产者在市场竞争中发生阶级分化；二是对生产者的生产资料进行暴力剥夺，比如

① ［德］马克思．资本论：第1卷［M］．北京：人民出版社，2004：197.

② ［德］马克思．资本论：第1卷［M］．北京：人民出版社，2004：198.

资本的原始积累，而只有当劳动力成为商品，成为必须为资本生产剩余价值的雇佣劳动，购买劳动力和生产资料的货币才转化为资本。所以劳动力商品、资本、剩余价值生产紧密相连，相伴而生，它们都是历史范畴。"资本主义时代的特点是，对工人本身来说，劳动力是归他所有的一种商品的形式，因而他的劳动具有雇佣劳动的形式。另一方面，正是从这时起，劳动产品的商品形式才普遍化"①。劳动力作为商品成为资本的雇佣劳动、劳动产品普遍成为商品，是资本主义时代的基本特征。劳动力成为商品，不是一个简单的劳动者为谋生出卖自己劳动力的问题，而是标志着一种新的社会生产方式——资本主义生产方式的诞生。

三、劳动价值理论是剩余价值生产理论的基石

劳动力归劳动者所有，劳动力商品在流通领域按等价交换原则出售，表面上看，"这个领域确实是天赋人权的真正伊甸园。那里占统治地位的只是自由、平等、所有权和边沁。自由！因为商品例如劳动力的买者和卖者，只取决于自己的自由意志。他们是作为自由的、在法律上平等的人缔结契约的。契约是他们的意志借以得到共同的法律表现的最后结果。平等！因为他们彼此只是作为商品占有者发生关系，用等价物交换等价物。所有权！因为每一个人都只支配自己的东西。边沁！因为双方都只顾自己。……大家都是在事物的前定和谐下，或者说，在全能的神的保佑下，完成着互惠互利、共同有益、全体有利的事业"②。但是，事情的本质并非如此，这只是从商品交换领域中表面现象得出来的"庸俗的自由贸易论者用来判断资本和雇佣劳动的社会的那些观点、概念和标准"③。这里没有剩余价值生产的秘密，因为"流通和商品交换不创造价值"④。

那么，购买劳动力的资本怎么能够获得高于其预付的资本的价值呢？为资本家辩护的辩护士罗雪尔说，剩余价值或者剩余产品的形成，以及积累都是由于资本家的"节俭"。马克思说："是节约劳动呢？还是节约尚不存在的剩余产品呢？罗雪尔之流除了确实无知之外，又怀有辩护士的胆怯

① ［德］马克思．资本论：第1卷［M］．北京：人民出版社，2004：198注释（41）．

② ［德］马克思．资本论：第1卷［M］．北京：人民出版社，2004：204-205．

③ ［德］马克思．资本论：第1卷［M］．北京：人民出版社，2004：205．

④ ［德］马克思．资本论：第1卷［M］．北京：人民出版社，2004：190．

心情，不敢对价值和剩余价值作出诚实的分析，不敢得出可能是危险的违背警章的结论，正是这一点，迫使罗雪尔之流把资本家用来辩护自己占有已存在的剩余价值时表面上多少能说得过去的理由，歪曲成剩余价值产生的原因。”[①] 西尼耳也在他的《政治经济学大纲》一书中“反对李嘉图提出的价值由劳动时间决定的论点，‘发现’利润来源于资本家的劳动，利息来源于资本家的禁欲主义，来源于他的…… [‘节欲’]”[②]。而一年后，“这位教授总算从这次曼彻斯特的旅行中得到了一些好处！在《关于工厂法的书信》中，全部纯利润，即‘利润’、‘利息’和甚至‘更多的东西’取决于工人的一小时无酬劳动!”[③]，而且“西尼耳证明，工厂主的纯利润、英国棉纺织业的存在和英国在世界市场上的地位都决定于‘最后一个劳动小时’”[④]。西尼耳的“最后一小时”理论，目的不是承认资本确实在剥削工人，而是为资本家获取利润的合理性进行辩护，危言耸听地描述了如果没有了生产利润的“最后一小时劳动”给英国的发展造成的影响。马克思运用劳动价值理论证明，工人的每时每刻的劳动都不仅在转移生产资料旧价值（具体劳动），而且在新生产的产品中加入新价值（抽象劳动的凝结），只要工人创造的新价值超过了其出卖的劳动力商品的价值，就会为资本家生产剩余价值，缩短工作日一小时，只能使剩余价值率有所下降，而不会使剩余价值消失，更不要说，通过提高劳动生产率，在更少的时间再生产出劳动力的价值，为资本家提供更多的剩余价值了。

还有一个庸俗经济学家让·巴·萨伊，“他想从生产资料（土地、工具、皮革等）的使用价值在劳动过程中所提供的‘生产服务’，引出剩余价值（利息、利润、地租）”[⑤]，成了后来西方经济学生产要素价值论的先驱。马克思用劳动价值理论说明，在商品的价值形成过程中，“生产资料只有在劳动过程中丧失掉存在于旧的使用价值形态中的价值，才能把价值转移到新形态的产品上。它们在劳动过程中所能丧失的最大限度的价值量，显然是以它们进入劳动过程时原有的价值量为限，或者说，是以生产它们自身所需要的劳动时间为限。因此，生产资料加到产品上的价值决不可能大于同它们所参加的劳动过程无关而具有的价值。……它的价值不是由它作为生产资料进入的劳动过程决定的，而是由它作为产品被生产出来

① ［德］马克思．资本论：第1卷［M］．北京：人民出版社，2004：251注释（30）．

②③ ［德］马克思．资本论：第1卷［M］．北京：人民出版社，2004：264注释（33）．

④ ［德］马克思．资本论：第1卷［M］．北京：人民出版社，2004：263注释（32a）．

⑤ ［德］马克思．资本论：第1卷［M］．北京：人民出版社，2004：239注释（22）．

的劳动过程决定的。它在劳动过程中只是作为使用价值，作为具有有用属性的物起作用，因此，如果它在进入劳动过程之前没有价值，它就不会把任何价值转给产品”①，比如自然界存在的自然资源。

李嘉图是古典政治经济学的代表人物之一，在劳动价值理论方面有贡献，但是，“无论李嘉图，还是在他以前或以后的其他任何经济学家，都没有把劳动的两个方面准确地区分开来，自然更没有对这两方面在价值形成上所起的不同作用作出分析”②，因此，才会出现“生产每一双袜子的全部劳动……包含机器制造工人的全部劳动，而不只是他的一部分劳动”③这样概念混乱的说法。马克思的劳动价值理论的重要贡献之一是创立了科学的劳动二重性学说，说明在价值形成过程中，具体劳动转移生产资料旧价值，抽象劳动创造新价值。劳动在生产商品过程中的这种二重性作用是客观存在的，它可以从劳动生产率、生产资料价值、活劳动投入量的变动中表现出来④。①生产资料价值不变，本部门劳动生产率提高（某种新发明运用），生产等量使用价值所花活劳动减少。这时可见，劳动作为具体劳动转移的生产资料旧价值没变，而作为抽象劳动创造的新价值量减少。因此，这时单位商品价值量下降是由其中所含新价值量下降引起。②本部门劳动生产率不变，活劳动投入量不变，单位生产资料价值量变动。如果生产资料价值量下降（生产它们的劳动生产率提高），商品价值量下降。这种下降是因具体劳动转移的生产资料价值下降造成的，而抽象劳动创造的新价值不变。③本部门劳动生产率不变，单位生产资料价值不变，活劳动投入量变动。如果活劳动投入量增加，商品的价值总量增加。其中，具体劳动转移的生产资料旧价值总量和抽象劳动创造的新价值总量都按照原来比例同时增加。

马克思运用劳动二重性学说，在对一般商品生产过程的分析中科学地区分了劳动过程和价值形成过程。马克思指出，生产商品的劳动二重性决定了商品生产过程的二重性：劳动过程是具体劳动发挥作用的过程，它生产出新的使用价值作为价值的物质承担者，是物质资料的生产过程；价值形成过程是具体劳动和抽象劳动共同发挥作用的过程，具体劳动转移生产资料的旧价值，抽象劳动创造新价值，新产品的价值是转移的旧价值和新

① ［德］马克思．资本论：第1卷［M］．北京：人民出版社，2004：239.

②③ ［德］马克思．资本论：第1卷［M］．北京：人民出版社，2004：238注释（21）.

④ 参见［德］马克思．资本论：第1卷［M］．北京：人民出版社，2004：234-235.

创造的价值之和。因此，商品生产过程是劳动过程和价值形成过程的统一。

进一步分析资本主义商品生产过程的二重性。劳动过程作为具体劳动生产出新的使用价值，为资本家生产剩余价值提供物质承担者，并且转移生产资料的旧价值到新产品中，形成价值的一部分。抽象劳动创造新价值，新价值等于资本家所预付的劳动力价值（价值形成）和超过资本家所预付的劳动力价值部分（价值增殖）之和，价值形成是基础，价值增殖是目的。因此，资本主义商品生产过程是劳动过程和价值增殖过程的统一。在对资本主义商品生产过程的分析中，区分了资本主义劳动过程和价值增殖过程，揭示了剩余价值生产的秘密。

更进一步从工人的劳动耗费创造新价值即价值增殖过程看，工人的工作日分为必要劳动时间和剩余劳动时间两个部分，必要劳动创造出用于补偿劳动力自身价值的新价值，剩余劳动为资本家生产剩余价值，这个过程揭示了剩余价值的源泉，体现着资本主义生产的目的和动机。所以价值增殖过程是超过劳动力价值的补偿这个一定点而延长了的价值形成过程，是剩余价值的生产过程，这是一个量变到质变的过程。

由此可见，没有劳动二重性学说和对一般商品生产过程的二重性研究，就没有资本主义商品生产过程的二重性理论，因此就无法揭示剩余价值的生产过程，无法说明剩余价值的来源和本质，劳动价值理论是剩余价值理论的基石。

四、用劳动二重性学说研究资本主义生产过程的二重性

为了说明剩余价值的生产过程，深刻揭示剩余价值的本质，马克思运用劳动二重性学说对资本主义生产过程的二重性——劳动过程和价值增殖过程展开具体分析。

（一）资本主义劳动过程是资本增殖的手段

马克思认为，劳动过程和资本主义劳动过程有如下基本功能：①生产力发挥作用的过程；②人和自然之间物质变换的过程；③具体劳动创造使用价值的过程；④对于资本家来说，这个过程不过是增殖资本的手段。

撇开各种特色的社会形式考察劳动过程，劳动过程有三个要素，即劳动力、劳动对象、劳动资料。劳动过程的三要素就是发挥作用的生产力三要素。①劳动力。劳动力的使用或劳动力的使用价值就是劳动。劳动具有二重性，作为劳动过程的要素的劳动是具体劳动。②劳动对象。包括地上、地下自然资源；使用自然资源加工而成的原料；原料加工后形成的材料；辅助材料，如燃料等。③劳动资料。是劳动者控制和改造劳动对象的资料，包括生产工具、厂房、运河、道路等。在这里，马克思特别提到了两个问题，需要我们关注：一是生产工具是劳动者智力的物化，它不仅标志着人类劳动的发展程度，而且标志着人类社会的发展程度（生产力发展水平），因为生产力决定生产关系，生产工具作为生产力的要素，其发展水平可以体现社会形态。二是从生产过程的结果产品看，劳动资料和劳动对象是生产产品的物质要素，可以统称为生产资料，它们在生产过程中通过转变为新的使用价值，成为新旧价值的吸收器。劳动本身表现为生产劳动，在生产商品的劳动过程中，具体劳动生产出新的使用价值，而且转移生产资料中的旧价值。所以马克思认为，如果从投入的角度看，生产力包含三个因素——劳动力、劳动对象、劳动资料。如果从生产结果看，生产产品的生产力则可以概括为两个因素——劳动力、生产资料。

需要特别关注的是，在信息化日益融入生产过程的各个环节的今天，数据作为生产过程不可或缺的因素产生重要影响，党的十九届四中全会将数据列为新的生产要素。作为一个和其他生产要素不同的全新要素，数据从挖掘整理到可以被使用，应该也如同原料一样是被劳动者生产和加工出来的物质要素，但是它又与传统意义上的生产资料完全不同，它作为生产要素的存在形态和使用价值的功能与生产资料有着本质区别。但是，有一点是肯定的，在商品经济条件下，这个被加工出来的“数据”生产要素也应该有使用价值和价值，而它的使用价值在社会生产过程中怎样发挥作用、价值量的决定和转移方式有什么特点，这些问题都需要展开深入研究。

在资本主义生产方式下进行的劳动过程必然会打上资本主义生产关系的烙印，资本主义劳动过程是资本价值增殖的手段，劳动过程的组织管理、生产要素的配合比例、劳动工具及技术和工艺的应用，都以资本能否获得最大剩余价值为目的。在资本主义劳动过程中，生产要素被资本家占有，由此决定了资本主义劳动过程的两个特点：其一，工人在资本家的监督下劳动，他们的劳动隶属于资本家；其二，劳动的成果或者产品全部归资本家所有。

（二）资本主义商品生产的特征体现在价值增殖过程中

价值增殖过程有如下特征和功能：①是生产关系发挥作用的过程；②是抽象劳动创造价值并增殖价值的过程；③这个过程体现着资本主义生产的目的和动机；④价值增殖过程是价值形成过程在一定点的延长。

首先，马克思运用劳动价值理论讨论了价值形成过程。马克思在探寻价值源泉的理论中抽象掉了生产商品的劳动力和生产资料本身的价值因素在商品价值形成中的作用，只考察当期生产过程中新价值是如何决定的，提出商品的价值是抽象劳动的凝结。而在社会必要劳动时间理论中，马克思进一步谈道，正常生产条件下生产商品所耗费的生产资料中包含的价值也形成新产品的价值。所以在社会必要劳动时间理论中，不只包含新价值的决定，也包含生产资料中过去劳动所形成的旧价值的转移。因此，社会必要劳动时间理论是讨论价值形成过程的基础，价值形成过程理论是商品价值量由社会必要劳动时间决定理论的具体展开，可以更加接近现实地看到价值在商品生产过程中是如何形成的。马克思对价值形成过程分析得出的基本结论是：商品价值的形成过程，是生产资料旧价值的转移和活劳动创造新价值的过程，所有生产要素都在价值形成过程中发挥作用。这个结论建立在劳动二重性学说基础之上。劳动二重性与价值形成过程如图 4-1 所示。

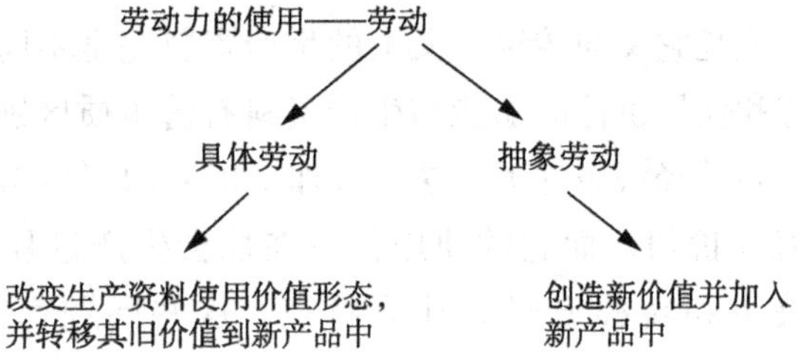

图 4-1　劳动二重性与价值形成过程

劳动作为具体劳动转移生产资料旧价值。生产资料旧价值可以看作生产生产资料时所耗费的抽象劳动的凝结。但是，这个旧价值之所以能够转移到新商品之中，则是具体劳动的作用。生产资料价值作为商品价值组成部分必须具备两个条件：生产生产资料时所耗费的是社会必要劳动时间；

在生产新产品时被实际使用。劳动作为抽象劳动创造新价值。所以价值形成过程是旧价值转移和新价值创造的过程。从价值形成过程角度看，具体劳动和生产资料在其中起着重要作用，马克思指出①，原料是一定量劳动的吸收器，通过吸收劳动，使原料转变为新的产品，作为价值的物质承担者，产品成为劳动的测量器，即可以用产品的数量体现社会必要劳动量。比如，如果经验确定，皮鞋生产的平均生产效率是 1 小时生产 1 双鞋，则 1 双皮鞋就是这类产品社会劳动的化身——代表产品的社会必要劳动量，如果效率提高了 1 倍，那么，1 小时生产 2 双皮鞋为平均效率。

其次，以价值形成过程为基础，展开对价值增殖过程的分析。举例来看，前提：①供求平衡，价值 = 价格；②按社会必要劳动时间生产；③劳动生产率不变。假设：2 小时劳动凝结的新价值 = 1 先令，劳动力日价值 = 3 先令，工人工作 6 小时，所消耗的棉花 10 磅 = 10 先令，纱锭 = 2 先令。结果：通过纺纱的具体劳动，生产出 10 磅棉纱。产品棉纱总价值 = 12（预付的生产资料价值，由具体劳动转移到棉纱中）+3（预付的劳动力价值，由抽象劳动创造的新价值）= 15（先令）= 预付价值总额，完成预付价值补偿后，预付的价值没有增殖，这个过程只是价值形成过程。资本主义生产过程的特征是价值增殖，价值增殖的秘密在于劳动力商品的特殊性和资本在生产过程中对劳动力的使用。这里具有决定意义的是，劳动力商品独特的使用价值，它是价值的源泉，它不仅可以创造价值，而且可以创造出大于自身价值的价值，这在等价交换，即劳动者让出其劳动力使用价值给资本家之后，资本家在使用劳动力时完全可以做到。因为在获得劳动力使用权期限内，资本家有权利根据自己的意愿使用劳动力。在前例中，劳动力的日价值确定之后，资本家迫使劳动者劳动 12 小时，消耗的棉花 20 磅 = 20 先令，纱锭 = 4 先令，这样，在劳动的 12 小时中，劳动力所创造的新价值 = 6 先令。结果：预付价值 = 20+4+3 = 27（先令），形成总价值 = 20+4+6 = 30（先令），补偿完预付的资本价值之后，价值增殖了 3 先令，增殖来源于预付的劳动力价值（3 先令）和劳动力使用所创造的新价值（6 先令）的差额，可见，“价值增殖过程不外是超过一定点而延长了的价值形成过程”②。在资本主义生产过程中，工人提供了 6 小时的剩余劳动，为资本家创造了 3 先令的剩余价值，并且由资本家无偿占有，它是超过劳

① ［德］马克思．资本论：第 1 卷［M］．北京：人民出版社，2004：221.

② ［德］马克思．资本论：第 1 卷［M］．北京：人民出版社，2004：227.

动力价值的那部分价值，这就是剩余价值的源泉和本质！

根据马克思的分析，可以体会到以下几点：第一，如果依据等价交换原则支付劳动者3先令用来补偿6小时劳动耗费，那就意味着，劳动力所得的实质只是补偿劳动力耗费部分，就像投资在机器设备上的资本通过折旧进行补偿、投资在原材料上的资本通过形成生产成本进行补偿一样，而扣除各种生产要素的补偿之后，劳动者的剩余劳动生产的剩余价值全部由资本家无偿占有。所以表面上的公平交易掩盖着事实上的无偿占有——剥削。第二，马克思的分析暗含着这样的假定：劳动力通过补偿产生出的劳动能力（能够劳动12小时）大于为补偿劳动力损耗所必需的支出（劳动6小时），即劳动者正常的劳动能力能够提供剩余劳动，但是，通过延长劳动时间增加劳动者生产剩余价值的剩余劳动时间是有限度的，因为劳动时间延长有“人能忍受的最高限度”①，超过这个限度，劳动力将不能正常使用。加之工人的斗争和工厂法对工作时间的限制，剩余价值的生产方法从通过延长工作日生产更多剩余价值的绝对剩余价值生产发展成为主要以提高劳动生产率相对延长剩余劳动时间生产更多剩余价值的相对剩余价值生产为主。但是，工厂法的作用绝不仅限于此。马克思说：“工厂立法是社会对其生产过程自发形态的第一次有意识、有计划的反作用。……是大工业的必然产物。”② 并且，“这种自发进行的工业革命，由于工厂法在所有使用妇女、少年和儿童的工业部门的推行而被人为地加速了”③。工厂法不可避免地普遍化，“使小规模的分散的劳动过程向大的社会规模的结合的劳动过程的转化也普遍化和加速起来，从而使资本的积聚和工厂制度的独占统治也普遍化和加剧起来。它破坏一切还部分地掩盖着资本统治的陈旧的过渡的形式，而代之以直接的、无掩饰的资本统治。这样，它也就使反对这种统治的直接斗争普遍化。它迫使单个工厂实行划一性、规则性、秩序和节约，同时，它又通过对工作日的限制和规定所造成的对技术的巨大刺激而加重整个资本主义生产的无政府状态和灾难，提高劳动强度并扩大机器与工人的竞争。它在消灭小生产和家庭劳动的领域的同时，也消灭了‘过剩人口’的最后避难所，从而消灭了整个社会机制的迄今为止的安全阀。它在使生产过程的物质条件和社会结合成熟的同时，也使生产过程的

① ［德］马克思．资本论：第1卷［M］．北京：人民出版社，2004：542.
② ［德］马克思．资本论：第1卷［M］．北京：人民出版社，2004：553.
③ ［德］马克思．资本论：第1卷［M］．北京：人民出版社，2004：546.

资本主义形式的矛盾和对抗成熟起来，因此也同时使新社会的形成要素和旧社会的变革要素成熟起来”[①]。在这里，我们看到了马克思主义唯物史观的鲜活事实：以大工业为技术基础的资本主义生产方式的矛盾运动催生了工厂法，作为上层建筑的工厂法又有意识、有计划地反作用于资本主义生产方式，它快速摧毁了向资本主义生产方式过渡的那些陈旧的形式，完成了资本对社会生产的统治，它通过迫使资本使用技术、提高劳动强度和使用机器与工人竞争，使相对剩余价值生产方法越来越占有主要地位，使资本主义基本矛盾的冲突激化，并且，孕育了不断成长发育的新社会胚芽。上层建筑建立在生产力和生产关系相互作用形成的特定经济基础之上，而社会有意识、有计划建立起来的上层建筑的反作用又如此强大！对社会发展的影响又如此深远！第三，从价值增殖过程的举例分析中可见，西尼耳的“最后一小时”理论毫无依据，如果考虑了劳动生产率提高情况下的相对剩余价值生产，更是给了这一理论一记响亮的耳光，更加证明了资产阶级的辩护士们编造的如果工作日缩短一小时就会丧失利润并且对英国的经济产生致命影响是“十足的胡说”。[②]

马克思通过对价值增殖秘密的揭示解决了资本总公式的矛盾，回答了资本增殖为什么既不能离开流通过程又不能产生于流通过程。所有的生产要素和利用生产要素生产出来的产品都必须按照等价交换原则在流通过程中购买，这个过程不仅为资本增殖提供了物质条件，更重要的是，资本在流通中购买到了能够为资本家创造剩余价值的劳动力商品，而剩余价值必须通过流通过程才能实现，所以流通过程是资本增殖所必需的。但是，流通过程不会生产剩余价值，剩余价值是在生产领域创造的，其中关键环节是，资本家在生产领域中无偿地使用了劳动者的剩余劳动。由此可见一般商品生产过程和资本主义商品生产过程的根本区别：“作为劳动过程和价值形成过程的统一，生产过程是商品生产过程；作为劳动过程和价值增殖过程的统一，生产过程是资本主义生产过程，是商品生产的资本主义形式。”[③]

（三）相对剩余价值生产是剩余价值生产的典型方法

资本是能够带来剩余价值的价值，资本主义生产的直接目的和决定性

---

① ［德］马克思．资本论：第1卷［M］．北京：人民出版社，2004：576-577.

② ［德］马克思．资本论：第1卷［M］．北京：人民出版社，2004：263.

③ ［德］马克思．资本论：第1卷［M］．北京：人民出版社，2004：229-230.

动机，就是无休止地获取尽可能多的剩余价值，这种不以人的意志为转移的客观必然性就是剩余价值规律。在资本主义商品生产条件下，资本家进行商品生产必须要遵循价值规律，但是，作为资本家，他还必须要受剩余价值规律支配，必须要通过他的资本的不断运动即正常循环和快速周转，不断获得剩余价值，否则他就不称为资本家，“生产剩余价值或赚钱，是这个生产方式的绝对规律”①。剩余价值生产的规律是以提高生产力为手段达到生产最大限度剩余价值目的的规律，合乎这种规律的典型的剩余价值生产方法是相对剩余价值生产。“一般地说，生产相对剩余价值的方法是：提高劳动生产力，使工人能够在同样的时间内以同样的劳动消耗生产出更多的东西。……从而使单个商品的价值下降”②。就直接生产过程来讲，资本家还受价值量变动规律支配，因为劳动生产力与单位商品价值量成反比例变动，提高生产力会使单位商品价值量下降，这样，可以通过使生活资料便宜使劳动者为补偿自身劳动力价值所需要的必要劳动时间缩短，使剩余劳动时间相对延长，生产出更多的剩余价值，并且，率先提高劳动生产力的资本家可以率先获得超额剩余价值。特别是在工作日被法律限制在正常时间基础上，资本追求最大剩余价值，主要途径是提高劳动生产力，这个过程的逻辑关系是：单个资本家改进技术、改善管理的主观动机是追求超额剩余价值，客观后果是整个社会各个部门的劳动生产率普遍提高，导致生活资料的价值下降和补偿劳动力价值的必要劳动时间缩短，剩余劳动时间相对延长，整个资本家阶级普遍获得更多的相对剩余价值。

还有一个不花费资本分文就可以获得剩余价值的途径是，提高劳动强度来压榨劳动者的剩余劳动。提高劳动强度的主要途径是，提高劳动力的紧张程度，更紧密地填满劳动时间的空隙。压缩在一定时间内较大量的劳动，实际上是支出了较大的劳动量，迫使工人在同样的时间内增加劳动耗费，用增加劳动支出的内涵量（强度）代替甚至超过增加外延量（延长劳动时间）来增加剩余劳动时间，从而生产更多的剩余价值。机器的使用是提高工人劳动强度的最佳手段，“自从剩余价值的生产永远不能通过延长工作日来增加以来，资本就竭尽全力一心一意加快发展机器体系来生产相对剩余价值”③。

但是，显而易见的是，与提高劳动生产力生产相对剩余价值不同，重

① ［德］马克思．资本论：第1卷［M］．北京：人民出版社，2004：714.

②③ ［德］马克思．资本论：第1卷［M］．北京：人民出版社，2004：471.

要的区别在于，提高劳动生产力使商品便宜，使工人的必要劳动时间缩短，相对延长了剩余劳动时间，而提高劳动强度，则是在必要劳动时间不变的条件下，通过提高劳动的内涵量，更多地耗费了劳动，创造了更多的使用价值和价值。从工作日不变、工人提供了更多的剩余劳动来看，所生产的剩余价值属于相对剩余价值，但是，这个剩余价值不是通过缩短必要劳动时间得来的，因此，马克思指出，通过提高劳动强度生产“相对剩余价值的性质也发生了变化”①。区分这一点具有重要意义，促进生产力发展，使人类可以用更少的劳动耗费获得更加自由全面的发展是人类追求的共同目标，而在资本主义生产方式下，为了获得最大剩余价值，资本必然会设计出精巧的手段来压榨劳动者，这是与人类追求的共同目标相违背的。资本的逻辑是，以发展生产力为手段，以不懈追逐剩余价值为目的，这在客观上促进了生产力的快速发展。但是，资本在其本性决定的生产目的的支配下，通过提高劳动强度迫使劳动者提供更多的剩余劳动，破坏了劳动者的全面健康发展。

五、用劳动价值理论理解和说明与剩余价值生产理论相关的几个问题

（一）一般生产劳动和资本主义生产过程的生产劳动

马克思对生产劳动的研究是逐步展开的，是从抽象掉生产关系只谈生产力和考虑特殊的生产关系两个角度对生产劳动展开分析的。

从与生产力相关的劳动过程看，就简单劳动过程而言，劳动者直接用于生产某种使用价值的劳动就是生产劳动。对此，马克思指出：“如果整个过程从其结果的角度，从产品的角度加以考察，那么劳动资料和劳动对象二者表现为生产资料，劳动本身则表现为生产劳动。”② 进一步地，从分工协作的劳动过程看，不仅直接而且间接用于生产产品的劳动也是生产劳动。这时，“产品从个体生产者的直接产品转化为社会产品，转化为总体工人即结合劳动人员的共同产品。总体工人的各个成员较直接地或者较间接地作用于劳动对象。因此，随着劳动过程的协作性质本身的发展，生产劳动和它的承担者即生产工人的概念也就必然扩大。为了从事生产劳动，

① ［德］马克思．资本论：第1卷［M］．北京：人民出版社，2004：471.
② ［德］马克思．资本论：第1卷［M］．北京：人民出版社，2004：211.

现在不一定要亲自动手；只要成为总体工人的一个器官，完成他所属的某一种职能就够了”①。马克思基于劳动价值理论的关于生产劳动和总体工人的分析对于看待当代生产劳动具有重要价值。当今世界，科技快速发展，在新时期有许多新变化和特征：第一，经济增长知识化；第二，产业结构服务化；第三，管理科学化、知识化；第四，生产方式自动化，并且出现了智能机器人。运用马克思的理论对这些新变化、新特征进行分析发现，发生在直接生产经营过程中的管理劳动，属于生产商品的社会整体劳动的服务性劳动，能够促成生产效率的提高，并通过商品交换证明其是社会整体劳动的一部分，属于创造价值的劳动。科学技术知识内化于生产要素和生产过程中，使人们创造科学技术的劳动成为社会整体劳动的构成部分。科技和管理劳动是复杂劳动，生产自动化和智能机器人是科技劳动的产物，虽然这类劳动产品代替了一部分人的体力和智力，但不否定劳动价值论。马克思总体工人概念说明，生产性服务和管理劳动、科技人员的劳动都创造价值，他们都是劳动者。

从资本的价值增殖过程看，“这个从简单劳动过程的观点得出的生产劳动的定义，对于资本主义生产过程是绝对不够的”②。对于资本主义生产过程而言，只有生产剩余价值的劳动才是生产劳动，所以“生产劳动的概念缩小了。资本主义生产不仅是商品的生产，它实质上是剩余价值的生产。工人不是为自己生产，而是为资本生产。因此，工人单是进行生产已经不够了。他必须生产剩余价值。只有为资本家生产剩余价值或者为资本的自行增殖服务的工人，才是生产工人。……因此，生产工人的概念决不只包含活动和效果之间的关系，工人和劳动产品之间的关系，而且还包含一种特殊社会的、历史地产生的生产关系。这种生产关系把工人变成资本增殖的直接手段”③。在资本主义生产过程中，工人必须要为资本提供剩余劳动，生产剩余价值，如果不能，就会被排挤出生产过程，成为相对于资本增殖需要过剩的人口，这些工人是“超过资本增殖的平均需要的，因而是过剩的或追加的工人人口”④。他们的存在使劳动力供给大于需要，资本能够用尽可能低的价格得到劳动力商品，使就业者被迫接受低工资。如果不是资本主义生产方式，劳动人口不会过剩，“如果明天把劳动普遍限制

①③ ［德］马克思．资本论：第1卷［M］．北京：人民出版社，2004：582.

② ［德］马克思．资本论：第1卷［M］．北京：人民出版社，2004：211注释（7）.

④ ［德］马克思．资本论：第1卷［M］．北京：人民出版社，2004：726.

在合理的程度，并且在工人阶级的各个阶层中再按年龄和性别进行适当安排，那么，要依照现有的规模继续进行国民生产，目前的工人人口是绝对不够的。目前‘非生产’工人的大多数都不得不转化为‘生产工人’”①。

（二）自然力与价值创造和剩余价值生产

劳动价值论的核心是劳动创造价值，所以自然力不创造价值。首先，一些使用价值生产的特殊的形成过程要求有一个自然作用时间，这是劳动对象受自然力独立作用的时间，例如，酿酒的化学发酵时间、金属铸件的物理硬结时间、动植物的自然生长时间。这时生产资料已经进入生产过程，和劳动力相结合，所投入的新劳动创造一个新价值，劳动资料中的旧价值要转移到新产品中去。而在必要的自然作用时间内由于没有投入劳动，不会创造新价值。在自然作用时间，自然力只对使用价值发挥作用。其次，自然界中存在的自然力是生产力源泉之一，但不是劳动生产力本身，它只有与劳动力结合起来才成为劳动的自然生产力。劳动的自然生产力是生产力源泉的一个组成部分，它的水平高，可以使劳动生产力提高，可以用较少的劳动支出生产出较多的使用价值，使单位商品价值量下降。

从自然力与剩余价值生产关系看，良好的自然环境和一定高度的劳动的自然生产力，使劳动者不必以全部时间从事必要劳动，为劳动者提供剩余劳动创造条件，“绝对必须满足的自然需要的数量越少，土壤自然肥力越大，气候越好，维持和再生产生产者所必要的劳动时间就越少。因而，生产者在为自己从事的劳动之外来为别人提供的剩余劳动就可以越多”②。但是，“良好的自然条件始终只提供剩余劳动的可能性，从而只提供剩余价值或剩余产品的可能性，而决不能提供它的现实性”③。要使这种可能性转化为现实性，还需要一系列的历史条件。首先，生产力的发展要有一定的高度，“可以说剩余价值有一个自然基础，但这只是从最一般的意义来说，即没有绝对的自然障碍会妨碍一个人把维持自身生存所必要的劳动从自身解脱下来并转嫁给别人”④，也就是说，必须要突破一个自然的障碍，人利用自然不仅能够生产出维持自身生产的物质财富，还必须有能力生产出超过这个界限的物质财富，这是人类社会发展所必需的。这种状态“只

① ［德］马克思．资本论：第1卷［M］．北京：人民出版社，2004：734.

②③ ［德］马克思．资本论：第1卷［M］．北京：人民出版社，2004：586.

④ ［德］马克思．资本论：第1卷［M］．北京：人民出版社，2004：585.

有当人类通过劳动摆脱了最初的动物状态，从而他们的劳动本身已经在一定程度上社会化的时候，一个人的剩余劳动成为另一个人的生存条件的社会关系才会出现”①。所以无论有什么样的自然基础，要想提供剩余劳动，首先，需要劳动生产力发展到一定高度，有一定高度的劳动生产率。所以对于资本主义生产方式来说，这个“作为资本关系的基础和起点的现有的劳动生产率，不是自然的恩惠，而是几十万年历史的恩惠”②。“如果工人需要用他的全部时间来生产维持他自己和家庭所必要的生活资料，那么他就没有时间来无偿地为第三者劳动。没有一定程度的劳动生产率，工人就没有这种可供支配的时间，而没有这种剩余时间，就不可能有剩余劳动，从而不可能有资本家，而且也不可能有奴隶主，不可能有封建贵族，一句话，不可能有大占有者阶级。”③历史的发展不断证明着生产力决定生产关系是不以人的意志为转移的社会发展规律。其次，在这个规律作用下，有了剩余价值生产的又一个历史条件，即资本主义生产关系。在资本主义生产关系产生之前，“社会上依靠他人劳动来生活的那部分人的数量，同直接生产者相比，是微不足道的。随着社会劳动生产力的增进，这部分人也就绝对地和相对地增大起来。此外，资本关系就是在作为一个长期发展过程的产物的经济土壤之上产生的”④。在资本主义生产关系下，资本以剩余价值形式强制占有劳动者的剩余劳动创造的剩余价值。在谈到自然的作用时，马克思就指出：“自然的恩惠直接给予他的，是许多闲暇时间。要他把这些闲暇时间用于为自己生产，需要一系列的历史条件；要他把这些时间用于为别人从事剩余劳动，需要外部的强制。”⑤在资本主义生产关系下，“同历史地发展起来的社会劳动生产力一样，受自然制约的劳动生产力也表现为合并劳动的资本的生产力”⑥，劳动的自然生产力带来的利益劳动者不能享有。当“资本主义生产一旦成为前提，在其他条件不变并且工作日保持一定长度的情况下，剩余劳动量随劳动的自然条件，特别是随土壤的肥力而变化。但绝不能反过来说，最肥沃的土壤最适于资本主义生产方式的生长。资本主义生产方式以人对自然的支配为前提”。也就是说，没有人对自然利用能力达到一个比较高的水平，不可能有资本主义生产方式的产生，而“过于富饶的自然‘使人离不开自然的手，就像小孩子离不开引

①③ ［德］马克思．资本论：第1卷［M］．北京：人民出版社，2004：585.
②④ ［德］马克思．资本论：第1卷［M］．北京：人民出版社，2004：586.
⑤⑥ ［德］马克思．资本论：第1卷［M］．北京：人民出版社，2004：589.

带一样’”，富饶的自然并“不能使人自身的发展成为一种自然必然性”，反而可能会成为拖累发展的累赘，历史发展表明，“资本的祖国不是草木繁盛的热带，而是温带”①。

那么，如何理解马克思所说的“剩余劳动量随劳动的自然条件，特别是随土壤的肥力而变化”这个问题？马克思在级差地租理论中运用劳动价值理论进行了系统说明，指出自然力不是形成级差地租的超额利润的源泉，而只是超额利润的一种自然基础。超额利润是资本关系的产物。如果没有生产价格存在，通过自然力引起的劳动生产力提高，只能降低单位商品价值量，而不会增加商品中包含的利润。马克思以在劳动价值理论基础上建立的平均利润和生产价格理论为依据，提出了级差地租理论。马克思以瀑布在工业生产中的利用为例，说明级差地租是怎样形成的。假设：一个国家的绝大多数工厂是用蒸汽机为动力进行生产的；所用资本等于所费资本，它们的商品的成本价格是 100 元；平均利润率是 15%；产品按照社会生产价格（一般生产价格）出售。根据假设，生产价格＝成本价格 100 元+平均利润 15 元＝115 元。因为这些工厂占绝大多数，这里的生产价格实际上就是社会生产价格；少数利用自然瀑布为动力的工厂，其成本价格是 90 元，个别生产价格＝90（成本价格）+13.5（平均利润：90×15%）＝103.5（元），按社会生产价格 115 元出售，可以获得的超额利润为 11.5 元，“因为水车无须加热，所以它需要的活劳动的量也较少。所使用的劳动的这种较大的个别生产力，会减少商品的价值，但也会减少商品的成本价格，从而减少商品的生产价格。对工业家来说，这一点表现为他的商品的成本价格较小。他只须为较少的对象化劳动支付代价，也只须为所使用的较少的活的劳动力支付较少的工资。因为他的商品的成本价格较小，所以他的个别生产价格也较小”②。可见，这个超额利润是少数利用自然瀑布为动力的工厂在特别有利的生产条件下获得的，它是个别生产价格和社会生产价格之间的差额。级差地租不是产生于所用资本或它所占劳动的生产力的绝对增加，而是同别的投资相比，相对来说具有较高的生产率，“自然力不是超额利润的源泉，而只是超额利润的一种自然基础，因为它是特别高的劳动生产力的自然基础”③。这种“已经提高的生产力，既不是来自

① ［德］马克思．资本论：第1卷［M］．北京：人民出版社，2004：587.
② ［德］马克思．资本论：第3卷［M］．北京：人民出版社，2004：723.
③ ［德］马克思．资本论：第3卷［M］．北京：人民出版社，2004：728.

资本和劳动本身，也不是来自某种不同于资本和劳动、但已并入资本的自然力的单纯利用。它来自和一种自然力的利用结合在一起的劳动的较大的自然生产力”①。这个“劳动的较大的个别生产力，不是给劳动者带来好处，而是和劳动的所有生产力一样，给他们的雇主带来好处，就是说，表现为资本的生产力”②。也就是说，能够给拥有这个自然生产力使用权的资本带来超额利润。

需要说明也是马克思特别强调指出的是，作为级差地租实体的超额利润，不是价值创造的结果，而是价值分配的结果，它是资本关系的产物。如果没有资本主义生产关系下所形成的平均利润和价值转化为生产价格，通过使用自然力所引起的劳动生产力的提高，只能降低单位商品价值量，而不会增加商品中包含的利润，所以级差地租是虚假社会价值，是社会对农产品过多支付的结果。虚假的社会价值是价值分配问题，是消费者对农产品的过多支付，“被当作消费者来看的社会在土地产品上过多支付的东西，社会劳动时间实现在农业生产上时形成负数的东西，现在对社会上的一部分人即土地所有者来说却成了正数”③。所以农业超额利润的源泉（级差地租的源泉）是全社会劳动者的一部分剩余劳动④，它是通过全体消费者购买农产品让渡给农业资本家的。之所以要让渡给农业资本家，是因为农业资本家必须能获得平均利润，并且要有一个超过平均利润的余额为土地所有者支付级差地租，否则，资本家将不能投资于农业，这是在资本主义商品货币关系下价值规律作用的结果。正如马克思所说：“这是由在资本主义生产方式基础上通过竞争而实现的市场价值所决定的；这种决定产生了一个虚假的社会价值。这种情况是由市场价值规律造成的。”⑤ 马克思认为：“如果我们设想社会的资本主义形式已被扬弃，社会已被组成为一个自觉的、有计划的联合体，10 夸特就会只代表一定量的独立的劳动时间，而和 240 先令内所包含的劳动时间相等。因此，社会就不会按产品内所包含的实际劳动时间的二倍半来购买这种土地产品；这样，土地所有者

① ［德］马克思．资本论：第 3 卷［M］．北京：人民出版社，2004：726.

② ［德］马克思．资本论：第 3 卷［M］．北京：人民出版社，2004：724.

③ ［德］马克思．资本论：第 3 卷［M］．北京：人民出版社，2004：745.

④ 在级差地租存在的条件下，为了维持劳动力的正常再生产，工人的必要劳动要更多一些，剩余劳动因此要更少一些，而资本家也需要支付更多的收入（剩余价值）购买农产品。所以和没有级差地租的情况相比较，现在，社会必须把剩余劳动的一部分以地租的形式支付给土地所有者。

⑤ ［德］马克思．资本论：第 3 卷［M］．北京：人民出版社，2004：744-745.

阶级存在的基础就会消失。"① 由于不存在资本主义土地所有权关系，社会不会按高于240先令的两倍半即600先令来购买农产品，对农产品来说的虚假的社会价值360先令就不存在了。②

（三）对剩余价值源泉和本质的理解

关于剩余价值，在《资本论》中马克思从不同角度进行了说明。从量的角度看，剩余价值是预付资本的增殖额，资本从投入到收回是一个过程，这个过程的结果必须等于原预付货币额加上一个增殖额。马克思说："我把这个增殖额或超过原价值的余额叫做剩余价值。"③ 从生产过程和结果看，"劳动力发挥作用的结果，不仅再生产出劳动力自身的价值，而且生产出一个超额价值。这个剩余价值就是产品价值超过消耗掉的产品形成要素即生产资料和劳动力的价值而形成的余额"④。这里虽然指出剩余价值是劳动力发挥作用的结果，是超出其自身价值的超额价值，但是仅仅从量的角度来定义剩余价值，它是扣掉产品消耗的预付资本之后的余额。

从剩余价值的源泉看，为了说明其来源，马克思从生产过程的开端把预付资本划分为不变资本（c）和可变资本（v）两个部分，从生产过程结果把产出的产品价值分为c、v、m三个部分。其中，v+m是新生产出的价值，马克思称其为价值产品。剩余价值只与新生产出的价值即价值产品有关，它是可变资本部分发生价值变动的结果，即 $v+m=v+\Delta v$，所以"剩余价值只是v这个变为劳动力的资本部分发生价值变动的结果"⑤。预付的v是一个不变的价值量，由于它在生产过程中被劳动力所代替即它购买到了劳动力才成为可变资本，"购买劳动力所预付的资本部分是一定量的对象化劳动，因而同购买的劳动力的价值一样，是一个不变的价值量。但是，在生产过程本身中，预付的90镑为发挥作用的劳动力所代替，死劳动为活劳动所代替，静止量为流动量所代替，不变量为可变量所代替。结果是v的再生产加v的增长额"⑥。所以不是资本的这个部分（v）可变，而是这

---

① ［德］马克思．资本论：第3卷［M］．北京：人民出版社，2004：766.

② 数字分析举例可见［德］马克思．资本论：第3卷［M］．北京：人民出版社，2004：735（表Ⅰ）.

③ ［德］马克思．资本论：第1卷［M］．北京：人民出版社，2004：176.

④ ［德］马克思．资本论：第1卷［M］．北京：人民出版社，2004：242.

⑤ ［德］马克思．资本论：第1卷［M］．北京：人民出版社，2004：247.

⑥ ［德］马克思．资本论：第1卷［M］．北京：人民出版社，2004：248.

个资本的物质内容即劳动力是价值和剩余价值的源泉。对剩余价值源泉的讨论与讨论是劳动创造价值还是生产要素创造价值一样重要，只是现在的问题变成了是资本创造了价值和剩余价值还是工人的劳动创造了价值和剩余价值。马克思说，在讨论剩余价值的源泉时假定不变资本等于零一点都不奇怪，虽然“要使资本的一部分转变为劳动力而增殖，就必须使资本的另一部分转化为生产资料。要使可变资本起作用，就必须根据劳动过程的一定的技术性质，按相应的比例来预付不变资本”①，然而就像我们做化学实验一样，“一定的化学过程固然需要蒸馏器及其他容器，但这并不妨碍我们在分析时把蒸馏器本身抽去”②。价值创造和价值变化如同化学实验中的化学反应，生产资料和不变资本如同实验器材，它们“只是提供一种物质，使流动的、形成价值的力得以固定在上面。……它只须有足够的量，以便能吸收生产过程中要消耗的劳动量。只要有了足够的量，不管它的价值提高或是降低，或者像土地和大海那样没有价值，都不会影响价值创造和价值变化的过程”③。而关于可变资本为什么可变，马克思也已经说得清清楚楚，但是，在理解上有时还是会出现混乱，因此，非常有必要从本质上理解可变资本的内涵——可变资本的物质内容是劳动力，劳动力在生产过程中再生产出自身价值，并且生产出一个剩余价值，“这个剩余价值本身是可以变化的，是可大可小的。这部分资本从不变量不断转化为可变量”④，从这个意义上说，预付在劳动力上的资本是可变资本。至此，我们可以更加清楚地看到，为什么马克思说劳动二重性“是理解政治经济学的枢纽”。资产阶级古典政治经济学没有区分劳动的二重性，因此没有不变资本、可变资本的区分，这使它们的理论在坚持劳动价值论方面出现了问题，更谈不上对资本主义生产方式的本质和规律进行科学的分析。正如前面已经提到的，马克思指出，理论上的混乱的根本原因是，以前任何经济学家，都没有把劳动的两个方面准确地区分开来，当然也就不可能对这两方面在价值形成上所起的不同作用做出分析。马克思创立了劳动二重性学说，以劳动二重性理论为基础，对价值形成过程和价值增殖过程进行分析，揭示出：具体劳动不仅改变了劳动对象生产出新的使用价值，而且把所使用的生产资料中的旧价值转移到新产品中；而创造新价值的是抽象劳

①② ［德］马克思．资本论：第1卷［M］．北京：人民出版社，2004：248.

③ ［德］马克思．资本论：第1卷［M］．北京：人民出版社，2004：249.

④ ［德］马克思．资本论：第1卷［M］．北京：人民出版社，2004：243.

动，这个新价值是可变的，如果劳动者只提供必要劳动就是价值形成过程，超过必要劳动提供的剩余劳动过程是价值增殖过程，剩余劳动创造了剩余价值。对价值形成和价值增殖过程的分析表明，投到生产资料上的资本只是由具体劳动转移了原有的旧价值，而投到劳动力上的资本能够通过抽象劳动生产新价值，从而能够生产出可以变化的剩余价值，由此产生了以生产资料为物质内容的不变资本和以劳动力为物质内容的可变资本的区分。把预付资本分为不变资本和可变资本，是对资本主义生产方式展开研究的基础，在此基础上，马克思建立起资本有机构成理论、资本积累理论、平均利润理论、地租理论，从而形成了完整的剩余价值理论体系，说明了为什么剩余价值规律是资本主义生产方式的绝对规律，不仅坚持了劳动价值理论，证明了劳动价值理论的科学性，而且揭示出在这个绝对规律作用下资本主义生产方式发展的历史趋势。

从剩余价值的实质看，剩余价值是劳动者的剩余劳动的凝结。在劳动以雇佣劳动形式进行的条件下，工人的劳动分为必要劳动时间和剩余劳动时间。必要劳动时间是劳动力再生产自己劳动力价值所耗费的时间。剩余劳动时间是劳动力超过必要劳动界限做工的时间，这段时间形成剩余价值。马克思指出："工人超出必要劳动的界限做工的时间，虽然耗费工人的劳动，耗费劳动力，但并不为工人形成任何价值。这段时间形成剩余价值，剩余价值以从无生有的全部魅力引诱着资本家。"① 在马克思看来，形成被资本家无偿占有的剩余价值的剩余劳动，其存在的制度基础是资本主义制度，它的实质是雇佣工人无偿地为资本家劳动，并且指出，"把价值看作只是劳动时间的凝结，只是对象化的劳动，这对于认识价值本身具有决定性的意义，同样，把剩余价值看作只是剩余劳动时间的凝结，只是对象化的剩余劳动，这对于认识剩余价值也具有决定性意义"②。决定性的意义不在于价值增值过程是价值形成过程的一定点延长这种数量关系，而在于在这个过程中所体现出来的生产关系。对于价值来说，具有决定意义的是商品生产者之间的生产关系——平等劳动和公平交易，对于剩余价值来说，具有决定意义的是雇佣劳动和资本的关系——资本无偿占有雇佣劳动的剩余劳动。正如之前已经谈到过的，使私有制的各种社会经济形态的社会区别开来的，只是从直接生产者身上、劳动者身上，榨取这种剩余劳动的形式，关于这一点，站在为资本家辩护的立场，资产阶级的经济学家们

①② ［德］马克思．资本论：第1卷［M］．北京：人民出版社，2004：251.

是绝对不会承认的。

在资本主义生产方式下，劳动必然区分为必要劳动和剩余劳动，劳动者必须为资本家提供剩余劳动创造剩余价值才能够就业。那么，应该怎样看待社会主义社会形态中的劳动？对此，马克思指出：“如果整个工作日缩小到这个必要的部分，那么剩余劳动就消失了，这在资本主义制度下是不可能发生的。只有消灭资本主义生产形式，才允许把工作日限制在必要劳动上。但是，在其他条件不变的情况下，必要劳动将会扩大自己的范围。一方面，是因为工人的生活条件将会更加丰富，他们的生活要求将会增大。另一方面，是因为现在的剩余劳动的一部分将会列入必要劳动，即形成社会准备基金和社会积累基金所必要的劳动。”① 社会主义消灭了资本雇佣劳动关系，资本主义生产关系中存在的那种为资本生产最大限度剩余价值的剩余劳动的概念也必然成为历史。在社会主义生产方式下，所有的劳动都是必要的，因为，劳动者是在为自己的生存和发展劳动，在为自己所生活其中的社会不断发展劳动。对于这个问题，马克思在《哥达纲领批判》中有更加具体的说明，指出在社会主义公有制下，“集体的劳动所得就是社会总产品”，它怎么分配使用呢？马克思说，首先需要做一些必要扣除，剩余的社会总产品在社会成员中进行分配，所做扣除为：“第一，用来补偿消耗掉的生产资料部分。第二，用来扩大生产的追加部分。第三，用来应付不幸事故、自然灾害等的后备基金或保险基金。……剩下的总产品中的另一部分是用来作为消费资料的。在把这部分进行个人分配之前，还得从里面扣除。第一，同生产没有直接关系的一般管理费用。……并随着新社会的发展而日益减少。第二，用来满足共同需要的部分，如学校、保健设施等。……并随着新社会的发展而日益增长。第三，为丧失劳动能力的人等等设立的基金。”② 可见，在马克思那里，剩余劳动和剩余价值是一个属于资本主义生产方式的历史范畴；但是，在社会主义生产方式下，资本主义制度下的剩余劳动和剩余价值不存在了，并不是说社会总产品就全部作为消费基金分配进行消费了，而是要在扣除社会必要的生产基金和积累基金之后才能够用于消费，并且用于消费的部分并不是全部形成个人收入，其中的一部分要由社会控制用于发展公共事业和救济贫困者。马克思的必要劳

---

① ［德］马克思．资本论：第1卷［M］．北京：人民出版社，2004：605.

② 中共中央马克思恩格斯列宁斯大林著作编译局．马克思恩格斯文集：第3卷［M］．北京：人民出版社，2009：432-433.

动和剩余劳动理论充分体现了其历史逻辑和理论逻辑的一致性。

运用马克思的理论对中国的现实进行分析可以看到，中国特色社会主义仍然处于初级阶段，还需要大力发展市场经济，这和马克思所说的社会主义经济是产品经济、没有价值范畴不同，在社会主义初级阶段，商品经济基本规律——价值规律仍然是市场经济运行的基本规律，仍然有价值创造。那么，在现阶段社会主义市场经济条件下存在剩余劳动和剩余价值吗？马克思主义唯物史观认为，历史发展的根本动力是生产力的发展，生产力决定生产关系，生产关系随着生产力的发展程度进行调整以适应生产力发展的需要，任何一个社会生产方式都是从产生到发展再到消亡被更高级的社会形态所取代的历史过程，因此，每一个社会形态在其发展过程中都有一个从初级到高级的发展过程，初级阶段实际上是一个从旧的社会形态中逐渐脱胎换骨的过程，是在以往生产力发展基础上通过革命建立新的生产关系，并且通过改革调整生产关系以解放生产力、发展生产力，人类社会历史发展不断验证着唯物史观所揭示的这个人类社会发展的客观规律。社会主义发展的实践表明，社会主义发展是一个从低级阶段到高级阶段的过程，特别是在像中国这样的生产力发展相对于资本主义落后的国家建设社会主义，有一个相当长的社会主义初级阶段，在这个阶段，不可能消灭商品货币关系，而是需要大力发展商品经济来发展生产力，因此，不能实行单一的公有制，不可能完全消灭资本雇佣劳动关系，还需要利用市场经济来发展社会主义，也还需要在一定程度上利用资本主义发展社会主义，所以必然存在剩余劳动和其创造的剩余价值。在中国现阶段，多种所有制共同发展与生产力发展水平相适应，是市场经济发展的客观要求，在私营企业和外资经济中，存在资本对雇佣劳动创造的剩余价值的无偿占有，剩余价值的源泉和实质与资本主义社会相同。与资本主义不同的是，在中国特色社会主义初级阶段，允许和鼓励非公有制经济发展并将它视为社会主义市场经济的重要组成部分，作为社会主义市场经济的重要组成部分，企业剩余价值的一部分向国家缴纳税收和地租，由国家代表广大人民所有，并用于经济社会发展，实现劳动者的整体利益和长远利益，并且，对于资本无限度追逐剩余价值行为通过法律和社会管理两个渠道进行控制。劳动法的制定和实施，目的是限制资本过度压榨工人的剩余劳动，社会管理是通过在企业中建立代表劳动者利益的党组织、通过企业社会责任标准的实施来引导企业守法经营，主动承担社会责任。社会责任国际（SAI）于1997年提出了SA8000标准，这是全球唯一有关企业社会责任的第三方标准，1998 年，SAI 就进入中国，开始推广 SA8000 体系。中国特色社会主义的基本经济制度以公有制为主体，虽然在商品经济条件下，我国公有制经济中，劳动者为社会经济发展生产的剩余产品的价值也必然以剩余价值形式体现，但不同的是，代表公有经济的国有企业所生产的剩余价值的一部分转化为企业发展的积累资金，用于壮大公有经济；另一部分作为利税上缴国家，由全体社会成员共享，用于经济社会发展。公有经济中的剩余价值是实现劳动者整体利益、长远利益的源泉。

马克思和恩格斯在《共产党宣言》1872 年德文版序言中说：“《宣言》中所阐述的一般原理整个说来直到现在还是完全正确的。……这些原理的实际运用，正如《宣言》中所说的，随时随地都要以当时的历史条件为转移。”[①] 中国特色社会主义以马克思主义理论为指导思想和理论基础，结合中国的具体实际，在实践中不断推进马克思主义中国化。通过不断改革调整生产关系以适应生产力发展的要求，目的是实现共同富裕，为此目的提出共享理念：“坚持人民至上，坚持共同富裕，把增进民生福祉、促进社会公平作为发展社会保障事业的根本出发点和落脚点，使改革发展成果更多更公平惠及全体人民；坚持制度引领，围绕全覆盖、保基本、多层次、可持续等目标加强社会保障体系建设；坚持与时俱进，用改革的办法和创新的思维解决发展中的问题，坚决破除体制机制障碍，推动社会保障事业不断前进；坚持实事求是，既尽力而为、又量力而行，把提高社会保障水平建立在经济和财力可持续增长的基础之上，不脱离实际、超越阶段。”[②] 发展生产力是手段，是共同富裕的物质基础，目的是满足人民对日益增长的美好生活的需要，这与资本主义生产方式下资本以发展生产力为手段、生产目的是追逐最大限度剩余价值有本质不同。在实践中，坚守共同富裕目标，并且努力践行，这体现在，通过不懈努力，我们已经实现了整体全面脱贫，全面建成了小康社会。在此基础上，《中共中央关于制定国民经济和社会发展第十四个五年规划和二〇三五年远景目标的建议》提出，到 2035 年基本实现社会主义现代化，并且明确提出人均国内生产总值达到中等发达国家水平，中等收入群体显著扩大，基本公共服务实现均等化，城乡区域发展差距和居民生活水平差距显著缩小。在“十四五”实现的发展

---

① 中共中央马克思恩格斯列宁斯大林著作编译局．马克思恩格斯文集：第 2 卷［M］．北京：人民出版社，2009：5.

② 习近平总书记在中共中央政治局 2021 年 2 月 26 日下午就完善覆盖全民的社会保障体系进行第二十八次集体学习中的讲话。

目标中明确提出，民生福祉达到新水平，居民收入增长和经济增长基本同步，分配结构明显改善，发挥初次分配、再分配和第三次分配在实现共同富裕中的作用。在初次分配方面，涉及必要劳动和剩余劳动关系的调整；在再分配和第三次分配方面，涉及剩余价值如何分配和使用问题。对此，又明确提出，要着力提高低收入群体收入，扩大中等收入群体，途径是提高劳动报酬在初次分配中的比重，这实质上就是要合理调控必要劳动和剩余劳动的比例；明确提出，要完善再分配调节机制，加大税收、社保、转移支付等调节的力度和精准性，这里所涉及的是剩余价值的一部分怎样惠及全体人民的眼前利益和长远利益的问题；明确提出，要发挥第三次分配作用，发展慈善事业，救助需要帮助的社会成员。另外，还明确提出，要健全生产要素参与分配机制，探索通过土地、资本等要素使用权和收益权增加中低收入群体要素收入，多渠道增加城乡居民财产性收入。在这里，通过明确产权关系中的使用权和收益权来增加中低收入群体的要素收入，这一剩余价值的分配方式由社会主义本质所规定，体现着社会主义共同富裕目标。习近平总书记指出："共同富裕是社会主义的本质要求，是人民群众的共同期盼。我们推动经济社会发展，归根结底是要实现全体人民共同富裕。随着我国全面建成小康社会、开启全面建设社会主义现代化国家新征程，我们必须把促进全体人民共同富裕摆在更加重要的位置，脚踏实地，久久为功，向着这个目标更加积极有为地进行努力。"①

六、用劳动价值理论理解与剩余价值分割和分配相关的几个问题

剩余价值在流通中实现，为剩余价值实现提供服务的资本也要进行资本补偿并且获得剩余价值，如何理解马克思关于流通费用的补偿和利润获得方式的相关论述，目前仍有争议。剩余价值实现之后有一个分配过程，在分配理论上，许多攻击劳动价值理论的说法都集中在利润的平均化理论和绝对地租理论上，如何理解马克思的这些理论，对于坚持劳动价值理论和剩余价值理论具有重要理论意义。

---

① 资料来源：《关于〈中共中央关于制定国民经济和社会发展第十四个五年规划和二〇三五年远景目标的建议〉的说明》。

（一）流通费用的补偿问题

1. 纯粹流通费用

纯粹流通费用是指商品的价值形式变化即买卖所需要的各种费用，包括商品买卖所需要的费用、簿记费用和货币使用所需要的费用。商品买卖所需要的费用是指在买卖时间中所支出的各种费用，如商业店员的工资、房屋设备、广告费等。这些费用是资本主义生产过程必要的，因为商品的买卖过程为剩余价值的生产和实现提供必要条件。但是，商业店员的工资、房屋设备、广告费等不会转移和创造价值，花费在这些方面的费用是非生产费用，只能从社会已经生产出的剩余价值中扣除。

簿记是以货币为主要计量单位，对企业经营活动进行记载、核算和分析的活动，即会计活动。簿记所需要的费用包括为簿记员劳动支付的工资和设备等花费的费用。耗费在簿记上的费用同买卖时间的费用一样，也是一种非生产性的纯粹流通费用。簿记费用的补偿也要从社会已经生产出的剩余价值中扣除，“这部分资本是从生产过程中抽出来的，它属于流通费用，属于总收益的扣除部分”①。虽然簿记费用和单纯买卖时间的费用都是流通费用，但二者有一定的区别。一是商品买卖的费用只存在于商品经济条件下，而簿记费作为经济活动的记载和分析存在于一切社会生产形式之中。二是商品买卖的费用随着商品生产的发展而增大，而簿记起着对生产经营全过程进行经济核算的记载的作用，伴随着生产社会化程度的提高，簿记起着越来越重要的作用，但是，所耗费的簿记费用会越来越少。马克思分析指出，生产“过程越是按社会的规模进行，越是失去纯粹个人的性质，作为对过程的监督和观念上的总括的簿记就越是必要；因此，簿记对资本主义生产，比对手工业和农民的分散生产更为必要，对公有生产，比对资本主义生产更为必要。但是，簿记的费用随着生产的积聚而减少，簿记越是转化为社会的簿记，这种费用也就越少”②。

货币使用所需要的费用是指为金属货币的保管和使用而支出的费用。马克思讨论这个问题时是以金银作为货币，金和银作为执行货币职能的商品，不进入个人消费和生产消费，随着资本主义生产规模的扩大，货币的

---

① ［德］马克思．资本论：第2卷［M］．北京：人民出版社，2004：152.

② ［德］马克思．资本论：第2卷［M］．北京：人民出版社，2004：152.

规模不断扩大。金和银在流通中会发生磨损，需要不断补充，同样，在纸币条件下，其损耗也需要补偿。投在这上面的费用“对社会来说，是仅仅由生产的社会形式产生的流通费用。这是商品生产的非生产费用，这种费用，随着商品生产，特别是随着资本主义生产的发展而增大。它是社会财富中必须为流通过程牺牲的部分”①。所以这部分费用的补偿也是从社会已经生产出的剩余价值中扣除的。当今信用手段和信息化的快速发展，使这部分费用减少。

2. 纯粹流通费用的补偿及其利润的获得方式

“纯粹的商业流通费用……归结为这样一些费用：为了实现商品的价值，使之由商品转化为货币或由货币转化为商品，对商品交换起中介作用所必须的。”② 这种活动不会增加价值，它是由剩余价值来补偿的。另外，纯粹流通费用不仅本身要由剩余价值来补偿，它既然是一种追加资本，也会参加剩余价值的分配。在商人代替产业资本家进行商品的买卖活动后，这部分利润也就同时让给了商人。总之，对于产业资本来说，投在流通上的费用是非生产费用，可是，一旦商业资本作为独立的资本存在，对商业资本家来说，这笔费用就是他的投资，是他的利润的源泉。

根据马克思所举的例子③，用如下公式看纯粹流通费用的补偿和投在纯粹流通费用上的资本的利润获得方式。如果在商人为向生产者买卖商品所必须预付的货币资本 100 元之外还要追加 50 元纯粹流通费用，这时，预付的总资本就是 900+100+50（元），平均利润率为

$$\bar{p}'=\frac{180}{900+100+50}=\frac{180}{1050}=17\frac{1}{7}\%$$

商人的商品进价：$900+900\times17\frac{1}{7}\%=900+154\frac{2}{7}=1054\frac{2}{7}$（元）

商人的商品销价：$1054\frac{2}{7}+150\times17\frac{1}{7}\%+50=1080+50=1130$（元）

结果是，预付在纯粹流通费用上的资本 50 收回，并且获得一个平均利润。纯粹流通费用补偿是通过加价的方法进行的。50 纯粹流通费用不形成商品价值的实际追加，但会形成一个名义上的价值，这是一个价格问题，

① ［德］马克思．资本论：第 2 卷［M］．北京：人民出版社，2004：153-154.
② ［德］马克思．资本论：第 3 卷［M］．北京：人民出版社，2004：321.
③ ［德］马克思．资本论：第 3 卷［M］．北京：人民出版社，2004：325-326.

这种加价不同于供求引起的价格波动。另外，投在纯粹流通费用上的资本参加了利润的平均化。

关于纯粹流通费用补偿问题，马克思在这里举例说明的以加价进行的补偿方式和他以前所述的用剩余价值进行补偿的理论有差异。马克思在《资本论》第2卷中曾指出：“一般的规律是：一切只是由商品的形式转化而产生的流通费用，都不会把价值追加到商品上。这仅仅是实现价值或价值由一种形式转变为另一种形式所需的费用。投在这种费用上的资本（包括它所支配的劳动），属于资本主义生产上的非生产费用。这种费用必须从剩余产品中得到补偿，对整个资产家阶级来说，是剩余价值或剩余产品的一种扣除。”① 按照马克思在《资本论》第2卷论述的相关理论，纯粹流通费用补偿应当是从180元的剩余价值中进行扣除，这样，平均利润率变为：

$$\bar{p}'=\frac{180-50}{900+100+50}\approx 12.38\%$$

商人的商品进价：900+900×12.38%=1011.42（元）

商人的商品销价：1011.42+150×12.38%+50=1080（元）

这种从剩余价值中扣除来补偿纯粹流通费用的方法符合马克思的劳动价值理论，而从马克思在讨论商业利润的举例所说明的补偿方式来看，会产生一个问题，通过商人的加价进行商业纯粹流通费用的补偿，商品的名义价值（实际上就是价格）和商品的实际价值不一致，违背了价值规律。由此产生了一些争议。

第一种意见：坚持马克思在《资本论》第2卷中的观点，商业纯粹流通费用从对剩余价值的扣除中得到补偿。从全社会来看，它是社会总剩余价值的扣除。所以通过加价来补偿，不能解决补偿的来源问题。从商品的价值构成看，是由不变资本、可变资本和剩余价值三个部分组成的。不变资本必须用来补偿已经消耗的生产资料价值，不能用来补偿商业纯粹流通费用；可变资本必须用来补偿劳动力价值，也不能用来补偿商业纯粹流通费用。这样，只有从剩余价值中扣除一部分来补偿商业纯粹流通费用。这种从剩余价值中扣除补偿纯粹流通费用的方法符合马克思的价值理论，而且总价值等于总价格。这种方法存在的问题是，实际操作时谁来代表社会和如何扣除剩余价值。由此种观点推论，商业纯粹流通费用由全体资本家

① ［德］马克思．资本论：第2卷［M］．北京：人民出版社，2004：167.

负担。

第二种意见：坚持马克思在《资本论》第3卷中的观点，商业纯粹流通费用由商业资本家把他加在商品的现实价值之上，从售卖价格中取回来。按照这种补偿形式，商品的售卖价格等于商品的现实价值加上商业纯粹流通费用，形成一个名义价值，是一个价格问题。这种观点在实际中好操作，马克思在《资本论》第3卷中的举例也是如此。由此种观点推论，社会各阶层收入的一部分通过购买商品成为补偿纯粹流通费用的一个内容，即商业流通费用是由消费商品的人承担的。而按照马克思的工资理论推理，商业纯粹流通费用的补偿来源归根到底是剩余价值的扣除。即“商业纯粹流通费用通过提高商品出售价格来补偿，实际上就是消费者必须用高于商品价值的价格来购买商品。在资本主义社会，商品的购买者主要是资本家和工人。如果商品的购买者是资本家，他购买商品多付的一部分，实际上就是他榨取到的剩余价值的直接扣除。如果商品的购买者是工人，工人购买商品多付的一部分价格，从直接的现象看是工人工资的扣除。但是，按照工资必须等于劳动力价值或价格的原理，工人生活资料价格提高了，工人的工资也应该提高，工资提高了，意味着劳动力价格的提高，劳动力价格提高了，实际上就是资本家剩余价值的减少。所以商业纯粹流通费用的补偿来源，归根到底是剩余价值的扣除”①。这种观点在现实中好操作，但无论是在理论和实践中，都要与工资问题紧密相连。

第三种意见：商业劳动都是生产劳动，商业的全部费用包括商业纯粹流通费用都可以加到商品价值中去。这是现在比较流行的观点，即第三产业也创造价值，这与马克思的理论不一致。主张这个观点的学者认为，这是对马克思的劳动价值论的发展，理由是，在马克思生活的时代，商业、服务业不发达，占国民财富比重很小，因此对经济影响不大，所以马克思把商业作为非产业部门，认为这个部门的劳动不创造价值。现在，这一部分的规模不断扩大，已经形成一个产业，说它们不创造价值不合适。由此种观点推论，与商业纯粹流通费用相关的经济活动都创造社会财富，形成价值。

到底哪种观点在理论上更能符合马克思的逻辑，也更能准确地解释现实，仁者见仁，智者见智。在现实社会中，商业纯粹流通费用日益增加，比如广告漫天飞，形成巨额的广告费，而这些变得日益庞大的费用确实是

---

① 洪远朋．通俗资本论［M］．上海：上海科学技术文献出版社，2009：268.

体现在商品的价格中，由消费者负担了。如果这些费用只是由生产者的利润负担，恐怕不会出现这种过度膨胀的现象；如果与纯粹流通费用相关的活动属于生产劳动，创造了社会财富和价值，那么，它们的日益发达应该能够不断提高社会成员的福利水平，事实是否如此呢？从现实社会角度看，这确实是一个值得认真思考和在实践中加以关注的问题。

3. 生产性的流通费用的补偿及其利润获得方式

生产性的流通费用包括运送、运输、保管费用。由于运送、运输和保管活动是生产过程在流通领域的继续和延长，可以增加商品的价值，这部分费用与产业资本的流动资本和固定资本的价值转移方式一样，可以直接加到商品的价值中进行补偿。如果商人在这些方面投入了预付资本，即购买和支付了这些方面的流通手段①，投在这些活动方面的资本参加剩余价值的生产，它的利润也是商品实现的剩余价值的一部分。

关于保管费用。商品从生产过程出来，进入消费过程之前需要商品储备，为此支出的保管费用在形式上表现为流通费用，流通费用“可以产生于这样一些生产过程，这些生产过程只是在流通中继续进行，因此，它们的生产性质完全被流通的形式掩盖起来了”②。所以保管费用是保证生产过程和再生产过程不中断所形成的费用，是为了保管储备的商品所支出的费用，包括产品正常损耗（数量减少和质量变坏）和保管储备所需要的物化劳动和活劳动。马克思认为，保管费用“对单个资本家来说，它们可以起创造价值的作用，成为他的商品出售价格的一种加价”③。保管费用或者它所代表的活劳动和物化劳动要加入被保管的商品中，因此保管劳动创造价值和剩余价值，对于单个资本家来说，储备商品过程是他的一个发财致富的源泉并且使商品变贵。马克思同时又指出，这种“使商品变贵而不追加商品使用价值的费用，对社会来说，属于生产上的非生产费用”④，“储备形成的费用仍然是社会财富的扣除”⑤。如何理解马克思的这些论述呢？其一，保管劳动不会增加全社会的使用价值，而且还会占用大量的资本和劳动，使社会可以用于生产使用价值的生产要素投入减少，从这个意义上说，属于生产上的非生产费用，是社会财富（使用价值）的扣除。其二，

① 马克思认为，“真正的运输业和运送业事实上可以是而且是和商业完全不同的产业部门……运输业者、铁路经营者、船主，都不是‘商人’”（［德］马克思．资本论：第3卷［M］．北京：人民出版社，2004：322）。所以即使商人在这方面预付了资本，其性质已经不属于商业资本，而是产业资本。

②③④ ［德］马克思．资本论：第2卷［M］．北京：人民出版社，2004：154.

⑤ ［德］马克思．资本论：第2卷［M］．北京：人民出版社，2004：165.

作为生产过程在流通中的继续，保管劳动是必须的，它通过保存商品的使用价值保存了价值，因此，保管劳动创造价值并且加入被保管的使用价值之中，所引起的费用和运输费用性质一样。所以无论是对于单个资本家还是对于全体资本家而言，保管费用不是通过剩余价值的扣除进行补偿，而是通过创造价值和实现价值进行补偿的。加入商品价值的保管费用只能是正常储备下所花费用，即保证再生产顺利进行所需要的商品的储备。如果商品储备是因为商品卖不出去造成的，为保管这些积压商品所花费用不能加入商品价值中。“不管产品储备的社会形式如何，保管这种储备，总是需要费用”①。一般来讲，储备有三种形式：一是生产资料或者生产资本形式，已经进入生产过程，但是没有进入劳动过程；二是个人消费资料或者消费基金形式，这是为满足个人需要的消费品的储备；三是商品储备或者商品资本形式，它离开生产过程进入流通过程但还未进入消费领域。就绝对量而言，三者可以同时增加，但是，在不同的社会形态下，三种储备形式有不同的变化。在自然经济条件下，商品形式的储备极少，而消费基金的储备形式较多。在资本主义初期，生产资本形式的储备占较大的比重，这是因为：一方面，由于机器的使用，机器、厂房等生产资本大大增加了；另一方面，随着生产规模的扩大，生产中所消耗的原料、辅助材料也大大增加了。为了保证再生产过程的连续性，就要求在生产场所储备更多的原材料，“因此，这种以生产资本形式存在的储备的规模是绝对增大的”②。随着资本主义的发展，生产规模不断扩大，生产资本储备的绝对量在增大，但从相对量上看，它的比重会下降而商品储备的比重会上升。影响生产资料储备量相对减少的因素包括以下几点：①原料的生产规模和能力增大，生产者所需的原料可以源源不断地保证得到供应，不需要进行大量储存。因此，这部分生产资本的储备减少了。②相反，原材料在市场上或在商人手中的储存即商品储存增加了。③交通工具的改善和运输费用的降低，生产者能够从较大范围的市场空间获取原料，而不再需要大量储存。④随着信用制度的发展，生产者可以依靠自身信用预购各种原材料，从而也减少了原料储存的数量。⑤随着信息化的发展，生产者可以在广阔的市场上快速寻找到原材料供应者，因而减少了原材料的储存量。⑥技术进步使原材料的生产时间相对缩短，市场上原料的供给能力增强。⑦“储

---

① ［德］马克思．资本论：第2卷［M］．北京：人民出版社，2004：162.

② ［德］马克思．资本论：第2卷［M］．北京：人民出版社，2004：159.

备越是社会地集中，这些费用相对地就越少”[①]，即随着生产的社会化程度、专业化程度的提高，单位商品的储备费用减少。

关于运输费用。“商品在空间上的流通，即实际的移动，就是商品的运输。运输业一方面形成一个独立的生产部门，从而形成生产资本的一个特殊的投资领域。另一方面它又具有如下的特征：它表现为生产过程在流通过程内的继续，并且为了流通过程而继续”[②]。运输业是一个独立的生产部门，投入的费用是生产费用。但是运输业的生产过程和产品生产过程不同，是生产过程在流通过程的继续，它生产的使用价值是使商品发生空间移动，其劳动创造价值和剩余价值。所以商品生产的一般规律也适用于运输业，即运输加到商品中的价值量和运输业的劳动生产力成反比例变动，和运输的距离成正比例变动。在资本主义生产方式下，一方面，随着运输工具的发展和运输规模的扩大，使单个商品的运输费用逐渐减少；另一方面，由于产品普遍成为商品和市场范围的延伸（如当地市场发展为远方市场），从全社会来说，运输费用总额不断增加。

（二）平均利润是全体资本家对总剩余价值的分配

由于资本有机构成差别和周转速度差别，商品按价值出售必然使不同生产部门的资本具有不同的利润率，但是，在资本主义生产方式下，现实的情况是，资本要求等量资本得到等量利润，所以马克思必须要研究这个问题。通过平均利润理论，马克思建立了他的生产价格理论，指出当小商品生产发展为资本主义商品生产之后，商品不是按照价值而是按照成本价格加平均利润的生产价格为基础定价的，由于对于企业来说，它所获得的平均利润不等于企业劳动者的剩余劳动创造的剩余价值，从现象上看，这似乎与价值规律相矛盾。攻击者因此认为，马克思的劳动价值理论在此破产了，剩余价值理论因此也是不成立的，支持者则运用各种方法特别是数学工具努力证明和“发展”马克思理论的相关理论，所谓“价值转型”问题也因此成为经久不衰的研究话题。事实上，马克思运用劳动价值理论已经很好地说清楚了平均利润的形成和价值与生产价格的关系，指明价值转化为生产价格并不违反价值规律，因此，并不存在所谓的“价值转型”问题。以下我们来看马克思是如何分析这个问题的。

---

① ［德］马克思．资本论：第2卷［M］．北京：人民出版社，2004：162.

② ［德］马克思．资本论：第2卷［M］．北京：人民出版社，2004：170.

1. 从平均利润率的形成看平均利润的本质

在现实经济活动过程中，利润率的平均化是在资本家追逐有利的投资场所的竞争中，通过资本在不同部门的不断转移实现的。“由于投在不同生产部门的资本有不同的有机构成，因而由于等量资本按可变部分在一定量总资本中占有不同的百分比而推动极不等量的劳动，等量资本也就占有极不等量的剩余劳动，或者说，生产极不等量的剩余价值。根据这一点，不同生产部门中占统治地位的利润率，本来是极不相同的。这些不同的利润率，通过竞争而平均化为一般利润率，而一般利润率就是所有这些不同利润率的平均数”①。“只有不同部门的资本的竞争，才能形成那种使不同部门之间的利润率平均化的生产价格”②。部门之间争夺投资场所（领域）的竞争使利润平均化，使市场价值转化为生产价格。“如果商品都按照它们的价值出售，那就像已经说过的那样，不同生产部门由于投入其中的资本量的有机构成不同，会产生极不相同的利润率。但是资本会从利润率较低的部门抽走，投入利润率较高的其他部门。通过这种不断的流出和流入，总之，通过资本在不同部门之间根据利润率的升降进行的分配，供求之间就会形成这样一种比例，使不同的生产部门都有相同的平均利润，因而价值也就转化为生产价格”③。具体来说，资本有机构成高的部门利润率低，在等量资本获得等量利润原则的支配下，资本有机构成高部门的资本流出，使该部门产品供小于求，市场价格上升，利润率上升；资本有机构成低的部门利润率高，在等量资本获得等量利润支配下，资本有机构成低的部门有资本流入，使该部门产品供大于求，市场价格下降，利润率下降。通过资本在资本有机构成不同的部门的不断流动，市场供求在不同生产部门都获得相同的平均利润条件下实现平衡，价值也就转化为了生产价格。而对于当事人资本家来说，“这是一个在他背后进行的过程，这个过程是他所看不见的，不理解的，实际上不关心的。现在，在各特殊生产部门内，利润和剩余价值之间——不仅是利润率和剩余价值率之间——实际的量的差别，把利润的真正性质和起源完全掩盖起来”④。

那么，平均利润率的本质是什么呢？平均利润只是“社会总资本在所

① ［德］马克思．资本论：第3卷［M］．北京：人民出版社，2004：177.
② ［德］马克思．资本论：第3卷［M］．北京：人民出版社，2004：201.
③ ［德］马克思．资本论：第3卷［M］．北京：人民出版社，2004：218.
④ ［德］马克思．资本论：第3卷［M］．北京：人民出版社，2004：188.

有生产部门在一定时间内生产的总剩余价值或总利润均衡分配时归于总资本的每个相应部分的剩余价值从而利润。……不同的资本家在这里彼此只是作为一个股份公司的股东发生关系，在这个公司中，按每 100 资本均衡地分配一份利润。因此，对不同资本家来说，他们的各份利润之所以有差别，只是因为每个人投在总企业中的资本量不等，因为每个人在总企业中的入股比例不等，因为每个人持有的股票数不等"①。所以平均利润的本质是剩余价值，是全体资本家对总剩余价值的重新分配。每个产业资本家所获得的利润的多少，不仅取决于他们对本企业工人的剥削程度，而且"在其他一切条件（包括全部预付不变资本的价值）已定的前提下，平均利润率取决于总资本对总劳动的剥削程度"②。最重要的问题马克思已经说清楚了，平均利润本质上就是剩余价值，它只是剩余价值按照"等量资本获得等量利润原则"在争夺投资场所的竞争规律的作用下在资本家之间作的分配而已。

2. 生产价格不过就是价值的转化形式

利润转化为平均利润，商品的价值就转化为生产价格，它等于"商品的成本价格加上平均利润"③。成本价格具有补偿所费资本（c′）的性质，包括对劳动力耗费的补偿、对原材料耗费的补偿和固定资本损耗的补偿，"补偿所消耗的生产资料价格和所使用的劳动力价格的部分，只是补偿商品使资本家自身耗费的东西，所以对资本家来说，这就是商品的成本价格"④。生产价格的形成以平均利润的存在为前提，不同生产者的生产价格的差别完全取决于成本价格的差别。

从个别部门来看，资本有机构成高的部门的资本家获得的平均利润高于本部门工人所创造的剩余价值；资本有机构成低的部门的资本家获得的平均利润小于本部门创造的剩余价值。这主要是因为，偏离是由于单个企业的平均利润对剩余价值的偏离引起的，"不过这一切总是归结为这样的情形：加入某种商品的剩余价值多多少，加入另一种商品的剩余价值就少多少，因此，商品生产价格中包含的偏离价值的情况，会互相抵消"⑤。这是因为，从全社会来看，平均利润只是社会总剩余价值在社会总资本之间

① ［德］马克思．资本论：第 3 卷［M］．北京：人民出版社，2004：177-178.
② ［德］马克思．资本论：第 3 卷［M］．北京：人民出版社，2004：219.
③ ［德］马克思．资本论：第 3 卷［M］．北京：人民出版社，2004：177.
④ ［德］马克思．资本论：第 3 卷［M］．北京：人民出版社，2004：30.
⑤ ［德］马克思．资本论：第 3 卷［M］．北京：人民出版社，2004：181.

的均衡分配，一些部门分配得少一些，另一些部门分配得多一些，这种分配并不改变原有剩余价值总量，所以平均利润的加总也总是等于剩余价值总量。马克思指出，这种个别量的差别在加总中抵消并不是像我们在研究中举例那样，可以精准计算。在现实经济活动中，这种抵消和平均化过程，是资本主义经济运动的一种内在趋势。“总的说来，在整个资本主义生产中，一般规律作为一种占统治地位的趋势，始终只是以一种极其错综复杂和近似的方式，作为不断波动中得出的、但永远不能确定的平均数来发生作用”①。

生产价格是价值的转化形式，二者本质上没有差别，从社会总量上看也没有差别，“如果把社会当作一切生产部门的总体来看，社会本身所生产的商品的生产价格的总和等于它们的价值的总和”②。这是因为，生产价格和价值在个别部门偏离是由平均利润和剩余价值的偏离引起的，而从全社会总体来看，由于总剩余价值等于总平均利润，总生产价格等于总价值。马克思强调指出，认识生产价格与价值的关系，一定要正确区分如下关系：“商品的成本价格，只是涉及商品中包含的有酬劳动的量；价值，是涉及商品中包含的有酬劳动和无酬劳动的总量；生产价格，是涉及有酬劳动加上不以特殊生产部门本身为转移的一定量无酬劳动之和。”③ 所以把社会当作一切生产部门的总体来看，Σ成本价格（有酬劳动）= Σ（c′+v）；Σ价值 = Σ（有酬劳动+无酬劳动）= Σ（c′+v+m）；Σ生产价格 = Σ（作为有酬劳动的成本价格+作为无酬劳动的平均利润）。因为Σ平均利润（无酬劳动）= Σ剩余价值（无酬劳动），所以从社会总量看，Σ生产价格 = Σ价值，二者不仅在本质上没有差别，而且在总量上也没有差别，生产价格只是价值的转化形式。

从再生产过程看，生产资料作为中间产品要再进入生产过程，这样，“一个产业部门的生产价格，连同其中包含的利润一起，会加入另一个产业部门的成本价格”④，也就是说，总体资本家在市场上都是按照生产价格而不是按照价值购买生产资料的，那么，从再生产过程看，商品的总价值和总生产价格还能一致吗？对这个问题的看法长期存在争议。对此马克思是怎么分析的呢？马克思指出：“如果在一个特殊生产部门把商品的成本

① ［德］马克思．资本论：第3卷［M］．北京：人民出版社，2004：181.

②④ ［德］马克思．资本论：第3卷［M］．北京：人民出版社，2004：179.

③ ［德］马克思．资本论：第3卷［M］．北京：人民出版社，2004：185.

价格看作和该商品生产中所消费的生产资料的价值相等，那就总可能有误差。对我们现在的研究来说，这一点没有进一步考察的必要。”① 这是因为，从现实经济活动来看，“这个过去的误差对资本家来说是无关紧要的。商品的成本价格是既定的，它是一个不以他即资本家的生产为转移的前提，而资本家生产的结果则是一个包含剩余价值的商品，也就是一个包含超过商品成本价格的价值余额的商品”②。资本家关心的是，怎样在平均利润率确定条件下，通过提高劳动生产率降低成本价格，使自己的个别生产价格低于社会生产价格，获得超过平均利润的超额利润。从理论分析和统计计量方法看，利润是不能重复计算的，“如果我们把全国商品的成本价格的总和放在一方，把全国的利润或剩余价值的总和放在另一方，那么很清楚，我们就会得到正确的计算。……只要一个生产部门的利润加入另一个生产部门的成本价格，这个利润就已经算在最终产品的总价格一方，而不能再算在利润一方。如果这个利润算在利润一方，那只是因为这个商品本身已经是最终产品，它的生产价格不加入另一种商品的成本价格”③。所以作为提供生产资料的中间产品，它的利润对它的生产者来说作为利润计算一次，对使用它的生产者来说，不再作为利润计算，而是作为他的成本价格计算。这样，从社会总产品的角度讲，可以把每个生产阶段的利润作为新增值提出来单独加总。由于生产要素的生产价格与其价值偏离是平均利润不等于剩余价值引起的，若把利润分离开从总量角度分别计算，偏离会在总量中相互抵消。如果产品是消费资料，作为最终产品，直接进入消费领域，尽管产品的生产价格可能偏离其价值，但是不存在那种作为中间产品的生产资料因为生产价格偏离其价值所产生的问题。可见，从再生产过程考察，仍然是总剩余价值等于总平均利润，总生产价格等于总价值，结论依然不变。所以无论是从理论上、计量上，还是从现实经济活动中，这个问题都“没有进一步考察的必要”。

从生产价格变动角度看，生产价格变动以商品价值变动为基础。引起生产价格变动的直接原因是平均利润率和成本价格。首先，成本价格的变动由生产资料价值的变动、消费资料从而劳动力价值的变动引起。其次，平均利润率的变动取决于利润率的变动，而利润率变动在剩余价值率不变

① ［德］马克思．资本论：第3卷［M］．北京：人民出版社，2004：184-185.
② ［德］马克思．资本论：第3卷［M］．北京：人民出版社，2004：185.
③ ［德］马克思．资本论：第3卷［M］．北京：人民出版社，2004：179-180.

前提下又取决于 c+v 的变动，即取决于生产要素价值的变动，“在每一个场合，一般利润率的变化都以那些作为形成要素加入不变资本，或加入可变资本，或加入二者的商品的价值变动为前提”①。总之，“在任何一个较短的时期内（把市场价格的波动完全撇开不说），生产价格的变化显然总是要由商品的实际的价值变动来说明，也就是说，要由生产商品所必需的劳动时间的总和的变动来说明”②。因此，“关于市场价值所说的，也适用于生产价格，只要把市场价值换成生产价格就行了。生产价格……本身又是一个中心，日常的市场价格就是围绕着这个中心来变动，并且在一定时期内朝这个中心来拉平的”③。所以当市场价值转化为生产价格之后，市场价格在供求和市场竞争因素作用下，围绕着生产价格波动，价值规律仍然支配着价格的运动。

3. 小结

马克思通过分析各部门不等的利润率如何平均化为一般利润率、利润怎样转化为平均利润以及价值怎样转化为生产价格，在理论上解决了价值规律同等量资本获取等量利润的所谓“矛盾”。并且指出，平均利润和生产价格形成后，从单个部门看，每个部门的利润和生产的剩余价值发生量偏离，成本价格也和生产要素的价值发生偏离，但是从社会总和看，个别部门的这些偏离会在总和中互相抵消，剩余价值总和仍等于平均利润总和，生产价格总和等于商品价值总和，从而证明了平均利润是剩余价值的转化形式，生产价格是价值的转化形式，价值和剩余价值是本质，平均利润和生产价格是现象，揭示出了假象掩盖下的真相。还有一点需要特别关注，无论是讨论社会必要劳动时间决定商品的价值量，还是讨论平均利润和剩余价值量的关系，或是讨论复杂劳动折合简单劳动问题，马克思的分析都表明，这些量的关系的形成或者确定都是一个社会过程，是在经济活动主体背后作为一种强制的规律发挥作用，而不是一个人们有意识的数学计算过程，也是不可能准确地计算出来的，因此不能简单地用数学的方式去进行分析，尽管马克思对数学本身并不生疏。具体到平均利润形成问题上，马克思又特别指出，一般规律的作用始终只是以一种极其错综复杂和近似的方式，作为不断波动中得出的，但永远不能确定的平均数来发生作用。马克思的这些思想方法是建立在对经济活动规律深刻认识的基础之

①② ［德］马克思．资本论：第 3 卷［M］．北京：人民出版社，2004：186.

③ ［德］马克思．资本论：第 3 卷［M］．北京：人民出版社，2004：200.

上的。

用马克思的方法和逻辑来看价值和生产价格的关系，马克思在这个问题的研究上理论逻辑和历史逻辑、现实逻辑高度统一[①]，已经非常完整地说明了问题，解决了矛盾，证明了劳动价值理论的科学性，因此不存在所谓“价值转型”带来的问题，更不存在生产价格理论否定了劳动价值理论的问题。列宁说：“在《资本论》第三卷里，解决了在价值规律的基础上形成平均利润率的问题。马克思把经济学推进了一大步，这表现在他是根据普遍的经济观象、根据全部社会经济来分析问题，而不是像庸俗政治经济学或现代的‘边际效用论’那样，往往只限于分析个别偶然现象或竞争的表面现象。”[②] 马克思之前的古典经济学家亚当·斯密认为，劳动价值论只对于小商品生产适用，而李嘉图则认为，剩余价值和利润、剩余价值率和利润率之间的差别是偶然的，[③] 这就使他们的理论无法解释资本主义商品经济运动的现实，使劳动价值论面临理论危机，使政治经济学发展遇到了巨大障碍。而资产阶级庸俗经济学则彻底否定劳动价值论，发展起了以生产要素价值论为基础的现代的“边际效用价值论”。在他们看来，正常利润（即平均利润）是由企业家才能创造的，正常利润和工资、利息收入一样，包含在成本当中，本质上是企业家才能的报酬，它是让企业家留在生产中的基本条件，是企业家合理的收入。实际上，现代西方经济学的正常利润理论并不新鲜，与马克思时代流行的利润即企业主收入是监督劳动的工资的观念一脉相承。马克思的利润理论与西方经济学的利润理论完全不同。在马克思看来，虽然利润表现为总资本的产物，但是，以劳动价值论为基础讨论利润的来源，利润本质上是工人的剩余劳动给资本家带来的剩余价值，而平均利润只不过是总体资本家占有的总剩余价值在资本家之间进行分割的结果。等量资本获得等量利润“只是基于这样一点：所有资本家都按照他们资本的比例，对共同的掠夺物即全部剩余价值，拥有同样

① 无论在理论上还是在历史上，商品按价值交换都是先于按生产价格交换的。马克思指出：“商品按照它们的价值或接近于它们的价值进行的交换，比那种按照它们的生产价格进行的交换，所要求的发展阶段要低得多。按照它们的生产价格进行的交换，则需要资本主义的发展达到一定的高度。”参见［德］马克思．资本论：第3卷［M］．北京：人民出版社，2004：197．价值转化为生产价格反映着资本主义由较低阶段向较高级阶段发展的历史过程。所以马克思的生产价格理论，不仅在理论上是以劳动价值论为基础的，而且在研究顺序上也是与历史的发展相一致的。

② 中共中央马克思恩格斯列宁斯大林著作编译局．列宁选集：第2卷［M］．北京：人民出版社，1972：594.

③ ［德］马克思在《剩余价值理论（〈资本论〉第4卷）》中有关于这些问题的分析。

大的权益。相反，因为他们收进的利润和他们榨取的剩余价值不相等，所以他们以为，这些补偿理由似乎并不是使全部剩余价值的分享平均化，而是创造利润本身，因为利润似乎只是来自于根据这种或那种理由对商品成本价格的加价"①，资产阶级的相反看法是把现象看成本质，把利润的分配当成了利润的创造。马克思把劳动价值论放到资本社会现实活动过程中，引入市场供求和竞争关系，透过竞争的现象看问题的本质，通过对社会经济进行全面、辩证的分析，建立起平均利润理论，揭示出剩余价值转化为平均利润、价值转化为生产价格的内在联系，表明生产价格的出现并没有违背价值规律，平均利润的出现并没有违背剩余价值规律。马克思对自己所做的工作做了如下评价："这个内在联系在这里还是第一次被揭示出来；……以前的经济学，或者硬是抽掉剩余价值和利润之间、剩余价值率和利润率之间的差别，以便能够坚持作为基础的价值规定，或者在放弃这个价值规定的同时，也放弃了对待问题的科学态度的全部基础，以便坚持那种在现象上引人注目的差别——理论家的这种混乱最好不过地表明，那些陷在竞争中，无论如何不能透过竞争斗争的现象来看问题的实际资本家，必然也不能透过假象来认识这个过程的内在本质和内在结构。"②

（三）利息和企业主收入都是剩余价值的分割部分

利息和企业主收入本来都是剩余价值的分割部分，但是在利润分割为利息和企业主收入之后，就表现得与剩余价值无关了，好像这种分割只是利息和企业主收入之间的关系，只是"因为利润的一部分转化为利息，所以它的另一部分表现为企业主收入"③，这样，"在利息的形式上，这种与雇佣劳动的对立却消失了；因为生息资本就它本身来说，不是以雇佣劳动为自己的对立面，而是以执行职能的资本为自己的对立面……生息资本是作为所有权的资本与作为职能的资本相对立的"④。企业主收入也表现得与雇佣劳动者无关，而只与利息相对立。在职能资本家看来，生产劳动的剥削是要花费力气的，他不像生息资本家那样无所作为。在他看来，企业主收入是监督劳动的工资，而且认为这种劳动是复杂劳动，因此，监督劳动

① ［德］马克思．资本论：第3卷［M］．北京：人民出版社，2004：233.
② ［德］马克思．资本论：第3卷［M］．北京：人民出版社，2004：188-189.
③ ［德］马克思．资本论：第3卷［M］．北京：人民出版社，2004：425.
④ ［德］马克思．资本论：第3卷［M］．北京：人民出版社，2004：425-426.

的工资也应该比工人的工资更高。

事实上，正像利息不是货币本身产生的一样，企业主收入也不是“监督劳动”的报酬。利息和企业主收入“二者不过是剩余价值的不同部分，并且它的分割丝毫不能改变剩余价值的性质、它的起源和它的存在条件”①。关于“监督劳动”，马克思指出，在直接生产过程具有劳动社会结合即协作的场合，监督和指挥的劳动总会发生，但在私有制社会里，它有两重性质：一方面，协作劳动总是要有指挥的，“就像一个乐队要有一个指挥一样，这是一种生产劳动，是每一种结合的生产方式中必须进行的劳动”②；另一方面，“监督劳动”则是剥削雇佣劳动者的“劳动”，这只有在生产者和生产资料所有者相对立的生产方式中才存在。马克思强调，管理的目的服从于生产目的，在资本主义生产过程中，生产的目的是追求剩余价值，因此“这种管理、监督和调节的职能就成为资本的职能”③，“资本主义的管理就其形式来说是专制的”④。资本主义生产方式下的管理者代表资本和工人相对立，管理的目的是为资本赚取更多的剩余价值，本质上不是劳动，而是剥削劳动者的活动，“因为在这里，生产过程同时就是资本家消费劳动力的过程”⑤。所以企业主收入不是管理工资，企业主收入的多少，不是取决于他们进行了多少监督劳动，而是取决于他们占有雇佣劳动的剩余价值即无酬劳动的程度——剩余价值率。

随着资本主义的发展，企业规模不断扩大，在能够雇用专人（经理）管理企业时，资本所有者和管理者（监督劳动）相分离。那么，这些经理的职能、属性是什么，他们的报酬的本质上是什么？对此，马克思认为：“资本主义生产本身已经使那种完全同资本所有权分离的指挥劳动比比皆是。因此，这种指挥劳动就无须资本家亲自进行了。一个乐队指挥完全不必就是乐队的乐器的所有者；如何处理其他演奏者的‘工资’问题，也不是他这个乐队指挥职能范围以内的事情。”⑥ 所以专门从事管理企业工作的管理者在职能、属性和所取得的报酬方面都与资本所有者不同。首先，就管理者的职能而言，他们是乐队指挥，是“工业制度的灵魂”⑦，是生产过

① ［德］马克思．资本论：第3卷［M］．北京：人民出版社，2004：427.
② ［德］马克思．资本论：第3卷［M］．北京：人民出版社，2004：431.
③ ［德］马克思．资本论：第1卷［M］．北京：人民出版社，2004：384.
④ ［德］马克思．资本论：第1卷［M］．北京：人民出版社，2004：385.
⑤ ［德］马克思．资本论：第3卷［M］．北京：人民出版社，2004：431.
⑥ ［德］马克思．资本论：第3卷［M］．北京：人民出版社，2004：434-435.
⑦ ［德］马克思．资本论：第3卷［M］．北京：人民出版社，2004：434.

程的组织者和管理者。其次，就管理者的属性而言，经理或管理者的活动是协作劳动的必要环节，其活动是一种生产劳动。但是，在资本主义性质企业内，由其管理的目的决定，管理者代表资本与工人相对立，管理者的管理活动具有两重性质。最后，就管理者的报酬而言，和劳动力的工资一样，管理者的报酬是工资，由培训管理者的费用和经理市场的供求共同决定，工资水平和熟练劳动相当。①

（四）绝对地租理论不违反价值规律

李嘉图由于把生产价格和价值相混同，因此不能承认绝对地租，他只承认存在级差地租。他认为，如果承认绝对地租，就是承认农产品是按在价值以上的价格出售的，这就会违背价值规律。马克思在 1862 年 8 月 9 日写给恩格斯的信中说："我必须从理论上证明的唯一的一点，是绝对地租在不违反价值规律的情况下的可能性。……李嘉图否认这种可能性；……当李嘉图举例说明这个问题时，他总是以或者不存在资本主义生产，或者（事实上或法律上）不存在土地私有制为前提。而问题正是要在这些东西存在的条件下来研究这个规律。"② 马克思批判了李嘉图的地租理论，在不违反价值规律的情况下，创立了绝对地租的理论，其理论基础就是劳动价值理论和建立在其基础之上的生产价格理论。绝对地租理论是马克思对政治经济学的一个重要贡献。为了说明绝对地租理论与劳动价值理论的关系，需要了解马克思的级差地租和绝对地租理论。

1. 级差地租与劳动价值理论

①特别有利的生产条件（拥有自然丰度和经济丰度的好地）表现为资本的生产力，会为使用它的资本家带来超额利润，它是个别生产价格和社会生产价格之间的差额。②土地的资本主义经营垄断使超额利润固定化。由这种自然力垄断使用带来的超额利润和其他条件下形成的超额利润不同，它具有固定的性质。土地较优的自然力固定在土地中，获得土地的经营者就获得这种较优的自然力，别人无法通过竞争获得。这种超额利润的产生，是土地的资本主义经营垄断的结果。只要拥有了土地垄断经营权，

---

① 参见［德］马克思．资本论：第 3 卷［M］. 北京：人民出版社，2004：434，437-438.

② 中共中央马克思恩格斯列宁斯大林著作编译局．马克思恩格斯《资本论》书信集［M］. 北京：人民出版社，1976：167；中共中央马克思恩格斯列宁斯大林著作编译局．马克思恩格斯全集：第 30 卷［M］. 北京：人民出版社，1974：276.

就垄断了存在于土地中的自然力，因此也就垄断了凭借这种自然力获得超额利润的权利。③土地所有权使超额利润转化为地租。由土地的资本主义经营垄断固定化的超额利润并不归土地经营者所有，土地经营者必须把这个超额利润付给土地所有者，否则就不能取得土地使用权。所以超额利润转化为地租，落到土地所有者手里。④经营具有较优自然力的土地（由自然丰度、位置决定）的农业资本家必须要给土地所有者支付级差地租，即级差地租Ⅰ；农业资本家在租用的土地上投资进行集约化生产带来超额利润，这个超额利润转化为级差地租，这就是级差地租Ⅱ，其实体即超额利润和级差地租Ⅰ没有区别，都是等量资本具有不同的生产率的结果。“级差地租实质上终究只是投在土地上的等量资本所具有的不同生产率的结果”①。级差地租Ⅰ和级差地租Ⅱ的源泉都一样，都是超额利润的一种表现形式，其实质都是工人阶级创造的剩余价值的一部分。“级差地租Ⅱ只是级差地租Ⅰ的不同的表现，而实质上二者是一致的”②。但是，在缴纳方式上二者是有差别的。级差地租Ⅰ是在土地出租时就已经确定必须缴纳的，而级差地租Ⅱ则不同，由于地租早已在出租时确定了，在租约期内，农业资本家对土地的连续投资所带来的超额利润归农业资本家占有，不会转化为级差地租，这是农业资本家追加投资的动力。当租约期满后，那些由人工增进的土地经济肥力，就会和土地的自然肥力合在一起，作为土地所有者重新出租土地时确定地租的标准。这时，新的承租人不管是不是原来租地的资本家，就无法再占有这部分超额利润，这部分超额利润便转化为级差地租Ⅱ。所以在级差地租Ⅱ形式上，土地所有者和资本家之间围绕租期长短存在着尖锐的矛盾和激烈的斗争。资本家要求有较长的租期，以便更多地获得追加投资的超额利润；而土地所有者则力求缩短租期，以便提高地租。

级差地租是土地所有者凭借土地所有权对劳动者剩余劳动创造的剩余价值的分割，本质上是剩余价值的一部分。较好的土地要交地租，更好的土地要交更多的地租，但是，这个地租的实体不是自然力创造的。“自然力不是超额利润的源泉，而只是超额利润的一种自然基础，因为它是特别高的劳动生产力的自然基础”③，作为级差地租实体的超额利润是资本关系

① ［德］马克思．资本论：第3卷［M］．北京：人民出版社，2004：759.

② ［德］马克思．资本论：第3卷［M］．北京：人民出版社，2004：763.

③ ［德］马克思．资本论：第3卷［M］．北京：人民出版社，2004：728.

的产物。如果没有资本主义生产关系下所形成的平均利润和价值转化为生产价格，通过使用自然力引起的劳动生产力的提高，只能降低单位商品价值量，而不会增加商品中包含的利润。另外，土地所有权也不创造剩余价值或者利润，即使没有土地所有权，超额利润也会存在，土地所有权不是超额利润产生的原因。土地所有权只是使已经产生出来的超额利润转化为级差地租形式，或者说，只是使超额利润被土地所有者所占有的原因。

2. 绝对地租

讨论级差地租时，马克思先抽象掉绝对地租不谈，即最差的土地不交地租。但是事实上，“当资本投在土地上时，土地所有权或者说土地所有者，就作为这样一种外力和限制，出现在资本或资本家面前。在这里，土地所有权就是障碍。因此，不纳税，也就是说，不交地租，就不能对从前未耕种或未出租的土地投入任何新的资本”①。无论土地优劣，只要有土地所有权的垄断，不论什么土地，都要支付地租，这样支付的地租就是绝对地租。绝对地租产生的原因是土地所有权的垄断，“土地所有权本身已经产生地租”②，如果没有绝对地租，就“意味着土地所有权被抽象掉，土地所有权被废除”③，所以在资本主义土地私有制下，绝对地租是必然存在的。

转化为绝对地租的超额利润，是农产品价值和生产价格之间的差额，所以是农产品价值的一部分。“如果一个生产部门中的资本构成低于社会平均资本的构成，也就是说，如果该资本中投在工资上的可变部分，和投在物质劳动条件上的不变资本的比率，大于社会平均资本中可变部分和不变部分的比率，那么，它的产品的价值就必然会高于它的生产价格”④。农业的资本有机构成低于社会资本平均构成，这是因为农业落后于工业是资本主义制度下的普遍现象。“真正农业上的资本构成如果低于社会平均资本的构成，那么，这首先表示，在生产发达的各国，农业的发展程度没有达到加工工业的水平。撇开其他一切经济状况，并且一部分有决定作用的经济状况不说，这个事实已经由下述情况得到说明：力学各科，特别是它

① ［德］马克思．资本论：第3卷［M］．北京：人民出版社，2004：862.
② ［德］马克思．资本论：第3卷［M］．北京：人民出版社，2004：854.
③ ［德］马克思．资本论：第3卷［M］．北京：人民出版社，2004：849.
④ ［德］马克思．资本论：第3卷［M］．北京：人民出版社，2004：858.

们的应用，同化学、地质学和生理学，特别是它们在农业上的应用的较晚的，并且部分地还十分幼稚的发展比较起来，发展得比较早，而且比较快”①。

土地所有权的垄断，使农业部门的剩余价值不参加利润的平均化，并且把由此产生的超额利润转化为绝对地租。所以绝对地租的本质是农业工人创造的剩余价值的一部分。在工业中，不同部门的资本有机构成也有差别，但是，由于资本可以在工业部门之间自由流动，使资本有机构成差别造成的利润差别抵消，形成平均利润率，因此不存在价值和生产价格的差额。在农业中，土地所有权的垄断阻碍限制了资本的转移，使农业部门中的剩余价值不参与利润的平均化。所以农业中由于资本有机构成低于社会平均资本有机构成而由农业工人创造的更多的剩余价值不参与利润的平均化，而是留在农业部门中，形成一个超过平均利润之上的超额利润，并转化为绝对地租。因此，转化为绝对地租的超额利润是农业工人创造的剩余价值的一部分。“绝对地租的本质在于：……在生产上要用土地时，不论是用在农业上还是用在原料的开采上，土地所有权都会阻碍投在土地上面的各个资本之间的这种平均化过程，并攫取剩余价值的一部分，否则这一部分剩余价值是会进入平均化为一般利润率的过程的”②。可见，“在任何情况下，这个来自于价值超过生产价格的余额的绝对地租，都只是农业剩余价值的一部分，都只是这个剩余价值到地租的转化，都只是土地所有者对这个剩余价值的攫取”③。

3. 在级差地租基础上加入绝对地租看农产品价格与价值的关系

在级差地租基础上考虑绝对地租，最差的“A 级土地产品的价格，不是由它的生产价格来调节，而包含着一个超过它的生产价格的余额，即 = $P+r$。……因为 A 级土地产品的价格，一般来说代表起调节作用的一般市场价格的界限，即代表使总产品能够得到供给的那种价格的界限，并且就这一点来说，调节着这个总产品的价格”④。所以最坏土地单位面积产品的价格 $P+r$ 成了起调节作用的市场价格。根据马克思的论述，把绝对地租和级差地租放到一起，用表 4-1 举例，可以描述各种关系。

① ［德］马克思．资本论：第 3 卷［M］．北京：人民出版社，2004：859-860.
② ［德］马克思．资本论：第 3 卷［M］．北京：人民出版社，2004：872.
③ ［德］马克思．资本论：第 3 卷［M］．北京：人民出版社，2004：864.
④ ［德］马克思．资本论：第 3 卷［M］．北京：人民出版社，2004：847.

表 4-1　地租与农产品价值和市场价格的关系

土地级别	A（劣）	B（中）	C（优）
农产品个别价值（每亩）	10	8	6
个别生产价格（P）	9	7	5
绝对地租（r）	1	1	1
级差地租（每亩）	0	2	4
农产品市场价格	10	10	10

表 4-1 中，农产品的市场价格＝最坏土地农产品个别价值＝$P+r=9+1=10$（元），其中，r＝绝对地租，P＝成本价格+平均利润。[①] 农产品的市场价格由最坏土地产品的个别价值 10 元来调节。结果，最坏土地 A 只有 1 单位绝对地租，其他等级的土地有 1 单位绝对地租和它们各自可以缴纳的级差地租。

需要进一步说明的是，对于农产品来说，从价值决定角度看，按照劳动价值论，商品的价值由正常生产条件（中等条件）下生产的农产品的个别价值 8 元决定。所以理论上讲，农产品的总价值应当是 8×3＝24（元）。但是，现实中实现的价值即农产品的市场价格是 10×3＝30（元），超额的 6（元）转化为级差地租，这对于农业部门来说是虚假的社会价值，它不是农业部门的劳动创造的，而是社会对农产品的过多的支付，是社会总价值再分配的结果。所以农产品的市场价格是由最坏土地的个别价值来调节，而不是由其来决定，这个结论符合劳动价值论，不违反价值规律。马克思之所以先研究级差地租，就是因为，如果先研究绝对地租，会得出农产品价值由最坏土地的个别价值决定的结论，无法和价值规律（社会必要劳动时间决定商品价值量）相符合。按照现在的方法，先研究级差地租，说明为什么农产品的价格由最坏土地个别生产价格调节，揭示出作为级差地租实体的超额利润不是农业工人的剩余劳动创造，对于农业部门来说是虚假社会价值，是价值实现问题，因此，不是最坏土地的个别生产价格决定农产品价格，而是最坏土地的个别生产价格调节农产品价格，在此基础上，再加入农产品价值和社会生产价格的关系，加入土地所有权和资本有机构成因素，讨论绝对地租问题，就可以清楚地看到，由于存在绝对地租和级差地租，农产品的市场价格必须由最坏土地的个别价值来调节，但并不是由其来决定，这个结论符合价值规律。

① ［德］马克思．资本论：第 3 卷［M］．北京：人民出版社，2004：846-847.

4. 关于虚假的社会价值

为了说明地租理论不违背价值规律，还需要进一步说明虚假的社会价值问题。如上面举例所述，级差地租是虚假的社会价值。马克思分析指出，虚假的社会价值是价值实现问题，是名义价值，是由消费者负担的。"被当作消费者来看的社会在土地产品上过多支付的东西，社会劳动时间实现在农业生产上时形成负数的东西，现在对社会上的一部分人即土地所有者来说却成了正数"①。所以农业超额利润的源泉（级差地租的源泉）是全社会劳动者的一部分剩余劳动②，它是通过全体消费者购买农产品让渡给农业资本家的。之所以要让渡给农业资本家，是因为农业资本家必须能获得平均利润，并且要有一个超过平均利润的余额付级差地租，否则，资本家将不能投资于农业，这是在资本主义商品货币关系下价值规律作用的结果。马克思说："这是由在资本主义生产方式基础上通过竞争而实现的市场价值所决定的；这种决定产生了一个虚假的社会价值。这种情况是由市场价值规律造成的。"③ 马克思通过举例说明，"如果我们设想社会的资本主义形式已被扬弃，社会已被组成为一个自觉的、有计划的联合体，10夸特就会只代表一定量的独立的劳动时间，而和 240 先令内所包含的劳动时间相等。因此，社会就不会按产品内所包含的实际劳动时间的二倍半来购买这种土地产品；这样，土地所有者阶级存在的基础就会消失"④，因此，对于农产品来说的虚假的社会价值就不存在了。

如果农业资本的平均构成等于或高于社会平均资本的构成，那么，之前所讨论的那种意义的绝对地租就会消失了。马克思在绝对地租的进一步分析中指出，历史发展的趋势是，随着农业劳动生产力水平的提高，农业的机械化生产使农业有机构成提高，"按照事物的本性来说，随着农业的进步，这个差额必然会缩小"⑤，"如果农业资本的平均构成等于或高于社会平均资本的构成，那么，上述意义上的绝对地租，也就是既和级差地租

---

① ［德］马克思．资本论：第 3 卷［M］．北京：人民出版社，2004：745.

② 在级差地租存在的条件下，为了维持劳动力的正常再生产，工人的必要劳动要更多一些，剩余劳动因此要更少一些，而资本家也需要支付更多的收入（剩余价值）购买农产品。所以和没有级差地租的情况相比较，现在，社会必须把剩余劳动的一部分以地租的形式支付给土地所有者。

③ ［德］马克思．资本论：第 3 卷［M］．北京：人民出版社，2004：744-745.

④ ［德］马克思．资本论：第 3 卷［M］．北京：人民出版社，2004：745.

⑤ ［德］马克思．资本论：第 3 卷［M］．北京：人民出版社，2004：872.

不同，又和以真正垄断价格为基础的地租不同的地租，就会消失”[①]。但是，只要土地所有权存在，绝对地租就存在。这时的地租实际上是垄断地租，它“只能来自市场价格超过价值和生产价格的余额，简单地说，只能来自产品的垄断价格”[②]。农产品垄断价格之所以能够存在，是因为农产品的消费是人的生存的需要，当农业因为农产品市场价格等于甚至低于它的市场价值，不能够为土地所有者提供绝对地租而减少生产时，农产品的价格将因市场需求强烈而上升，直到租地农场主能够付得起绝对地租为止。所以“这种垄断价格既不是由商品的生产价格决定，也不是由商品的价值决定，而是由购买者的需要和支付能力决定”[③]。这时，绝对地租存在仍然是因为土地所有权存在，它要求租地就要付地租，但是，转化为垄断地租的超额利润的来源已经变了，这个超额利润不是农业工人创造的剩余价值，而是剩余价值的再分配，不仅如此，垄断价格还吞噬工人的一部分必要劳动。马克思分析指出：“某些商品的垄断价格，不过是把其他商品生产者的一部分利润，转移到具有垄断价格的商品上。剩余价值在不同生产部门之间的分配，会间接受到局部的干扰，但这种干扰不会改变这个剩余价值本身的界限。如果这种具有垄断价格的商品进入工人的必要的消费，那么，在工人照旧得到他的劳动力的价值的情况下，这种商品就会使工资提高，并从而使剩余价值缩小。它也可能使工资被压低到劳动力的价值以下，但是工资只不过要高于身体上的最低限度。在这种场合，垄断价格就要通过对实际工资（即工人靠同量劳动而得到的使用价值的量）的扣除和对其他资本家的利润的扣除来支付。垄断价格能够在什么界限内影响商品价格的正常调节，是可以确定和准确计算出来的。”[④]所以垄断地租来自农产品的垄断价格，这个垄断地租来自对全社会剩余价值的再分配，甚至还可能侵吞一部分工人实际工资，本质上是垄断地租的绝对地租和级差地租一样，也是社会对农产品过多的支付，是农业部门虚假的社会价值。马克思在此关于垄断价格的分析对于我们如何看待当代垄断资本主义具有重要启示，对于认识垄断资本的本质具有重要价值。当代资本主义已经从自由竞争资本主义阶段进入垄断资本主义阶段，在垄断资本主义阶段，垄断资本的生产目的是追求高额垄断利润，实现这个目的的手段之一就是通过控

---

①② ［德］马克思．资本论：第3卷［M］．北京：人民出版社，2004：865.

③ ［德］马克思．资本论：第3卷［M］．北京：人民出版社，2004：864.

④ ［德］马克思．资本论：第3卷［M］．北京：人民出版社，2004：975-976.

制产量或者控制自然资源实施垄断价格，甚至直接控制市场价格，使市场价格在很多领域演变为垄断价格。马克思对垄断价格的分析告诉我们，垄断资本家通过垄断价格获得超过平均利润的垄断利润，不仅把非垄断生产者的一部分利润据为己有，而且通过消费品的垄断价格占有一部分工人的必要劳动。

第五章　资本的运动规律及其当代价值

马克思对资本的概念作了完整的概括："资本作为自行增殖的价值，不仅包含着阶级关系，包含着建立在劳动作为雇佣劳动而存在的基础上的一定的社会性质。它是一种运动，是一个经过各个不同阶段的循环过程，这个过程本身包含循环过程的三种不同的形式。因此，它只能理解为运动，而不能理解为静止物。"① 可见，马克思认为，资本具有两重性质。首先，资本是带来剩余价值的价值，资本是一种包含着资本家阶级剥削雇佣工人阶级关系的社会生产关系，资本是建立在雇佣劳动基础上的社会历史范畴，是一定历史条件的产物。其次，资本还是一种以货币资本、生产资本、商品资本形式交替存在的循环往复的运动，只有在不断的运动中才能实现资本自身的保值和增殖，只有社会生产按比例进行，企业和社会再生产才能不断进行下去，才能通过持续不断的扩大再生产实现经济增长。资本运动存在规律性，资本循环规律的关键词是"连续性"，资本周转规律的关键词是"速度"，社会总资本再生产规律的关键词是"按比例"。只有遵循这些规律，社会生产的"大循环"才能够高效可持续进行。引入资本的流通和社会再生产过程，讨论资本的运动规律，这是马克思独有的研究成果，恩格斯在《资本论》第2卷序言中高度评价了这一研究成果，说这是"卓越的研究"，是在"至今还没有人进入的领域内所取得的崭新成果"②。引入这些"崭新成果"，从资本是一种运动这重含义看，马克思的资本流通理论完全可以作为市场经济条件下研究企业和社会再生产过程的理论工具，这些内容对于研究中国特色社会主义市场经济运动中的许多经济问题具有重要的理论意义和实际意义。

① ［德］马克思．资本论：第2卷［M］．北京：人民出版社，2004：121-122.

② ［德］马克思．资本论：第2卷［M］．北京：人民出版社，2004：25.

一、资本循环规律及其当代价值

马克思的资本循环理论研究了单个产业资本的形态变化和循环，考察了货币资本的循环、生产资本的循环和商品资本的循环，说明了产业资本循环是货币资本、生产资本和商品资本循环的统一和实现三个资本循环统一的条件，考察了资本循环一次所经历的时间（流通时间），考察了资本循环在流通领域所耗费用（流通费用）。核心是说明：资本要想顺利地经过生产和流通过程回到起点，完成它的循环过程，必须要保持资本运动的连续性；资本循环一次所需时间和费用越少，说明资本运动的效率越高。

（一）产业资本的总循环

产业资本的运动是一个周而复始的循环过程，它的总运动包含着同时进行的三个循环——货币资本循环（G-W…P…W′-G′）、生产资本循环（P…W′-G′-W…P）和商品资本循环（W′…G′-W…P…W′）。“任何一个单个产业资本都是同时处在所有这三种循环中。这三种循环，三种资本形态的这些再生产形式，是连续地并列进行的。……资本在它的任何一种形式和任何一个阶段上的再生产都是连续进行的，就像这些形式的形态变化和依次经过这三个阶段是连续进行的一样。可见，在这里，总循环是资本的三个形式的现实的统一。”①

如图 5-1 所示，产业资本的总运动是三个循环的有机统一，三个循环互为前提，一种形式循环的反复已经包含着其他形式的循环过程。①在货币资本的不断循环中，包含了生产资本和商品资本的循环；②在生产资本的不断循环中，包含了货币资本和商品资本的循环；③在商品资本的不断循环中，包含了货币资本和生产资本的循环。某一个循环出现问题，其他的循环过程就不能正常进行，产业资本的总循环就会出现问题。由于三种循环都包含生产过程和流通过程，因此，产业资本的总循环是由一个生产阶段和购买、销售两个流通阶段构成的，这三个阶段互相依存，紧密衔接，任何一个阶段出现停滞，都会影响资本循环的正常进行。可见，“产业资本的连续进行的现实循环，不仅是流通过程和生产过程的统一，而且

① ［德］马克思．资本论：第2卷［M］．北京：人民出版社，2004：117.

是它的所有三个循环的统一”①。所以为了保持资本运动过程的连续性，货币资本、生产资本、商品资本必须同时处于各自的职能中，每种形态的资本进入生产或流通过程，都要经过生产阶段、出售阶段和购买阶段，进行各自的循环，而每种形态的资本有序经过各个阶段的运动，恰好填补了个别资本形态在循环中，或者在生产阶段，或者在流通阶段出现的空白，由此完成了个别资本不断的再生产过程，保持了资本运动过程的连续性。“连续性是资本主义生产的特征，是由资本主义生产的技术基础所决定的，虽然这种连续性并不总是可以无条件地达到的”②。马克思关于产业资本是三个循环有机统一的原理说明，和小手工业生产不同，以资本主义机器大工业为技术基础的资本的循环必须保持连续性，资本主义生产和流通过程从而再生产过程才能够正常运行，剩余价值才能够不断地生产和实现。所以连续性是以追求最大剩余价值为目的的资本主义生产的特征。

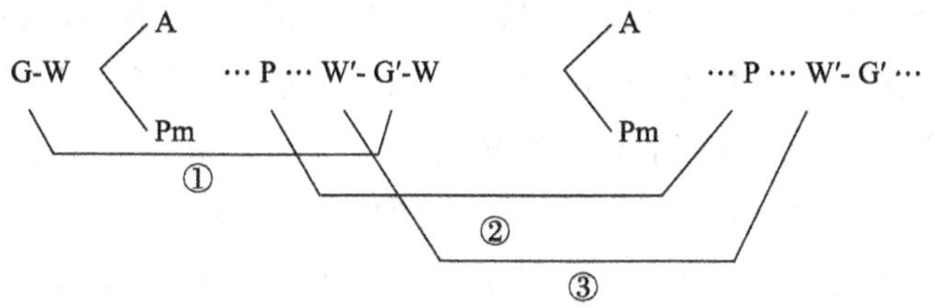

图 5-1　产业资本的总循环

在货币资本循环中需要特别关注一个问题，即预付货币资本所购买的劳动力和生产资料在量的比例确定上的问题，否则可能会因为生产资料短缺停工，或者因为劳动力短缺使生产资料闲置，这个比例与企业的技术条件相关，也与生产目的相关。也就是说，这个问题不仅仅是一个技术问题，更是由资本追求最大剩余价值的生产目的所决定。马克思指出：“这种量的关系一开始就是由一定数量的工人所要耗费的超额即剩余劳动的量决定的。”③ 在既定的生产技术条件下，预付资本所购买的劳动力和生产资料量的比例的确定，取决于生产资料的规模和数量必须足以使劳动力的剩余劳动得到充分利用，因为资本是劳动力的剩余劳动的压榨器和吸收器。

① ［德］马克思．资本论：第 2 卷［M］．北京：人民出版社，2004：119.
② ［德］马克思．资本论：第 2 卷［M］．北京：人民出版社，2004：118.
③ ［德］马克思．资本论：第 2 卷［M］．北京：人民出版社，2004：33.

当劳动力的价格和物质资本的价格确定之后，剩余价值的最大化来源于工人剩余劳动的最大化，而剩余劳动量是可以通过提高劳动强度、延长工作日增加的，这使资本家有用尽量少的劳动力投入去推动尽量多的物质资本来获得更多的剩余价值的动机。现实中存在着的机器排挤工人、工人为了就业被迫接受低工资和高强度支出劳动的事实，都有力地证明了马克思关于资本和劳动投入量的关系分析的科学性。

（二）产业资本运动连续性实现的条件

资本运动要想连续不断地进行，必须具备如下条件：①产业资本必须按照一定比例，以货币资本、生产资本、商品资本三种形态在空间上同时并存，三种资本各自执行相应的职能。因为产业资本循环是生产过程和流通过程的统一，如果全部资本都以货币资本形式存在，在货币资本购买生产要素阶段，生产过程和销售过程就会中断；如果全部资本都以生产资本形式存在，在生产资本处于生产过程之中时，购买过程和销售过程就会中断；如果全部资本都以商品资本形式存在，在商品资本处于销售过程时，生产过程和购买过程就会中断。所以三种资本必须同时存在，购买、生产、销售同时进行，产业资本运动才能正常进行。另外，同时存在的三种"资本的分割必须按一定的比例数字进行"①。如果三种资本比例不适当，产业资本循环就不能按照正常规模进行。②货币资本、生产资本、商品资本必须不断地进行各自的循环，并且这三种资本的循环在时间上相互继起。也就是说，货币资本要不断地转化为生产资本、商品资本，再回到货币资本形式；生产资本要不断地转化为商品资本、货币资本，再回到生产资本形式；商品资本要不断地转化为货币资本、生产资本，再回到商品资本形式。而且，三种资本在职能形式的相互转换，在时间上要前后紧密衔接。比如，当生产资本转化为商品资本时，货币资本正好完成生产要素的购买，转化为生产资本，使生产过程不会中断；生产资本正好完成生产过程，转化为商品资本，使销售过程不会中断；商品资本正好完成销售过程，转化为货币资本，使购买生产要素的过程不会中断。可见，三种资本在空间上的并存性和运动在时间上的继起性，是保持产业资本循环连续性的实现条件。这两个条件是互为前提、互相联系的。一方面，资本的"每

① ［德］马克思．资本论：第2卷［M］．北京：人民出版社，2004：119.

一部分的相继进行，是由各部分的并列存在即资本的分割所决定的"①；另一方面，"决定生产连续性的并列存在之所以可能，只是由于资本的各部分依次经过各个不同阶段的运动。并列存在本身只是相继进行的结果"②。所以并存性和继起性之间存在着互为因果的辩证统一的关系。由于三种资本形态在空间上并存，又由于它们相继不断地进行各自的循环，就构成了产业资本的总运动过程。

上述理论在实践中表现为，企业为了保持生产的连续性，必须购买、生产、销售同时进行，这就需要同时拥有货币资本、生产资本、商品资本三种形态的资本，这三笔资本要按比例分配，并且能够正常收回。保持生产过程的连续性是保证生产效率的基本条件，只要生产是在商品经济形态下进行，生产过程需要货币投入来推动、需要流通环节来连接，企业的运行就无法逃脱连续性这个客观规律的约束。

（三）影响产业资本正常循环的因素

马克思在讨论产业资本循环时以假定其他条件不变为前提。但是，现实情况是其他条件是会发生变化的。对此，马克思都进行了说明，比如，技术革命引起劳动生产率变化导致的价值革命；生产要素或者所生产出的商品价格变动；以商业资本为中介的商品流通速度；货币作为交换手段、支付手段与商品价格一起作用导致的货币流通速度问题；等等。这些因素都会影响生产资本、商品资本和货币资本的比例或运动速度，从而影响产业资本的正常循环。所以从资本运动的角度看，企业在生产经营活动过程中，必须要十分关注影响其生产资本、商品资本和货币资本运动的因素。

马克思特别分析了劳动生产率的变化引起的社会资本的价值革命即价值量的剧烈变动对产业资本循环的影响。马克思说："如果社会资本的价值发生价值革命，他个人的资本就可能受到这一革命的损害而归于灭亡，因为它已经不能适应这个价值运动的条件。价值革命越是尖锐，越是频繁，独立化的价值的那种自动的、以天然自然过程的威力来发生作用的运动，就越是和资本家个人的先见和打算背道而驰，正常的生产过程就越是屈服于不正常的投机，单个资本的存在就越是要冒巨大的危险。"③ 资本的

① ［德］马克思．资本论：第2卷［M］．北京：人民出版社，2004：119.

② ［德］马克思．资本论：第2卷［M］．北京：人民出版社，2004：119-120.

③ ［德］马克思．资本论：第2卷［M］．北京：人民出版社，2004：122.

现实运动不断证明着这个结果！在技术革命使劳动生产率快速提高导致的价值革命中，许多无法追赶技术革命浪潮的企业因其资本不能进行正常的循环被淘汰，那些游离出来的资本会聚集到投机行业而不是去从事产业投资，导致投机泡沫膨胀。

（四）资本循环的时间

由于资本的循环既经过生产领域又经过流通领域，资本循环一次，不仅需要生产时间，也需要流通时间。“资本在生产领域停留的时间是它的生产时间，资本在流通领域停留的时间是它的流通时间。所以资本完成它的循环的全部时间，等于生产时间和流通时间之和”①，这也可以看作广义的流通时间，即资本循环一次所需要的时间。

其中的生产时间是指资本在生产领域停留的时间，在这个时间内，生产使用价值，形成价值。生产时间包括劳动时间和非劳动时间。第一，劳动时间是生产资料和劳动力相结合发挥作用的时间。在这个时间内，生产使用价值，创造价值和剩余价值。因此，劳动时间是资本循环中具有决定意义的时间。第二，非劳动时间是劳动过程正常中断的时间，包括停工时间、生产资料储备时间和自然作用时间。“在整个生产过程的正常中断期间，即生产资本不执行职能的间歇期间，既不生产价值，也不生产剩余价值。……但它促进产品的完成，成为产品生涯的一部分，是产品必须经过的一个过程”②。①停工时间。正常的停工时间是指工厂的夜间停工和假日不开工时间等。此时，生产资料已经进入生产过程和劳动力相结合，只是在结合过程中发生暂时中断。停工时间不加入新劳动，因此不创造价值和剩余价值。但是，在停工时间中，一切设备和装置的耗费，其价值仍然要转移到劳动过程所生产的新产品中去。如果是生产的缩减、危机等引起的非正常停工，不能转移价值。②生产资料储备时间是指原材料和辅助材料已进入生产领域，但是还没有进入劳动过程的时间。这些正在储备的生产资料，不转移价值。但是，为储备生产资料所需要的建筑物、装置等，是预付生产资本的组成部分，它们的价值要逐步转移到产品中去。为了保管这些生产资料而追加的保管人员的劳动是保存产品使用价值的劳动，具有生产性质，不仅创造价值，而且创造剩余价值。③自然作用时间是指劳动

① ［德］马克思．资本论：第2卷［M］．北京：人民出版社，2004：138.

② ［德］马克思．资本论：第2卷［M］．北京：人民出版社，2004：140.

过程中断，劳动对象受自然力独立作用的时间，例如，酿酒的化学发酵时间、金属铸件的物理硬结时间、动植物的自然生长时间。这时生产资料已经进入生产过程和劳动力相结合，只是在结合过程中发生暂时中断。这个时间内由于没有投入劳动，因此不会创造新价值。但是，自然力对形成新产品的使用价值发挥作用，所使用的劳动资料中的价值要相应地转移到新产品中去。由此可见，“生产时间和劳动时间越吻合，在一定期间内一定生产资本的生产效率就越高，它的价值增殖就越大。因此，资本主义生产的趋势，是尽可能缩短生产时间超过劳动时间的部分”①。

其中的流通时间是指狭义流通时间，即资本在流通领域停留的时间，包括购买时间和销售时间。在流通领域，资本以商品资本和货币资本形式存在，从内容上看，销售过程是商品资本转化为货币资本的过程，这个转化过程包含着剩余价值的实现；购买过程是货币资本转化为商品资本的过程，这个转化过程包含着资本价值再转化为劳动力和生产资料。流通时间的构成包括出售时间和购买时间。其中卖是资本形态变化最困难的部分，所以一般占用流通时间也较长。相比之下，购买比较容易，但是因为所要购买的生产资料种类很多，买卖又在空间上分离，许多生产资料要到外地市场采购，有些又因为市场一时缺货买不到，有些价格波动太大，要看价再买，等等，在这些因素的影响下，各个企业的购买时间长短不一样。不过在正常情况下，卖还是比买重要，它关系到剩余价值的实现。另外，卖的时间不能超过该商品的使用价值的存在时间，商品坏掉了，即丧失了使用价值，商品中包含的价值和剩余价值也就丧失了。因此，易于腐坏的商品，例如，瓜果蔬菜等鲜货，卖得越快越好，它的销售市场一般不远，带有地方性（小生产），这些商品只有在人口稠密的地方或运输工具发达的条件下，才成为资本主义生产（大生产）的对象。② 马克思认为，交通运输业在经济发展史中起着重要作用，它通过缩短商品到达市场的距离缩短了流通时间；它改变着生产地点和销售市场的相对距离，使生产的中心发生变化；它通过使生产中心和市场集中使人口与资本在一定的地域加速集中；它的发展为资本主义不断膨胀的生产力开拓世界市场提供了可能性。③交通运输业的快速发展以交通工具的革命为起点。1756 年，英国物理学家

① ［德］马克思．资本论：第 2 卷［M］．北京：人民出版社，2004：141.
② ［德］马克思．资本论：第 2 卷［M］．北京：人民出版社，2004：145.
③ ［德］马克思．资本论：第 2 卷［M］．北京：人民出版社，2004：277-279.

罗比森最先提出用蒸汽机推动车辆的设想。1774年，瓦特在他的专利说明书上也设计了使用蒸汽机车的图样。伴随着工业革命进程的加快，1807年，英国发明家特里维西克建造了一台在普通道路上行进的蒸汽机车，虽然这台蒸汽机车自重5吨，每小时只能行驶8公里，可它毕竟是运输工具革命的起点。1814年，史蒂文森终于建造了第一台可以实际运行的铁路蒸汽机车，能牵引30吨货物，后来他又改进了机车设计，并于1825年造出了“旅行号”机车，1829年造出了“火箭号”机车，每小时可行驶20公里以上。此后，欧美各国竞相修建铁路和采用蒸汽机车。19世纪末，世界铁路的总里程已经达到65万公里。几乎是与此同时，1806年，工程师富尔顿和利文斯顿在纽约建造了第一艘水上蒸汽轮船“克勒蒙特号”，1819年，配有蒸汽动力的“萨凡纳号”用26天时间横渡大西洋驶进利物浦。18世纪末19世纪初，英国与欧美陆路、铁路、水路、海路交通体系的形成标志着交通工具革命的成功。① 随着运输工具的革命，流通时间缩短了。“缩短流通时间的主要方法是改进交通。近50年来，交通方面已经发生了革命，只有18世纪下半叶的工业革命才能与这一革命相比。在陆地上，碎石路已经被铁路排挤到次要地位，在海上，缓慢的不定期的帆船已经被快捷的定期的轮船航线排挤到次要地位，并且整个地球布满了电报网。苏伊士运河才真正开辟了通往东亚和澳洲的轮船交通。1847年，运往东亚的商品的流通时间，至少还需要12个月，现在已经减少到12个星期左右。1825年到1857年期间的两大危机策源地，美国和印度，由于交通手段的这种变革，同欧洲的工业国家靠近了70%~90%，因而失去了它们的爆发能力的大部分。全世界贸易的周转时间，都已经按相同的程度缩短，参加世界贸易的资本的活动能力，已经增加到两倍或三倍多”②。马克思关于交通运输业的研究告诉我们，交通运输业对于经济活动有着巨大的影响和作用，表现在：农产品生产规模受交通运输业影响大；产业和市场集中受交通运输业制约；统一市场形成受交通运输影响大；交通运输业和通信业的发展是世界市场的形成和贸易快速发展的重要推动力量，它们的发展推动了经济全球化，并且可以把经济危机迅速转嫁到其他与其有贸易联系的国家。

① 杨志．论资本的二重性——兼论我国公有资本的本质［M］．北京：经济科学出版社，2002：251.

② ［德］马克思．资本论：第3卷［M］．北京：人民出版社，2004：84.

由于“资本在流通时间内不是执行生产资本的职能，因此既不生产商品，也不生产剩余价值”[①]，流通时间对生产起了一种消极限制的作用，“限制的程度与流通时间持续长短成比例”[②]。消极限制作用表现为：①使生产过程中断；②占用资金，影响剩余价值的生产。如果资本按比例分割，流通时间越长，以货币资本和商品资本形式占有的资金越多，以生产资本形式发挥生产剩余价值的作用越小，因此应尽量缩短流通时间。马克思说：“流通时间越等于零或近于零，资本的职能就越大，资本的生产效率就越高，它的自行增殖就越大。例如，假定有一个资本家按定货生产，因此他在提供产品时就得到支付，又假定支付给他的是他所需要的生产资料，那么，流通时间就接近于零了。”[③]虽然后一种情况出现的不多，但是，按照订货生产来缩短销售时间，降低供给与需求脱节带来的风险，是可以做到的，“供货契约规模随着资本主义生产规模和水平一同扩大”[④]。

二、资本的周转规律及其当代价值

“资本的循环，不是当作孤立的过程，而是当作周期性的过程时，叫做资本的周转。”[⑤]资本反复不断地进行周期性循环就是资本的周转，二者紧密相关，资本完成一次循环，就是完成了一次周转。资本周转与资本循环的不同之处在于，资本循环强调资本运动的连续性，资本周转则强调，资本运动不是一次循环，而是反复不断的循环，这个速度越快，一定量的预付资本在一定时间内带来的剩余价值就越多，所以研究资本周转的中心问题是周转的速度。

（一）影响资本周转速度的因素

1. 生产资本的不同组成部分有不同的周转方式

根据生产资本在生产过程中的价值转移方式不同，马克思把资本划分为固定资本和流动资本。

固定资本是指生产资本中物质形态全部参加生产过程，而价值逐步转

① ［德］马克思．资本论：第2卷［M］．北京：人民出版社，2004：141.

②③ ［德］马克思．资本论：第2卷［M］．北京：人民出版社，2004：142.

④ ［德］马克思．资本论：第2卷［M］．北京：人民出版社，2004：281.

⑤ ［德］马克思．资本论：第2卷［M］．北京：人民出版社，2004：174.

移到新产品中的那部分不变资本，“这个资本部分不是在它的使用形式上进行流通，进行流通的只是它的价值，并且这种流通是逐步地、一部分一部分进行的，和从它那里转移到作为商品进行流通的产品中去的价值相一致。在它执行职能的全部时间内，它的价值总有一部分固定在它里面，和它帮助生产的商品相对立，保持着自己的独立。由于这种特性，这部分不变资本取得了固定资本的形式”①。所以固定资本不是指资本的物质形态不能移动，而是指它们要在比较长的时期内保持固定的实物形态，反复参加到许多次的生产过程中。比如，投资在位置不变的厂房、建筑物上的资本是固定资本；投资在不断变更位置又不断处于生产过程中的车辆、船舶上的资本也是固定资本；投资在农业生产上的役畜、种畜、奶牛等动物上的资本还是固定资本。

流动资本是生产资本中物质形态全部参加生产过程、价值一次全部转移到新产品中的那部分资本，它“一部分是由存在于辅助材料和原料上的不变资本要素构成，一部分是由投在劳动力上的可变资本构成”②。投在原料、辅助材料上的那部分资本，其物质形态在一次生产过程全部消耗掉，形成一种新的使用价值，价值全部转移到新产品中去。这里需要注意一个问题，资本家用于购买劳动力的那部分可变资本，它是流动资本，但并不是把价值转移到新产品中去，而是在生产过程中由活劳动重新创造出来。在把投在劳动力上的资本作为可变资本考察时，马克思指出，工人在劳动过程中不仅创造了相当于劳动力价值的那部分价值，用以补偿资本为购买劳动支出的预付资本，而且还创造了剩余价值；在把投在劳动力上的资本作为流动资本考察时，马克思说，“预付在劳动力上的那部分生产资本的价值，全部转移到产品中去（我们在这里总是撇开剩余价值不说）”③。所以在把投在劳动力上的资本作为流动资本考察，只是讨论这部分预付资本以什么形式和在什么程度上加入新产品的问题，而不考察剩余价值生产时，马克思才使用了“转移”价值的说法。由于投在劳动力上的可变资本和原料、辅助材料上的那部分不变资本的价值转移方式相同，它们都是流动资本。

价值转移方式的差别决定了资本周转方式的不同。固定资本是一次预

① ［德］马克思．资本论：第2卷［M］．北京：人民出版社，2004：177.
② ［德］马克思．资本论：第2卷［M］．北京：人民出版社，2004：183.
③ ［德］马克思．资本论：第2卷［M］．北京：人民出版社，2004：184.

付，价值多次以折旧费形式通过流通过程逐渐收回，而使用价值一直留在生产过程中，直到价值全部收回为止才完成它的一次周转。固定资本这种独特的价值转移方式决定了它独特的流通方式，从而决定了它独特的周转方式。流动资本是一次预付，一次把价值全部转移到产品中，通过流通过程收回，完成一次周转。所以固定资本周转一次，流动资本可以周转多次。固定资本的价值是一次预付、分次收回，它的使用价值更新则要在它的寿命终结时才会发生。流动资本的价值是一次预付、一次收回，它的使用价值在一次周转中全部消费，并通过流通一次更新。

2. 固定资本的磨损和更新

固定资本每一次的价值转移量取决于固定资本的磨损或者说取决于它的使用寿命。固定资本的磨损可以分为物质磨损和精神磨损两种类型。物质磨损即有形磨损，是指机器、厂房、建筑物等固定资本的物质要素的损耗，这种磨损是由于使用和自然力的侵蚀造成的，因磨损而转移的价值，"是按照固定资本丧失使用价值的平均程度进行的。……固定资本有一定的平均寿命"①。无形损耗是固定资本在它们的有效使用期限内，由于生产技术进步引起的资本价值的贬值。首先，由于生产资料生产部门劳动生产力提高带来的同样性能的产品固定资本的贬值。这时，劳动资料不能按照原有的价值进行补偿，而只能按照现有的价值进行补偿。比如，原来一台机器的价值是 10 万元，可使用 10 年，每年折旧 1 万元，使用 5 年后，由于生产同样机器的劳动生产率提高，这台机器现在只值 5 万元了。那么，除了前面 5 年已折旧的 5 万元外，剩余 5 万元现在只值 2.5 万元，其后每年只能按 5000 元提取折旧，损失的 2.5 万元就是无形损耗。其次，由于生产资料生产部门提供了性能更好、效率更高、更加便宜的新性能产品，引起固定资本的贬值。比如，在上述例子中，如果 5 年后由于有性能更好、效率更高、更加便宜的新机器出现，只有淘汰原有机器，使用新机器，才能够更有效率和竞争力，那么，剩余的没有提取折旧的 5 万元全部形成无形损耗。

固定资本在物质形式上进行替换，在价值形式上进行补偿，就是固定资本更新。固定资本不仅由于物质磨损和无形损耗需要更新，而且由于竞争，资本家为了降低自己的个别生产成本，以便取得超额剩余价值，他们

① ［德］马克思．资本论：第2卷［M］．北京：人民出版社，2004：191.

往往在旧机器的自然寿命还没结束之前，就要采用新的劳动生产率更高的机器，提前进行固定资本的更新。还有在危机和灾荒中，为了尽快摆脱它们，也要提前进行固定资本的更新。所以“在发生决定性变革的时候，又迫使旧的劳动资料在它们的自然寿命完结之前，用新的劳动资料来替换”①。固定资本更新的内容包括物质更新和价值补偿两部分。固定资本的物质更新即用新的劳动资料代替旧的劳动资料，大体上有两种情况：一次全部更新；局部更新，即在同期间内一部分一部分地更新，大修理属于局部更新。要进行固定资本更新，必须设立折旧基金。折旧基金就是逐年按照固定资本磨损程度提取的货币准备金，这就是价值补偿，价值补偿即折旧费的提取，它是进行物质更新的基础。每年提取的折旧基金等于固定资本的价值除以它的平均使用年限。例如，一台机器值 1 万元，可以使用 10 年，每年就要提取折旧基金 1 万元，待 10 年后机器报废时，重新用折旧基金购置新的机器。由于损耗还包括无形损耗，平均使用年限应以物质损耗和无形损耗结合起来的实际损耗为基础确定，如果忽视无形损耗，折旧率偏低，短期内，就可能使成本下降，产品在市场中有价格优势，但是，由于折旧率偏低，固定资本不能及时更新，技术老化，长期内会使企业竞争力下降。

固定资本更新可以扩大再生产。比如，从全社会来看，折旧基金在没有用于固定资本更新之前，可以先用于增加投资，使生产规模扩大，还可以利用折旧基金改良机器，提高生产效率，使生产规模扩大。无论以什么方式增加投资进行扩大再生产，扩大再生产都可以表现为两种基本类型，“如果生产场所扩大了，就是在外延上扩大；如果生产资料效率提高了，就是在内涵上扩大”②。扩大再生产在结果上表现为使用价值量的增加，但是，外延的扩大再生产同时表现为生产场所的扩大，而内涵的扩大再生产则没有生产场所的扩大。另外，在许多情况下，内涵的扩大再生产还表现为，生产规模的扩大并不需要等比例地增加投资，“并入资本中的各种生产要素的扩大，在一定界限之内，不是取决于预付货币资本的量”③。这是因为，生产规模的扩大，还可以通过如下渠道实现：延长劳动时间，提高劳动强度，加强对劳动力的剥削；对劳动资料进行充分、合理的使用，提高设备利用率或延长设备使用时间；充分利用科学技术的成果；合理进行劳动

① ［德］马克思．资本论：第 2 卷［M］．北京：人民出版社，2004：190-191.
② ［德］马克思．资本论：第 2 卷［M］．北京：人民出版社，2004：192.
③ ［德］马克思．资本论：第 2 卷［M］．北京：人民出版社，2004：393.

的社会结合（分工协作）和提高劳动的熟练程度；提高劳动生产力；加强资本的集中；缩短周转时间；等等。以上这一切表明，预付资本“在转化为生产资本之后，包含着生产的潜力，这些潜力的界限，不是由这个预付资本的价值界限规定的，这些潜力能够在一定的活动范围之内，在外延或内涵方面按不同程度发挥作用”①。在现实的经济活动中，企业增加投资进行扩大再生产，既要注重规模，更要注重效率，使增加的投资产生倍增的效果。

为了保证固定资本各个物质要素的正常使用，减轻固定资本损耗的不利影响，必须进行维护和修理。对机器设备进行维护和修理就要支付费用，维护费是为维护固定资本所花去的费用，比如机器的擦洗保养等。“投在这种劳动上的资本，虽然不进入作为产品来源的真正的劳动过程，但是属于流动资本。这种劳动在生产中必须不断地耗费，因而它的价值也必须不断地由产品价值来补偿。投在这种劳动上的资本，属于流动资本中要弥补一般非生产费用的部分，这个部分要按年平均计算，分摊到价值产品中去”②，因此会影响产品价格。“机器越是超过它的中年期，因而正常的磨损越是增多，构成机器的材料越是消耗和衰老，为维持机器直到它的平均寿命结束所需要的修理劳动就越频繁，越重要。正像一个老年人，为了防止没有到时候就死去，必须比年轻力壮的人支付更多的医药费”③。所以机器使用时间越长，这笔费用就越多，这在客观上要求要适当加快固定资本周转速度。另外，由自然灾害引起的破坏产生的修理费用，既不属于流动资本，又不属于固定资本，而是属于保险费用。“同异常的自然现象，火灾、水灾等等引起的破坏相关联的保险，则和损耗的补偿以及维修劳动完全不同。保险必须由剩余价值补偿，是剩余价值的一种扣除。或者，从整个社会的观点来看，必须不断地有超额生产，也就是说，生产规模必须大于单纯补偿和再生产现有财富所必要的规模，——完全撇开人口的增长不说，——以便掌握一批生产资料，来弥补偶然事件和自然力所造成的异乎寻常的破坏”④。

3. 预付资本的总周转和它的周转周期

由于资本根据它们的周转方式不同可划分为固定资本和流动资本，它

① ［德］马克思．资本论：第2卷［M］．北京：人民出版社，2004：395.
② ［德］马克思．资本论：第2卷［M］．北京：人民出版社，2004：194.
③ ［德］马克思．资本论：第2卷［M］．北京：人民出版社，2004：195.
④ ［德］马克思．资本论：第2卷［M］．北京：人民出版社，2004：198.

们各自按不同的方式、不同的期间周转，而且，固定资本不同组成部分根据它们的寿命，各有不同的周转期间，所以“预付资本的总周转，是它的不同组成部分的平均周转”①。

在资本总周转中，流动资本用很短时间就周转一次，而固定资本却要用比它多得多的时间完成一次周转，所以预付资本的周转周期由固定资本的周转周期来确定。预付资本总周转的周期由固定资本的平均使用寿命即由固定资本的周转周期来确定，即从固定资本进入生产过程到价值转移完毕，并随着产品出售全部收回，就是一个预付资本总周转的周期，在一个周转周期中，可以包括若干次预付总资本的平均周转。可见，固定资本所占比重越大，整个预付资本周转的速度就越慢；相反，流动资本所占比重越大，整个预付资本的周转速度就越快。一般来说，轻工业部门比如纺织业、食品业，生产资本中流动资本所占比重较大，它的资本周转速度就较快；重工业部门比如钢铁业，生产资本中固定资本所占比重较大，它的资本周转速度就较慢。预付资本总周转速度越慢，占用的预付资本就越多，所以资本主义国家的工业化，往往都是从资本周转速度快的轻工业开始，比如，18 世纪 60 年代，英国首先从棉纺织业开始进行工业革命，通过资本积累之后才大规模进入重工业领域。即使固定资本占有很大比重，但是，如果流动资本周转速度很快，使在一年内周转的资本价值总额大于预付资本的总价值，预付资本的周转速度会加快。所以在相同的固定资本所占比重条件下，加快流动资本的周转速度，可以使预付资本的总周转速度加快。

（二）生产时间对资本周转速度的影响

影响资本周转速度的另一个因素是缩短资本的周转时间。资本周转一次的时间就是资本循环一次的时间，包括生产时间和流通时间。在前面的资本循环问题中，已经讨论了流通时间的影响，所以这里只讨论生产时间对资本周转速度的影响。虽然在资本循环理论中已经谈到过生产时间对资本循环的影响，但是在那里，重点强调生产时间的各个组成部分对生产过程的连续性特别是对价值形成过程的影响，在资本周转理论中，重点讨论生产时间各个组成部分对资本周转速度的影响，涉及劳动期间、自然作用时间和生产资料储备时间。

① ［德］马克思．资本论：第 2 卷［M］．北京：人民出版社，2004：204.

1. 劳动期间对资本周转速度的影响

劳动期间是一定生产部门为提供一件成品所需要的相互联系的工作日数目。马克思说："由许多依次进行、互相联系的工作日构成的工作日，我称为劳动期间。我们讲工作日，指的是工人每天必须耗费劳动力，每天必须劳动的劳动时间的长短。而我们讲劳动期间，指的是一定生产部门为提供一件成品所必需的互相联系的工作日的数目。"① 劳动期间包含多个连续不断的工作日。例如，生产一台机车需要耗费 100 个劳动小时，如果工作日长度是 10 小时，生产一台机车的劳动期间是 10 个工作日。劳动期间从劳动所花费的小时数量角度看，实际上就是劳动时间，比如，生产一台机车需要耗费 100 个劳动小时，生产一台机器的劳动时间就是 100 小时。劳动期间和劳动时间的差别在于，前者考虑了工作日的长度，强调在工作日长度确定的条件下，生产一台耗费 100 小时劳动时间的机器需要多少个连续的工作日。显然，虽然劳动时间相同，由于工作日长度不同，生产一台机器所需要的劳动期间也不同。比如在上例中，如果工作日长度是 20 小时（工人三班倒，扣除了 4 小时的停工时间），那么，生产一台机车的劳动期间就是 5 个工作日。"为取得产品的特殊性质或应达到的有用效果的特殊性质，需要或长或短的劳动期间"②，不同生产部门由于产品的性质不同，所需要的劳动期间也不同，一般说来，重工业（比如生产机车）的劳动期间要比轻工业（比如生产棉纱）长，同一部门由于产品的性质不同，所需要的劳动期间也不同，比如"织一条普通地毯也许需要一周，而织一条戈比林壁毯则需要几年"③。由产品性质决定的劳动期间的差别"是无穷无尽的"④。

劳动期间是资本周转时间的一部分，所以劳动期间越长，资本的周转时间越长，所需流动资本量就越多；劳动期间越短，资本周转速度越快，所需流动资本量就越少。所以"在资本主义生产不太发达的阶段，那些需要很长劳动期间，因而需要在较长时间内大量投资的企业，特别是只能大规模经营的企业，例如筑路、开凿运河，等等，或者完全不是资本家经营，而由地方或国家出资兴办。……或者那种需要较长劳动期间才能生产

① ［德］马克思．资本论：第 2 卷［M］．北京：人民出版社，2004：257.
② ［德］马克思．资本论：第 2 卷［M］．北京：人民出版社，2004：258.
③④ ［德］马克思．资本论：第 2 卷［M］．北京：人民出版社，2004：256.

出来的产品，只有很小一部分是靠资本家自己的财产来生产的”[①]。“举办劳动期间相当长而规模又很大的事业，只有在资本积聚已经十分显著，另一方面信用制度的发展又为资本家提供方便的手段，使他可以不用自己的资本而用别人的资本来预付、来冒险的时候，才完全成为资本主义生产的事情”[②]。劳动期间的缩短是和在较短时间内预付更大的资本联系在一起的，在资本主义发展过程中，信用起着非常重要的作用。信用促进了股份公司的形成和发展，没有信用制度，股票无法发行，股份公司也就无法形成。信用制度集中社会一切闲置货币，通过股票市场上股票的买卖，为股份公司进行融资，提供单个资本家无力提供的巨额货币资本。因此，“信用制度是资本主义的私人企业逐渐转化为资本主义的股份公司的主要基础”[③]。股份公司以惊人的速度扩大了生产规模和企业规模，这对于个别资本来说是不可能有的。股份公司的出现，使资产阶级能够在短时期内集中巨额的资本，兴办个别资本家难以办到的规模巨大的企业。“假如必须等待积累使某些单个资本增长到能够修建铁路的程度，那么恐怕直到今天世界上还没有铁路。但是，集中通过股份公司转瞬之间就把这件事完成了”[④]。另外，发展信用事业，加速资本积聚和集中可以缩短劳动期间。在企业内部，分工、协作可以在既定的时间内产生如同倍加工作日的劳动效率，工人三班倒使用机器可以产生延长工作日的效果，这些都可以缩短劳动期间，而这些活动都需要增加流动资本，信用的发展为其提供了条件。

2. 自然作用时间

在资本循环理论问题中已经指出，自然作用时间是指劳动过程中断、劳动对象受自然力独立作用的时间。“在这个中断期间，劳动对象受时间长短不一的自然过程的支配，要经历物理的、化学的、生理的变化；在这个期间，劳动过程全部停止或者局部停止”[⑤]。在自然作用时间内，不产出产品，但是需要不断追加必要的流动资本，因此，自然作用时间越长，预付资本的投入量就越大，资本周转的速度越慢。自然作用时间在农业和林业中特别显著，由此产生如下问题：其一，在林业中“漫长的生产时间

---

① ［德］马克思．资本论：第2卷［M］．北京：人民出版社，2004：260.

② ［德］马克思．资本论：第2卷［M］．北京：人民出版社，2004：261.

③ ［德］马克思．资本论：第3卷［M］．北京：人民出版社，2004：499.

④ ［德］马克思．资本论：第1卷［M］．北京：人民出版社，2004：724.

⑤ ［德］马克思．资本论：第2卷［M］．北京：人民出版社，2004：266.

（只包含比较短的劳动时间），从而其漫长的周转期间，使造林不适合私人经营，因而也不适合资本主义经营。资本主义经营本质上就是私人经营，即使由联合的资本家代替单个资本家，也是如此。文明和产业的整个发展，对森林的破坏从来就起很大的作用，对比之下，它所起的相反的作用，即对森林的护养和生产所起的作用则微乎其微”①。这主要是因为，林业自然作用时间长，因此资本的周转时间长，预付资本长期停留在生产过程中，不能够为资本家带来不断增加的剩余价值。而在使用森林方面，“作为要素加入生产但无须付代价的自然要素，不论在生产中起什么作用，都不是作为资本的组成部分加入生产，而是作为资本的无偿的自然力，也就是，作为劳动的无偿的自然生产力加入生产的”②，自然界的恩惠成为资本最大限度掠夺剩余劳动的自然基础。所以马克思认为，资本主义制度不利于自然资源的保护和可再生资源的生产。生产目的的差别对自然界的影响不同。中国特色社会主义的生产目的是满足人民群众不断增长的对美好生活的需要，这其中包括对良好生态环境的需要，因此，人与自然和谐相处、保护自然环境是我们经济活动的题中之义。而且，劳动与自然条件（自然要素）相结合产生劳动的自然生产力，劳动的自然生产力对于劳动生产力的可持续发展意义重大，因为劳动的自然生产力的源泉是劳动者的劳动和自然条件，而这恰恰也是劳动生产力形成的两个原始源泉。所以保护自然资源，是生产力的可持续发展的实现前提，而这需要生产目的引领。中国提出，要把新发展理念贯彻到新发展阶段，融入新发展格局，新发展理念包括“绿色”，绿色发展是中国特色社会主义生产目的的要求。发展生产力是实现生产目的的手段，中国在未来实现社会主义现代化的过程中，要走的是绿色发展之路，发展的是绿色生产力，追求的是生产力的可持续发展，这是实现中国特色社会主义生产目的的手段。其二，农业中可以通过进行多种作物生产、轮作等，在一年内获得多种收成的方式缩短自然作用时间。缩短自然作用时间，会额外增加流动资本的支出，但是，固定资本可以得到充分利用，例如，可以使由于自然作用时间而闲置的农业机械得到比较充分的使用。其三，这种生产时间和劳动期间的差别成为农业与农村副业相结合的自然基础。农业自然作用时间长，可以利用农闲时间从事农村副业。

---

① ［德］马克思．资本论：第2卷［M］．北京：人民出版社，2004：272.

② ［德］马克思．资本论：第3卷［M］．北京：人民出版社，2004：843.

3. 生产资料储备时间

生产资料储备时间越长，预付资本的投入量越大，资本周转的速度越缓慢。“对一定的企业或有一定规模的资本主义生产来说，这种生产储备的大小，取决于它在更新时困难的大小，取决于供应市场的相对距离，取决于交通运输工具的发展等等”①。①生产资料储备时间的长短取决于购买生产资料的难易程度，比如，生产中所使用的原材料的供给如果具有季节性，就必须有一个比较长的储备时间，纺织厂在每年秋后棉花大量上市季节购买大批棉花，就是最典型的事例。②生产资料储备时间的长短还取决于距离市场的远近和交通运输工具的发展程度，比如，需要大量动力煤炭的企业如果远离煤炭产地而且交通运输条件不是很便利，也需要有大量的煤炭储备和较长的储备时间。因此，对于大量使用煤炭和矿产资源的企业来说，远离这些必需的原料产地，会增加储备时间和为储备生产资料所预付的资本。由于生产中所使用的原材料的产地和企业生产出的产品的销售市场往往不在同一地点，综合考虑地理位置因素和交通运输及生产资料储备成本对资本周转时间的影响，企业必须根据其生产的特殊性质合理选址。

（三）资本周转速度对预付资本量、剩余价值的生产和实现的影响

1. 周转时间对预付资本量的影响

关于周转时间对预付资本量的影响，马克思主要是从对资本周转时间的构成讨论入手进行分析。说明的核心问题是，为了使劳动期间连续不断地进行，必须要根据流通时间长短准备一笔货币资本，作为追加的预付资本，用来填补因为流通时间使劳动期间中断的空隙。“追加资本只有这样一个目的，就是把劳动过程中因流通时间而引起的空隙填补起来；因此，它只是要保证生产不受流通时间引起的干扰的影响”②。比如，劳动期间为6个月，每月需要预付100000元流动资本，整个劳动期间需要预付600000元流动资本；流通时间为3个月，为了保证劳动期间在这3个月不中断，需要追加300000元预付资本。所以劳动时间越长，需要预付的资本就越多；当劳动期间既定时，流通时间越长，预付的资本就越多。并且，保证

---

① ［德］马克思．资本论：第2卷［M］．北京：人民出版社，2004：273.

② ［德］马克思．资本论：第2卷［M］．北京：人民出版社，2004：291.

生产能按照原有规模连续进行，预付资本的一定部分必须经常处于货币形式，随时准备作为追加的预付资本投入生产过程，来支付因为流通时间变长或者劳动期间变长所需要追加的货币资本。流动资金对于企业正常运行的重要性可见一斑。

2. 可变资本的周转对年剩余价值率的影响

可变资本能够在周转中创造补偿的价值和剩余价值。所以可变资本的周转对年剩余价值率会产生重要影响。所谓年剩余价值率，就是"一年内生产的剩余价值总额和预付可变资本的价值额之比"①。资本周转速度的快慢，直接影响预付可变资本数量的大小，决定年剩余价值率的高低。在预付可变资本量相同和剩余价值率相同的情况下，周转一次，就带来一定量的剩余价值，一年内周转次数越多，带来的剩余价值总量就越多，年剩余价值率越高，年剩余价值量越多。由于单个可变资本在每次周转之后，重新预付的可变资本都是前一个周期工人的劳动重新生产出来作为补偿工资的价值，所以企业加快资本周转，可以在不需要追加可变资本即工资支付前提下获得更多的剩余价值。

3. 不同生产部门资本周转的差别给企业和社会经济活动带来的问题

举例来说，周转期间较短和较长的两个可变资本 A 和 B，它们一年所推动的劳动力并没有什么不同，假定资本 A 和资本 B 的所有者在一年中都使用了 10 个工人，并为此支付了 5000 元工资，A 和 B 的工人都以同量工资购买消费资料，从社会上取走了 5000 元的生活资料，工人在取走消费资料的同时都支付了货币等价物。在这些方面资本 A 和资本 B 是相同的。但是，由于 A、B 的周转速度不同，不仅对企业经济活动而且对社会经济活动产生了影响。

对于企业来说，由于周转速度不同，为推动同量的劳动力，必须预付的资本量也不同。比如资本 A 用 5 周就完成一次周转，那么，从第 6 周开始，重新预付的可变资本就是前一个周转周期中工人创造的新价值。所以对于资本 A 来说，只要预付 500 元可变资本就可以了（每周需预付 100 元，5 周预付 500 元）；对于资本 B 来说，一年才完成一次周转，一年有 50 周，在这一年以内，资本 B 必须连续预付 5000 元可变资本。所以资本 A 和资本 B 为推动同量劳动力（10 个工人），虽然都在一年内支付了 5000

---

① ［德］马克思．资本论：第 2 卷［M］．北京：人民出版社，2004：328.

元工资，但是，由于它们各自的周转速度不同，所预付的可变资本不同，B 部门比 A 部门占用更多的资金。

对于社会来说，客观上要求周转时间不同的生产部门生产要按一定比例进行。A 和 B 企业的工人，每周要从市场上取走同量的劳动力所需要的消费资料和相应的生产资料。但是，A 能够每 5 周向市场提供自己的产品来补偿从社会上取走的商品，而 B 却不能这样，它在一年之内，要不断地从市场上取走消费资料和生产资料，却没有把任何商品投入市场。这就向社会提出一个要求：社会必须预先计算好，能把多少劳动力、生产资料和生活资料用在 B 这样一些产业部门，而不至于影响整个社会生产的正常进行。也就是说，由于周转速度不同，客观上要求这些部门之间的生产要按比例进行，否则就会出现生产的比例失调，这种失调是社会生产的结构失调，表现为一些产品供过于求，另一些产品供不应求。马克思指出："在社会的生产中，和在资本主义的生产中一样，在劳动期间较短的生产部门，工人将照旧只在较短时间内取走产品而不提供产品；在劳动期间长的生产部门，则在提供产品之前，在较长时间内不断取走产品。因此，这种情况是由各该劳动过程的物质条件造成的，而不是由这个过程的社会形式造成的。"① 这个比例关系是物质生产的比例关系，和社会生产方式是资本主义还是社会主义无关。但是，能不能按照客观存在的比例关系进行生产，取决于社会生产方式。"如果我们设想一个社会不是资本主义社会，而是共产主义社会，那么首先，货币资本会完全消失，因而，货币资本所引起的交易上的伪装也会消失。问题就简单地归结为：社会必须预先计算好，能把多少劳动、生产资料和生活资料用在这样一些产业部门而不至受任何损害，这些部门，如铁路建设，在一年或一年以上的较长时间内不提供任何生产资料和生活资料，不提供任何有用效果，但会从全年总生产中取走劳动、生产资料和生活资料。相反，在资本主义社会，社会的理智总是事后才起作用，因此可能并且必然会不断发生巨大的紊乱"②。在资本主义社会，由于生产资料私有，社会生产无计划，这种客观的按比例发展的要求只能是在事后作为客观必然性发挥作用，由价值规律来调节进行资源的重新配置。这种事后调节必然造成经济活动的"巨大紊乱"。比如生产周期长的 B 部门增长过快，会导致短期内社会总供给相对于总需求不足，

① ［德］马克思．资本论：第 2 卷［M］．北京：人民出版社，2004：397.
② ［德］马克思．资本论：第 2 卷［M］．北京：人民出版社，2004：349.

价格总水平因此上升，带动相关部门的生产迅速膨胀。但是，这种建立在比例失调基础上的生产的规模的扩大不会持久，当周转时间长的 B 部门的产品进入市场后会发现，其产品生产过剩，该类部门随即会缩减生产规模，相关部门也因此出现生产过剩并且被迫缩减生产。由此可能引发经济危机。这里的关键点是，市场机制的调节作用具有滞后性，而且，信用还在其中起着推波助澜的作用。马克思指出，单个资本拥有货币资本不足“这个限制被信用制度和与此相联系的联合经营（例如股份公司）打破了。因此，货币市场的混乱会使这类企业陷于停顿，而这类企业反过来也会引起货币市场的混乱”。由于信用制度的存在，生产周期长、占用资金多的部门可以通过贷款扩大再生产，这表明，信用制度下，货币市场出现问题，不能够为周转期间长的部门提供较为长期的贷款，会使这类企业资金不足而缩减生产甚至倒闭，导致对客观存在的比例关系产生冲击，而如果生产周期长的部门通过信用汇集资金规模过大、增长过快，它们的生产过剩也会冲击金融市场。由于中国需要一个较长时期利用商品经济发展生产力的过程，货币市场和信用对经济活动的影响客观存在，所以在中国特色社会主义市场经济条件下，不仅要遵循市场规律和原则，市场要在资源配置中起决定性作用，而且政府必须要在宏观调控上起重要作用。在宏观经济政策选择方面，除了有调节社会总供给和总需求的政策之外，对产业结构的调整和把握不同产业增长速度的产业政策也十分重要，特别是产业政策中的金融政策十分重要。合理的产业结构是保证宏观经济运行的重要条件。

4. 资本周转对剩余价值流通进而对资本家消费和扩大再生产的影响

资本周转速度不仅对剩余价值的生产有重大影响，而且对剩余价值的流通也有影响。剩余价值的流通包括两方面的内容：一是剩余价值的实现，即包含着剩余价值的商品资本通过商品销售转化为货币资本的问题。资本周转速度越快，剩余价值的实现就越快。二是剩余价值实现的方式，剩余价值可以转化为资本家的个人消费资料，也可以转化为追加的生产资本扩大再生产。“在简单再生产的场合，每年或者在一年的多次周转中周期地生产的和实现的剩余价值，都由它的所有者资本家个人消费掉，也就是非生产地消费掉”①。资本周转速度越快，剩余价值实现的速度越快，资本家可以用于消费的剩余价值量也就越大。资本的目的是追求不断增加的

① ［德］马克思．资本论：第 2 卷［M］．北京：人民出版社，2004：359.

剩余价值，因此，扩大再生产是资本主义生产的特征，扩大再生产需要追加货币资本，“就追加生产资本执行职能所需要的追加货币资本来说，它是由一部分已经实现的剩余价值提供的，这部分剩余价值是作为货币资本，而不是作为收入的货币形式，由资本家投入流通的”①。资本周转速度越快，剩余价值实现和积累的速度就越快，扩大再生产的速度也就越快。

三、社会总资本再生产必须要按比例进行规律

资本的运动不只是单个资本的运动，现实的过程是，单个资本的运动必须是在社会过程中的运动，“各个单个资本的循环是相互交错的，是互为前提、互为条件的，而且正是在这种交错中形成社会总资本的运动”②。所以资本的循环、周转和社会总资本的运动紧密相连，共同构成资本的运动规律。列宁说：“马克思在《资本论》第二卷中对社会总资本的再生产的分析，也是极其重要的和新颖的。马克思在这里考察的也不是个别现象，而是普遍现象，不是社会经济的零星部分，而是全部社会经济的总和。”③ 从社会经济的总和看，社会总资本再生产理论的核心是社会总产品的实现问题，实现条件是整个社会的生产资料生产和消费资料生产之间必须保持适当的比例关系，生产资料部门内部和消费资料部门内部必须保持比例关系，考虑到固定资本更新，还要保持年更新的固定资本的总额等于这一年储存的折旧基金的总额，具备了这些条件，社会各个生产部门生产出的社会总产品就都能够从实物形态和价值形态上得到补偿，再生产过程就能顺利进行。但是，在资本主义制度下，在个别资本追逐剩余价值和社会生产无政府状态下，社会再生产比例经常遭到破坏，“在这种生产的自发形式中，平衡本身就是一种偶然现象”④。

（一）社会总资本运动涉及的新问题

和单个资本的运动不同，社会总资本的再生产和流通涉及了三个方面

① ［德］马克思．资本论：第2卷［M］．北京：人民出版社，2004：381.

② ［德］马克思．资本论：第2卷［M］．北京：人民出版社，2004：392.

③ 中共中央马克思恩格斯列宁斯大林著作编译局．列宁选集：第2卷［M］．北京：人民出版社，1972：594.

④ ［德］马克思．资本论：第2卷［M］．北京：人民出版社，2004：557.

的新变化：第一，社会总资本的再生产和流通，不仅包括生产消费，而且包括个人消费。“这个总过程，既包含生产消费（直接的生产过程）和作为其中介的形式转化（从物质方面考察，就是交换），也包含个人消费和作为其中介的形式转化或交换”①。从个别资本看，资本家要把一部分剩余价值作为收入，供个人消费；工人所得工资也要用于个人消费。这种个人消费是在资本的运动过程以外进行的，不属于资本流通的范围。但是，从社会总资本看，资本家和工人购买个人消费品的过程，同时也就是生产消费品的资本主义企业出卖商品的过程，就是他的商品资本转化为货币资本的过程。所以在社会总资本的运动中包括个人消费。第二，因为社会总资本的运动包括个人消费，所以社会总资本的运动不仅包括资本流通，而且包括媒介个人消费的一般商品流通。而“社会总资本的循环却包括那种不属于单个资本循环范围内的商品流通，即包括那些不形成资本的商品的流通”②。第三，社会总资本的再生产和流通，不仅包括资本的流通，而且包括剩余价值的流通。剩余价值的流通，一般可以分为两部分：一部分作为追加资本加入资本流通；另一部分作为资本家的收入进行个人消费，加入一般商品流通。

在研究单个产业资本的生产和再生产时，假定单个产业资本生产所需要的生产资料和劳动力及与劳动力再生产相关的消费资料能购买到，生产出的商品能卖出去，因为在单个产业资本之外有许多企业为其提供所需要的生产资料、生活资料，有许多企业向其购买所生产的产品。而在研究社会总资本的再生产时，以前假定的前提就成了需要研究的主要内容。因为从社会总资本来看，生产资料的购买和商品的出售都要在这个社会总资本内部进行，所以必须要研究，为了进行再生产，社会需要的生产资料向谁购买和生产出来的社会总产品卖给谁，这个问题可以归结为社会总产品的实现问题。所以社会总资本的再生产理论研究的核心问题是社会总产品的实现问题。社会总产品实现所涉及的“不仅是价值补偿，而且是物质补偿，因而既要受社会产品的价值组成部分相互之间的比例的制约，又要受它们的使用价值，它们的物质形态的制约”③。只有社会总产品的各个组成部分既在价值上得到补偿，又在实物上得到补偿，社会总产品才能实现，

① ［德］马克思．资本论：第2卷［M］．北京：人民出版社，2004：390.
② ［德］马克思．资本论：第2卷［M］．北京：人民出版社，2004：392.
③ ［德］马克思．资本论：第2卷［M］．北京：人民出版社，2004：438.

社会总资本的再生产才能继续进行。实现价值和实物补偿，要求社会不同生产部门生产的产品在价值和实物形态上要成比例。

（二）从社会总资本简单再生产看社会再生产的比例关系

从简单再生产开始展开问题的研究，是马克思又一个采用从抽象到具体的方法研究问题的经典运用实例。马克思说："在资本主义基础上，没有任何积累或规模扩大的再生产，是一种奇怪的假定，另一方面，生产条件在不同的年份不是绝对不变的（而假定它们是不变的），那么，规模不变的简单再生产就只是表现为一个抽象。"① 这个抽象是研究问题所需要的。首先，研究扩大再生产的实现条件，主要困难不在于积累，而在于两大部类之间的相互关系，在于价值补偿和实物补偿。先把积累因素抽象掉，从分析简单再生产开始，易于解决这个难题，为进一步研究扩大再生产奠定理论基础。其次，简单再生产是积累的现实要素和出发点。"只要有积累，简单再生产总是积累的一部分，所以可以就简单再生产本身进行考察，它是积累的一个现实因素"②。也就是说，在扩大再生产条件下，简单再生产是扩大再生产的一个组成部分，为了使扩大再生产得以顺利进行，生产必须先达到原有的规模，必须首先保证简单再生产，然后以此为出发点，才能进行扩大再生产。最后，简单再生产是实现扩大再生产的物质基础。要进行扩大再生产，必须有一定数量追加的生产资料和消费资料，这些追加的物质要素，必须要能够在原来的简单再生产中提供出来，这是在简单再生产基础上进行资本积累的结果，扩大再生产的物质基础是在简单再生产内部生产出来的。

为了研究的方便，马克思提出，在考察社会资本再生产时要假定：商品按照价值出售；生产资本的组成部分没有发生任何价值革命，即没有发生劳动生产率水平的变动。不过，即使价格背离价值或者发生价值革命，从社会总资本的运动看，如果这些变化是普遍的，那么，它将以同样程度涉及社会产品的所有部分。如果变化不是普遍的，一些部分的价值保持不变，而另一些部分的价值增高或降低，总量会保持不变，所揭示的社会总资本的再生产规律仍然保持原样。

1. 生产资料在生产资料和消费资料两大生产部类之间的比例关系

在上述假定前提下，马克思把社会生产分为生产资料生产和消费资料

①② ［德］马克思．资本论：第2卷［M］．北京：人民出版社，2004：438.

生产两大部类，通过分析两大部类之间相互作用的运动过程，“得出结论：在简单再生产中，第Ⅰ部类的商品资本中的v+m价值额（也就是第Ⅰ部类的总商品产品中与此相应的比例部分），必须等于不变资本Ⅱc，也就是第Ⅱ部类的总商品产品中分出来的与此相应的部分；或者说，Ⅰ(v+m)=Ⅱc”①。如果Ⅰ(v+m)<Ⅱc，第Ⅱ部类所生产的消费资料有一些就卖不掉，而第Ⅱ部类生产中耗费的生产资料也得不到全部补偿，简单再生产不能维持。如果Ⅰ(v+m)>Ⅱc，第Ⅰ部类生产的生产资料有一些卖不掉，所需要的消费资料也不能得到满足，简单再生产就不能维持。符合了Ⅰ(v+m)=Ⅱc这个条件会得出三个结果：①第Ⅱ部类的不变资本c在价值上和实物上都得到补偿；②第Ⅰ部类的(v+m)在价值上和实物上都得到补偿；③货币回到原来的出发点。也就是说，不论是哪个部类资本家投入流通的货币，最终都要回到这个预付货币的资本家手中。货币顺利回流到起点，是两部类之间交换是否全部成功的标志。

2. 第Ⅱ部类内部必要生活资料和奢侈品的比例关系

第Ⅱ部类分为两个生产分部类：①必要生活资料（必需品）Ⅱa。它进入工人和资本家的个人消费，与工资及一部分剩余价值相交换。②奢侈消费资料Ⅱb。只进入资本家的个人消费，只能和剩余价值相交换。这时，简单再生产的实现条件又增加了一个：Ⅱbv<Ⅱam，因为生产必要生活资料的资本家的Ⅱam不仅用于购买与Ⅱbv相当的奢侈品，还要用于购买所需要的必需消费品，并为Ⅱb资本家提供必要生活资料。

第Ⅱ部类分部类划分和交换问题的研究对研究资本主义经济具有重要意义。首先，从Ⅱbv<Ⅱam可以看出，奢侈消费资料的生产规模直接取决于资本家所获得的剩余价值总量和剩余价值中有多少被拿来用作奢侈品消费。因此，奢侈品生产规模越大，说明资本家占有的剩余价值越多。从中可以看到，收入分配结构影响生产和消费结构，而生产和消费结构又反映出收入分配结构和差距。其次，不论在什么样的社会条件下、其生产目的是什么，客观上，生产最终都要落实到个人消费上，因此，生产的结构要建立在消费结构上，也就是说，生产的结构要和消费结构相适应。具体来说，由于第Ⅱ部类内部分为Ⅱa和Ⅱb两个分部类，第Ⅰ部类也要相应地分为为生产必要生活资料提供生产资料的Ⅰa和为生产奢侈品提供生产资

① ［德］马克思．资本论：第2卷［M］．北京：人民出版社，2004：446.

料的Ⅰb两个分部类，而且各自在量上要能够为Ⅱa和Ⅱb提供所需要的生产资料。消费结构一旦改变了，生产结构也相应改变。历史发展的逻辑是，随着资本主义发展，通过资本积累和扩大再生产，资本家占有了越来越多的剩余价值，在满足了必要生活资料消费之后，剩余价值的一部分要用于奢侈品的消费，并且这部分消费日益扩大，因此，产生了Ⅱ部类内部的两个分部类和Ⅰ部类中的两个分部类，而且它们的生产规模也日益扩大。奢侈品生产规模的扩大又和经济危机产生联系。在危机爆发前的繁荣时期，剩余价值增加，因此资本家的奢侈品消费会增加，而且，工人阶级“不仅必要生活资料的消费增加了；工人阶级……也暂时参加了他们通常买不起的各种奢侈品的消费”①，因为繁荣时期，工人就业有所增加，工资有所上升。资产阶级经济学家因此把消费不足当作危机的根本原因，认为提高工人的工资就能消除经济危机。马克思指出，和资产阶级经济学家说的正好相反，在危机爆发前的繁荣期，工人阶级的工资是所有时期最高的，总消费量也是增加的，甚至可以参加奢侈品的消费。而现实的经济运动表明，繁荣期之后，接下来所发生的却是经济不可遏制的衰退和萧条。所以消费不足不是经济危机的根本原因，提高工人的工资并不能消除危机，如果能够消除危机的话，危机也根本不会爆发，因为“危机每一次都恰好有这样一个时期做准备，在这个时期，工资会普遍提高，工人阶级实际上也会从供消费用的那部分年产品中得到较大的一份。……因此，看起来，资本主义生产包含着各种和善意或恶意无关的条件，这些条件只不过让工人阶级暂时享受一下相对的繁荣，而这种繁荣往往只是危机风暴的预兆”②。危机的根本原因或者条件产生于资本主义生产方式本身。资本主义生产方式使资本家的生产以追求最大限度的剩余价值为目的，因此使生产有无限扩张的趋势，在危机爆发前的繁荣时期，由于消费增加，商品价格上升，剩余价值增加，这又促使了生产的扩大，然而，资本主义生产方式下的分配关系使工人阶级的支付能力的提高是有限度的，繁荣带来的好处大部分不能由工人享受，增长更快的是剩余价值和由此带动的积累，这就使生产扩张快于社会有支付能力的扩张，潜伏着即将爆发的经济危机。关于经济危机形成的机理问题，将在下一章展开具体分析。与我们这里相关的问题是，经济危机爆发时，资本家的剩余价值量减少，因此，危机爆发

① ［德］马克思．资本论：第2卷［M］．北京：人民出版社，2004：456.
② ［德］马克思．资本论：第2卷［M］．北京：人民出版社，2004：457.

时，首先缩减的是奢侈品的生产，进而引起生产奢侈品工人的失业。由于这一部分工人失业，Ⅱbv 减少，对Ⅱa 所提供的必要生活资料的需求量减少，这样，反过来影响到Ⅱa 的生产，奢侈品生产越发达，危机爆发时，越会加深经济危机。所以马克思说，当消费资料生产部门又分为必要生活资料生产和奢侈品生产两个部门时，“这种分割从根本上影响着生产的性质和数量关系，对于生产的总形态来说，是一个本质的决定因素”①。

把奢侈品生产引入消费来看经济危机，奢侈品生产和消费的迅速膨胀意味着收入分配差距的扩大，如果一个社会收入分配两极分化严重，暂时给劳动者增加一点收入对于解决经济危机是无济于事的，因为在危机爆发前的繁荣期，工人阶级的工资是所有时期最高的，总消费量也是增加的，甚至可以参加一些奢侈品的消费。在经济危机爆发时，奢侈品生产部门的率先全面衰退会加深经济危机的程度。现代资本主义社会建立的社会保障制度、社会福利制度等收入再分配调节制度确实对于缓解资本主义生产和消费的矛盾起到了一定的调节作用，但是，由资本主义制度的本质决定的初次分配导致的收入差距不断扩大趋势是无法通过这些收入分配调节制度来消除的，资本主义的生产关系决定的分配关系，使工人阶级的有支付能力的需求提高是有限度的，在繁荣期间，增长更快的是资本获得的剩余价值和由此带动的资本积累，这就使生产扩张快于社会有支付能力的扩张，导致生产在繁荣的某一点上突然崩溃，经济危机是不可避免的。中国特色社会主义的生产目的规定，在经济发展中必须要高度重视分配问题，构建一个符合社会生产目的、以人民为中心的收入分配制度体系并使其不断完善，逐步实现共同富裕，其重要的经济意义在于，避免经济大幅波动，保持生产力持续发展。

3. 第Ⅰ部类内部生产生产资料的生产资料部门和生产消费资料的生产资料部门两个分部类的比例关系

生产生产资料的生产资料“是用来生产生产资料的生产资料，而不是用来生产消费资料的生产资料的”②。第Ⅰ部类与第Ⅱ部类相交换的是生产消费资料的生产资料。显然，为了满足两大部类对各自的生产资料的需求，在第Ⅰ部类内部，生产生产资料与生产消费资料的生产资料之间，要保持一定的比例关系。

---

① ［德］马克思．资本论：第2卷［M］．北京：人民出版社，2004：457.

② ［德］马克思．资本论：第2卷［M］．北京：人民出版社，2004：559.

而留在第Ⅰ部类内部进行交换的生产资料部分，又有两种情况：一部分作为本部门的生产资料，直接进入本生产部门，如煤炭用于煤炭生产；另一部分是在第Ⅰ部类内部流通，经过流通供第Ⅰ部类内其他有关部门生产消费之用。假设第Ⅰ部类的总不变资本是4000，那么，“第Ⅰ部类的每个资本家按照他作为这4000不变资本的共有者所占的比例，从这个商品总量中取出他所需要的相应的生产资料”①。

马克思的发现表明，只要需要互相补偿产品，生产部门之间就要保持一定的比例关系，上面所分析的关系在由社会组织的生产中仍然存在，只是这种比例关系实现的方式和资本主义生产不同。“如果生产是社会的，而不是资本主义的，那么很明显，为了进行再生产，第Ⅰ部类的这些产品同样会不断地再作为生产资料在这个部类的各个生产部门之间进行分配，一部分直接留在这些产品的生产部门，另一部分则转入其他生产场所，因此，在这个部类的不同生产场所之间发生一种不断往返的运动”②。

4. 加入固定资本的补偿之后看社会总资本的再生产

固定资本的补偿问题必须要加进简单再生产实现问题的研究中。在社会资本再生产过程中，不变资本中有相当一部分是由固定资本构成的，它的使用价值虽然要长期停留在生产过程中发挥作用而不需要立即在实物形态上进行补偿，但它的价值却逐渐转移到新产品中去，要进行价值补偿。固定资本的这种特点必定影响社会产品的实现，并且给社会产品的实现带来了比较复杂的新问题。利用下面的交换关系进行分析：

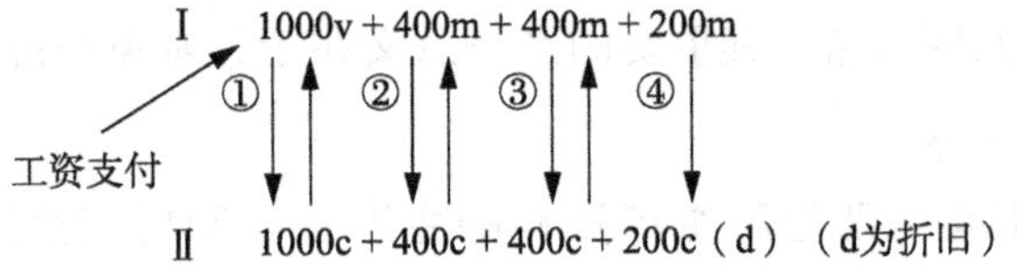

在第④个过程中，Ⅱc(d）进行折旧基金形式的货币储存，不再购买生产资料，显然，Ⅰ(v+m) = Ⅱc这个简单再生产的基本公式被破坏，社会简单再生产过程遭到破坏。

实际情况是，第Ⅱ部类内部有许多企业，当一部分企业进行折旧基金提取时，另一部分企业进行实物更新。因为第Ⅱ部类的许多企业的固定资本处在再生产的完全不同的期限中，对于一些企业来说，固定资本进行一

①② ［德］马克思．资本论：第2卷［M］．北京：人民出版社，2004：473.

定时期的折旧后，已经到了必须全部用实物更新的期限，对另一些企业来说，正好要进行折旧基金的储存而不需要进行实物更新，前者给后者提供了进行折旧所需的货币。为了说明这个问题，马克思把Ⅱc(d) 划分为Ⅱc(1) 和Ⅱc(2) 两个部分，当Ⅱc(1) 进行实物补偿时，Ⅱc(2) 进行折旧基金的货币储存，具体过程是：

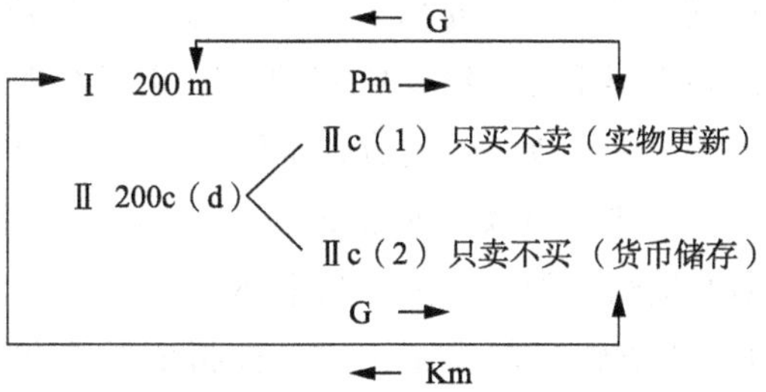

显然，再生产实现的条件又加了一个，即Ⅱc(1) = Ⅱc(2)。这个公式的含义是：当年更新的固定资本的总额等于这一年储存的折旧基金的总额，同理，在第Ⅰ部类内部进行的固定资本的更新，也存在上述关系。这就要求，不仅每年固定资本实物更新和提取的折旧基金总额不变，整个社会固定资本总额保持不变，而且，第Ⅰ部类为第Ⅱ部类生产的固定资本规模不变，这个条件是极其严格的。在现实经济活动中，Ⅱc(1) = Ⅱc(2) 是偶然的，同理，第Ⅰ部类内部Ⅰc(1) = Ⅰc(2) 也是偶然的。为此，马克思考察了Ⅱc(1) 和Ⅱc(2) 不相等的情况。

当Ⅱc(1) >Ⅱc(2) 时，即第Ⅱ部类当期更新的固定资本的总额 220 大于储存的折旧基金总额 200 时，第Ⅱ部类需要向第Ⅰ部类购买 220 的生产资料进行固定资本更新，但是，如果第Ⅰ部类只是维持原来 200 的为第Ⅱ部类生产规定的固定资本规模，那么第Ⅱ部类需要更新的一部分固定资本 20 就买不到所需要的产品；如果第Ⅰ部类能够为第Ⅱ部类提供 220 的固定资本，就满足了第Ⅱ部类固定资本更新的需求，实现了 220 的剩余价值并且用来购买第Ⅱ部类的消费品。但是，由于第Ⅱ部类当期只提取 200 的折旧基金，折旧基金提取的减少意味着第Ⅱ部类当期只有 200 的生产能力，因此，只能向第Ⅰ部类销售 200 的消费资料，第Ⅰ部类有 20 的剩余价值不能从货币形式转化为消费资料，即购买不到充足的消费资料。这样的结果"只是使困难由Ⅱc（第一部分）转到了Ⅰm"①，问题并没有解决。如果社

① ［德］马克思．资本论：第 2 卷［M］. 北京：人民出版社，2004：521.

会总资本之外还有可以提供固定资本的渠道，问题可以得到解决，通过对外贸易，可以用进口固定资本或者消费资料 20 的办法解决困难。由此可见，如果固定资本更新突然较大规模扩张，如果没有对外贸易，会导致总需求大于总供给，过量的货币追逐较少的供给，导致通货膨胀。

或者Ⅱc(1) <Ⅱc(2)，即第Ⅱ部类同期更新的固定资本的总额小于其储存的折旧基金总额。比如，第Ⅱ部类向第Ⅰ部类购买 180 的生产资料进行固定资本更新，如果第Ⅰ部类维持原有的为第Ⅱ部类生产 200 固定资本规模，第Ⅰ部类由于只能实现 180 的剩余价值，结果有 20 的为第Ⅱ部类提供的产品卖不出去。而第Ⅱ部类需要提取折旧基金 200，因此，要向第Ⅰ部类销售 200 的消费资料，但是，由于第Ⅰ部类只能购买 180 的消费资料，第Ⅱ部类有 20 的消费资料生产卖不出去，使折旧基金提取规模缩减 20。如果第Ⅰ部类正好为第Ⅱ部类生产了 180 的固定资本，虽然第Ⅰ部类产品都能够卖掉，但是，由于第Ⅰ部类只购买了第Ⅱ部类 180 的消费资料，使第Ⅱ部类有 20 的消费资料卖不出去。这可以通过对外贸易用出口消费资料或者固定资本的方法解决。由此可见，如果固定资本更新突然较大规模缩减，会造成总供给大于总需求的生产过剩，导致经济衰退。

由固定资本更新问题的分析可见，对外贸易有调剂国内生产余缺（平衡总供求）、保证再生产顺利进行的作用。但是，“对外贸易既然不是单纯补偿各种要素（按价值说也是这样），它就只会把矛盾推入更广的范围，为这些矛盾开辟更广阔的活动场所。”① 也就是说，由于对外贸易只是单方面调节国内生产余缺，可能会在其他国家引起经济危机，而其他国家的经济危机又会通过对外贸易渠道反过来引起国内经济危机。马克思提出，可以通过必要的储备系统解决这个问题。由于固定资本的寿命长短不同，投产的时间先后不同，固定资本更新过程中的两个部分不可能绝对平衡，因此，过剩和不足现象都会出现。所以当商品过剩时，作为必要物资储备起来，在出现生产不足时用来补充缺额，从这个意义上讲，这种过剩有利于社会生产的发展，“再生产的资本主义形式一旦废除，……这种生产过剩等于社会对它本身的再生产所需的各种物质资料的控制。但是，在资本主义社会内部，这种生产过剩却是一个无政府状态的要素”②。因此，“这种

① ［德］马克思．资本论：第 2 卷［M］．北京：人民出版社，2004：525.

② ［德］马克思．资本论：第 2 卷［M］．北京：人民出版社，2004：526.

过剩本身并不是什么祸害，而是利益；但在资本主义生产下，它却是祸害”①。在资本主义私有制条件下，谁的产品过剩，就意味着剩余价值无法实现，国家不可能作为生产的管理者把过剩的产品储备起来调剂余缺，只能任由市场在事后进行破坏性调节，所以过剩对资本主义来说是一种祸害。可见，在资本主义生产方式下，“尽管是规模不变的再生产，但危机——生产危机——还是会发生”②。

5. 简单再生产实现条件总结

社会再生产客观上存在比例关系，比例关系合理，才能使社会再生产顺利进行。在简单再生产条件下，实现社会再生产按比例进行，保证简单再生产顺利进行的基本条件是Ⅰ(v+m) = Ⅱc。加入奢侈品生产部门之后，有Ⅱbv< Ⅱam；考虑固定资本更新问题之后，有Ⅱc(1) = Ⅱc(2) 和Ⅰc(1)= Ⅰc(2)。

(三) 马克思关于社会再生产实现条件的分析给予我们的启示和思考

马克思的再生产理论揭示出再生产过程中部类之间、部类内部各部门之间客观存在的比例关系，提出保持社会生产各种比例关系必须要具备的条件，说明社会生产客观上存在着按比例生产规律，揭示出违背这一客观规律导致的社会生产比例失调对经济活动的影响。按比例规律是一个“铁的规律”③，在产品经济形态下，它只存在不同使用价值量的生产和满足社会需求的比例关系；在商品经济形态下，它还存在不同商品间的价值比例关系，价值比例是指社会必要劳动时间在各部门的分配比例，比例合适，在市场中表现为各种商品供求平衡（社会劳动在各个部门实现合理配置），价格等于价值。在商品经济形态下，按比例规律通过价值规律调节实现，在价值规律调节下，社会把所能支配的全部劳动时间（具有社会必要劳动性质的劳动）按比例地投入各个生产部门中，生产各种特殊商品，实现社会生产按比例进行。按比例规律通过价值规律实现是一种事后的调节，它是“事后作为一种内在的、无声的自然必然性起着作用，这种自然必然性只能在市场价格的晴雨表式的变动中觉察出来，并克服着商品生产者的无

---

① ［德］马克思．资本论：第2卷［M］．北京：人民出版社，2004：525.
② ［德］马克思．资本论：第2卷［M］．北京：人民出版社，2004：524.
③ ［德］马克思．资本论：第1卷［M］．北京：人民出版社，2004：412.

规则的任意行动"①。具体来说，社会生产比例失调，表现为一些部门的供给大于需求，另一些部门的供给则小于需求，供给大于需求的部门通过企业争夺市场的竞争（降价），使处于劣势的企业（生产率水平低、成本高，缺乏降价空间）退出生产过程，进入供给小于需求的企业（市场价格高于价值，盈利空间大），结果使社会各个生产部门之间实现按比例生产。在社会分工和资本主义私有制决定的自由市场经济中，"商品生产者及其生产资料在社会不同劳动部门中的分配上，偶然性和任意性发挥着自己的杂乱无章的作用。……独立的商品生产者相互对立，他们不承认任何别的权威，只承认竞争的权威，只承认他们互相利益的压力加在他们身上的强制"②。因此，虽然"商品的价值规律决定社会在它所支配的全部劳动时间中能够用多少时间去生产每一种特殊商品。但是不同生产领域的这种保持平衡的经常趋势，只不过是对这种平衡经常遭到破坏的一种反作用"③。自由市场经济下的市场调节实现资源（社会劳动）合理配置（按比例生产）是一个长期的结果，如果社会生产比例失调严重，则会成为经济危机形成的一个重要因素，也是价值规律只能事后调节缺陷。

马克思关于社会再生产实现条件的分析表明，社会生产客观存在的比例关系复杂，需要多个条件同时具备才能够保证社会再生产顺利进行，以生产资料资本主义私人占有为本质特征的资本主义社会只能依靠价值规律在事后进行调节来实现这些条件。对于中国特色社会主义来说，国家作为社会生产的管理者，遵循按比例发展规律，从多个渠道、利用多个手段对失调的比例进行调剂应该是题中之义。虽然我们必须发展市场经济，还不能做到马克思设想的利用计划管理方式调节社会生产，实现事前按比例生产，但是，现代信息技术和大数据为我们提供了研究把握社会生产比例关系及变动的技术手段与基础，政府管理部门可以通过研究社会生产比例关系，了解市场供求所反映出的产业结构和需求结构的变动趋势以及总供求的变动，发现问题及时调控，通过产业政策、分配政策、财政政策、货币政策、对外贸易政策等多种政策的组合，来引导市场尽快恢复合理的比例关系。关于对社会生产过程的监督、调节问题，在马克思时代，资产阶级就"高声地责骂对社会生产过程的任何有意识的社会监督和调节，把这些说成是侵犯资本家个人的不可侵犯的财产权，自由和自决的'独创

①②③ ［德］马克思．资本论：第1卷［M］．北京：人民出版社，2004：412．

性’”①。为什么会如此呢？马克思在对价值规律作用的分析中强调，在市场自发调节过程中，社会生产要求保持平衡的客观趋势是通过对这种平衡的不断破坏来实现的，因此，社会生产平衡实现的更合理的方式是对社会生产过程的有意识的社会监督和调节，然而，这必须要以生产资料公有制为基础，这就侵犯了资本主义制度所维护的资本家的个人财产权，当然会引起资产阶级的反对。从斯密开始的古典经济学到现代的新古典及新自由主义都主张市场是唯一有效的经济活动调节器，反对国家对宏观经济活动有意识的干预，这些理论都是以生产资料私有制为前提的。特别是产生于20世纪20—30年代的新自由主义，它在继承古典自由主义经济理论基础上，以反对和抵制凯恩斯主义（主张在资本主义制度范围内，以市场机制为基础，政府运用经济政策调节宏观经济活动，以消除经济波动）为主要特征：主张自由化，认为自由是效率的前提；主张私有化，认为私有制是推动经济发展的基础；主张市场化，认为离开市场就谈不上经济，无法有效配置资源，反对任何形式的国家干预。② 可见，新自由主义并没有超越马克思100多年前所批判的资产阶级经济学的思想。中国经济改革以及不断深化改革的目标是建立和完善社会主义市场经济体制，因此，如何在坚持社会主义公有制为主体、让市场经济基本规律——价值规律有效发挥作用、实现社会主义生产目的之间把握好尺度至关重要。以马克思主义为理论基础和指导思想，结合中国改革实践和发展阶段，党的十八届三中全会提出，要紧紧围绕使市场在资源配置中起决定性作用和更好发挥政府作用。深化经济体制改革③，这是马克思主义中国化的一个重要成果。市场决定资源配置是市场经济的一般规律，必须尊重市场经济规律，推动资源配置依据市场规则、市场价格、市场竞争，实现效益最大化和效率最优化。我国实行的是社会主义市场经济体制，不仅要尊重市场，更要充分发挥社会主义制度的优越性，科学的宏观调控、有效的政府治理，是发挥社会主义市场经济体制优势的内在要求。“更好发挥政府作用，不是要更多发挥政府作用，而是要在保证市场发挥决定性作用的前提下，管好那些市场管不了或管不好的事情。”④

---

① ［德］马克思．资本论：第1卷［M］．北京：人民出版社，2004：413.

② 参见“新自由主义研究”［两篇］［J］．新华文摘，2004（5）.

③ 参见《中共中央关于全面深化改革若干重大问题的决定》。

④ 资料来源：《围绕贯彻党的十八届五中全会精神做好当前经济工作》。

（四）马克思的农业是国民经济基础的理论核心及其现实价值

讨论按比例规律，必须要确定一个锚。马克思提出了农业是国民经济基础的理论，并且指出，农业是社会经济发展中客观存在的按比例规律的基础。

首先，农业劳动的剩余劳动是全社会必要劳动的主要内容。“农业劳动（这里包括单纯采集、狩猎、捕鱼、畜牧等劳动）的这种自然生产率，是一切剩余劳动的基础。”① 社会发展的一个基本要求是，农业生产必须有足够的自然条件和社会生产力的发展，使生产率达到一定高度。这时，食物生产者就不必以全部劳动日，而只需一部分劳动时间就能完成自己生存所需的必要劳动，从而使劳动日中多余的时间成为剩余劳动。“因为食物的生产是直接生产者的生存和一切生产的首要的条件，所以在这种生产中使用的劳动，即经济学上最广义的农业劳动，必须有足够的生产率，使可供支配的劳动时间不致全被直接生产者的食物生产占去；也就是使农业剩余劳动，从而农业剩余产品成为可能”②。广义农业（包括农林牧渔业等）为全社会提供满足人类生存所必需的生活资料，因此，农业劳动的剩余劳动是全社会必要劳动的主要内容。“虽然食物直接生产者的劳动，对他们自己来说也分为必要劳动和剩余劳动，但对社会来说，它所代表的只是生产食物所需的必要劳动”③。

其次，农业较高的劳动生产率，是社会发展和社会分工发展的基础。如果农业劳动生产率高，还可以使食物价值低廉，使其他一切生产部门的必要劳动也不占有全部的劳动日，也能让其他部门的劳动者完成剩余劳动。“进一步说，社会上的一部分人用在农业上的全部劳动——必要劳动和剩余劳动——必须足以为整个社会，从而也为非农业劳动者生产必要的食物；也就是使从事农业的人和从事工业的人有实行这种巨大分工的可能，并且也使生产食物的农民和生产原料的农民有实行分工的可能”④。从整个社会来看，由于农业提供的剩余劳动可以为一些不从事农业生产的人提供必要生活资料，从而使一些人可以从农业中脱离出来，从事其他生产和社会活动，使社会分工成为可能。

---

① ［德］马克思．资本论：第3卷［M］．北京：人民出版社，2004：713.
② ［德］马克思．资本论：第3卷［M］．北京：人民出版社，2004：715-716.
③④ ［德］马克思．资本论：第3卷［M］．北京：人民出版社，2004：716.

农业是国民经济基础的核心，农业为人类社会生存和发展提供基本保障。农业中，粮食生产又是基础，粮食安全是社会安全和社会发展的基本保障。在中国，农业产业结构调整、工业化和城镇化、生态建设等必须要考虑确保粮食安全。我国是一个人口大国，吃饭是个大问题，满足社会发展需要的粮食生产是一个关系到中国经济健康、持续发展的大问题，18亿亩耕地红线①必须要保住，不能把吃饭问题建立在粮食进口基础上，必须自给自足，农产品的对外贸易活动重点是互通有无。

农业是社会经济发展中客观存在的按比例规律的基础。按比例生产的实质是，根据社会分工所确定的社会生产的客观比例，即社会对各个生产部门的商品的使用价值的需要，把社会总劳动时间按比例使用在不同生产部门的商品生产上。由于农业是社会发展和社会分工的基础，所以一个社会要进行再生产和扩大再生产，必须要以农业劳动生产力的发展为基础，以农业所能提供的剩余劳动为基础，因此，按比例规律的基础是农业，即社会总劳动的投入首先取决于对农业所生产的农产品的社会需要有多大，社会总劳动的投入首先要满足农业生产所需要的份额，然后在农业所能提供的剩余劳动的基础上，再把社会总劳动的剩余部分按比例地投入其他生产部门。按比例规律不仅仅是一个数量概念，更是一个质量概念，高质量的农业，可以为高质量的国民经济发展提供更多的剩余劳动，提供高质量的生产资料、消费资料、生态产品和良好的生态环境等。由此引申开来，一个国家实现现代化，农业必须同步实现现代化。中国把消除贫困的重点工作放在农村，在此基础上提出乡村振兴，这对于新中国成立100周年时全面建成社会主义现代化强国十分重要，是重要的开端和基础性工作。

四、马克思的经济增长理论要义及其当代价值

经济增长的基础是扩大再生产。资本主义再生产的特征，不是简单再生产，而是扩大再生产。社会总资本的扩大再生产理论是在它的简单再生产理论基础之上展开的，唯一改变的是剩余价值的一部分在再生产过程中不断地转化为追加的资本。虽然“一定的资本，没有积累，还是能够在一

① 第十届全国人民代表大会第四次会议通过的《国民经济和社会发展第十一个五年规划纲要》提出，并且把它作为一个具有法律效力的约束性指标。

定界限之内扩大它的生产规模。但是，这里要讲的是特定意义上的资本积累，因此，生产的扩大以剩余价值转化为追加资本作为条件，也就是以扩大作为生产基础的资本为条件”①。要进行扩大再生产，必须具备两个条件：一是必须把一部分剩余价值贮藏起来变成货币积累，并且要贮藏到一定数量，足够在实际上去扩大生产规模，为此，每个资本家都要先有货币积累，这只有只卖不买才能做到。但是，如果大家都只卖不买，东西卖给谁呢；如果卖不掉，为进行积累所需要的货币从何而来？二是必须能够在市场上买到追加的生产资料和劳动力，以及维持追加劳动力所必需的消费资料。但是，要追加生产资料和生活资料，社会总产品的各个组成部分就不能保持简单再生产时的比例关系，因此，需要建立新的比例关系，比例关系依然是扩大再生产实现的核心问题。

（一）第Ⅰ部类的积累

1. 货币积累

扩大再生产，首先要进行货币积累。因此，需要解决第Ⅰ部类货币积累的来源问题。在社会生产中，如果有一部分人进行货币积累，即只卖不买；另一部分人进行实际积累，即只买不卖，把货币投入流通，购买进行货币积累的人卖出的商品，为货币积累提供所需要的货币，问题就可以解决。

这种可能性是存在的。因为，第Ⅰ部类是由许多部门和企业组成的。它们由于建立的时间不同，不会同时扩大再生产规模，而是分别处于不同的积累阶段。“这里必须具有的前提是，Ⅰm 中 A、A′、A″的形成货币贮藏的部分的单纯的卖，和Ⅰm 中 B、B′、B″把自己的贮藏货币转化为追加生产资本要素的部分的单纯的买保持平衡。”② 但是，在资本主义社会，社会生产是在自发形式中进行的，所以平衡本身只是一种偶然现象。

2. 追加不变资本是扩大再生产的起点

①第Ⅰ部类扩大再生产所需要的生产资料只能来自第Ⅰ部类的剩余产品。这就要求，第Ⅰ部类的剩余产品在实物形态上必须分为两部分。一部分为第Ⅱ部类提供生产资料，一部分为第Ⅰ部类本身提供追加的生产资料。

① ［德］马克思．资本论：第2卷［M］．北京：人民出版社，2004：564.

② ［德］马克思．资本论：第2卷［M］．北京：人民出版社，2004：556.

②第Ⅰ部类扩大再生产的物质基础（生产生产资料的生产资料）的形成，从价值量看，并没有超越简单再生产的范围，因为原有资本总量没有增加，剩余价值量也没有增加，唯一改变的只是剩余产品的实物形式。所以扩大再生产的生产资料是在简单再生产中创造出来的。③需要追加多少不变资本，取决于生产规模的大小、劳动生产率的状况所决定的剩余价值的规模。由于需要追加不变资本，和简单再生产相比，所需要的货币量更大，如果需要追加的不变资本变得更多，所需要的货币量也会变得更多。

与此相关，马克思提到两个重要观点：①从使用价值量看，在连续不断的扩大再生产过程中，第Ⅰ部类中生产生产资料的生产资料增长最快。"为了从简单再生产过渡到扩大再生产，第Ⅰ部类的生产要能够少为第Ⅱ部类制造不变资本的要素，而相应地多为Ⅰ部类制造不变资本的要素"[①]。②从价值量看，"扩大再生产的物质基础是在简单再生产内部生产出来的。简单说来，这种物质基础就是直接用在第Ⅰ部类生产资料的生产上的、用在第Ⅰ部类潜在的追加资本的创造上的第Ⅰ部类工人阶级的剩余劳动"[②]，所以归根结底，扩大再生产的生产资料这种物质基础是第Ⅰ部类劳动者的剩余劳动提供的。

3. 追加的可变资本

第Ⅰ部类进行实际积累即扩大再生产时，不仅要追加不变资本，而且要追加可变资本。可变资本的购买对象是劳动力，因此，在追加可变资本时，必须能找到劳动力。马克思说："在第一册，我们已经详细地论述过，在资本主义生产的基础上，劳动力总是准备好的；在必要时，不用增加所雇佣工人的人数，即不用增加劳动力的量，就可以推动更多的劳动。因此，……新形成的货币资本中可以转化为可变资本的部分，在应该转化时总会找到劳动力。"[③]所以实现扩大再生产，归根结底要能够为追加的劳动力提供追加的生活资料，这需要第Ⅱ部类来提供。

（二）第Ⅱ部类的积累

第Ⅱ部类进行扩大再生产，积累来源于Ⅱm 的一部分。但是，这里的问题并不像第Ⅰ部类进行扩大再生产那样简单。首先碰到的困难是：由于

①② ［德］马克思．资本论：第2卷［M］．北京：人民出版社，2004：559.

③ ［德］马克思．资本论：第2卷［M］．北京：人民出版社，2004：564.

第Ⅰ部类准备进行扩大再生产，把Ⅰm的一部分用于积累，而不用于消费，这样，Ⅰ(v+m)不能全部与Ⅱc相交换，Ⅱc的一部分产品成为过剩，价值无法实现，第Ⅱ部类再生产所需要的生产资料也无法得到全部补偿。结果是，当第Ⅰ部类准备扩大再生产时，第Ⅱ部类连简单再生产也无法维持，更谈不上Ⅱm的一部分也要用来追加不变资本进行扩大再生产了。而第Ⅱ部类简单再生产受到阻碍，又使第Ⅰ部类原有规模的再生产受到阻碍，“第Ⅰ部类的资本家将会发觉，仅仅因为他们有扩大再生产的企图，就连规模不变的再生产也会受到阻碍”①。解决这个困难的方法是，调整两大部类的物质结构和价值比例，进行新的组合。

(三) 社会总资本扩大再生产的实现条件

马克思用公式说明，如何调整两大部类的物质结构和价值比例，进行新的组合，实现扩大再生产的问题，从中得出扩大再生产的前提条件和实现条件。

扩大再生产必须要具备两个前提条件：首先，为了能够提供追加的生产资料，第Ⅰ部类中代表可变资本和剩余价值的这两部分产品，在价值总量上必须大于第Ⅱ部类的不变资本。只有这样，这两部分产品在补偿了第Ⅱ部类已消耗的生产资料之后，才能余下一部分生产资料来满足扩大再生产追加生产资料的需要，因此，扩大再生产能够进行，必须要Ⅰ(v+m)>Ⅱc。其次，扩大再生产必须有追加的消费资料，作为两个部类追加可变资本之用。就像第Ⅰ部类必须用它的剩余产品为第Ⅰ部类和第Ⅱ部类追加生产资料一样，第Ⅱ部类也要在这个意义上为第Ⅰ部类和第Ⅱ部类提供追加的消费资料，这就要求，Ⅱ(c+m-m/x)>Ⅰ(v+m/x)。这个公式表明，为了使扩大生产能够进行，第Ⅱ部类的不变资本加上Ⅱm中用于积累的部分(m-m/x)，要大于第Ⅰ部类工人和资本家个人的消费，只有这样，才能在补偿了第Ⅰ部类工人和资本家的消费之后，还能余下一部分消费资料来满足两大部类扩大再生产对追加消费资料的需要。如果不具备这个条件，两大部类就不能完成实际积累，扩大再生产就不能够进行。

满足了前提条件，实现扩大再生产还需要一个平衡条件。马克思说：“在以资本的增加为基础的生产中，Ⅰ(v+m)必须=Ⅱc加上再并入资本

① [德] 马克思. 资本论：第2卷 [M]. 北京：人民出版社，2004：567.

的那部分剩余产品，加上第Ⅱ部类扩大生产所必需的不变资本的追加部分。”① 也就是说，扩大再生产要想顺利进行，第Ⅰ部类必须要能够提供出两大部类扩大再生产所需要追加的生产资料，即Ⅰ(v+m) =Ⅱc+ⅡΔc+ⅠΔc。

扩大再生产的前提条件说明了两个问题：①积累是从第Ⅰ部类开始的，即扩大再生产的前提和出发点是Ⅰ(v+m)>Ⅱc，由第Ⅰ部类进行积累，带动整个社会的扩大再生产。②由于第Ⅰ部类积累要根据 c/v 比例不仅增加生产资料，也要增加劳动力，这就要求第Ⅱ部类也要扩大再生产，以满足增加的可变资本所需的消费资料。因此，第Ⅱ部类的积累率由第Ⅰ部类的积累率所规定，并且要与第Ⅰ部类的积累率相适应。

扩大再生产实现的平衡条件表明：在资本有机构成不变的条件下，经济增长率如果持续提高，需要第Ⅰ部类较快增长，较快增长的基本推动力是其要有较高的积累率；经济增长率如果保持稳定，两大部类各自按照一个不变的积累率比例平衡增长。无论是较快增长还是平衡增长，由于资本有机构成和剩余价值率不变，两大部类有一点是共同的，即每个部类中的各个部分（c、v、m）的增长率都和各自部类的增长率相一致。

（四）引入技术进步和资本有机构成提高的扩大再生产

把技术进步和资本有机构成提高这两个因素引入扩大再生产，扩大再生产实现的前提条件和平衡条件不变。但是，由于社会资本的有机构成提高，所需要的不变资本的投资要有一个更快的增长，这就要求社会两大部类的积累率必须提高，以满足增加生产资料投入的需要。由于社会生产对生产资料的需求增长比对劳动力的需求从而对消费资料的需求增长更快，产业结构发生变化，第Ⅰ部类要优先发展，它在社会总产品中占的比例提高，第Ⅱ部类所占比例下降。扩大再生产和资本有机构成不断提高是资本主义生产方式的特征，由此决定了客观存在着生产资料比消费资料较快增长规律。

对于生产资料生产增长的速度快于消费资料生产的增长速度规律所涉及的内容，马克思也有论述：“资本主义社会把它所支配的年劳动的较大部分用来生产生产资料（即不变资本），而生产资料既不能以工资形式也不能以剩余价值形式分解为收入，而只能作为资本执行职能。”② 但是，生

① ［德］马克思．资本论：第2卷［M］．北京：人民出版社，2004：583.
② ［德］马克思．资本论：第2卷［M］．北京：人民出版社，2004：489.

产资料生产较快增长，并不意味着生产资料生产可以脱离消费资料的生产而孤立地、片面地发展，无论在什么样的扩大再生产状况下，两大部类必须按比例平衡发展，才能够保证社会扩大再生产的实现。

（五）马克思的经济增长理论的核心思想

第一，实现经济快速持续增长，需要第Ⅰ部类较快增长，此时，第Ⅰ部类的积累率决定第Ⅱ部类的积累率。所以如果GDP增长率逐年提高，生产资料生产的增长要快于消费资料生产的增长。

第二，如果经济增长率保持不变水平上持续增长，则两个部类有相同的增长速度，但前提是资本有机构成不变。如果资本有机构成提高，生产资料生产的增长仍然要快于消费资料生产的增长。“不变资本比可变资本增长更快的规律，实质上已经显示了生产资料生产比消费资料生产增长更快的趋势。所谓生产资料生产增长更快，只不过是把有机构成提高的规律运用于社会总生产时的另一种说法而已。”①

第三，抽象掉制度因素，资本、劳动、技术是推动经济增长的因素。

第四，在经济均衡持续增长过程中，劳动者的收入（Ⅰv、Ⅱv）增长率、不变资本投资（Ⅰc、Ⅱc）增长率、剩余价值增长率等于经济增长率。如果不是如此，比如不变资本即投资增长快于工人收入增长，将导致Ⅰ（v+m）<Ⅱc，由于第Ⅱ部类的产品过剩而引发第Ⅰ部类生产消费资料的生产资料过剩进而使生产生产资料的生产资料过剩，经济增长率会下降。所以如果工资增长率低于经济增长率，将导致生产过剩，使经济不能持续增长。这涉及分配制度因素对经济增长的影响。结合马克思对资本主义经济危机理论的研究可见，资本主义制度下，工人工资的增长有小于生产增长的趋势，因此，必然导致经济危机。

第五，马克思的经济增长理论的核心是，科学的发展是追求经济稳定持续增长，实现这种稳定持续增长状态的条件是各个部门以及投资和收入要按比例协调增长，这是避免经济增长波动对社会生产力产生破坏的重要保证。

第六，原材料价格变动的影响。在马克思的经济增长理论中，影响经济稳定持续增长的因素有不变资本、可变资本和技术进步，其中。不变资

① 王梦奎．论生产资料生产比消费资料生产增长更快的规律［J］．中国社会科学，1982（4）．

本中对经济增长冲击最大的因素是原材料的价格变动。伴随着劳动生产力的发展，机器的损耗转移的价值和活劳动凝结在单位产品中的价值所占比例越来越少，原材料价值在产品价值中所占比重越来越大，原材料“剧烈的价格波动，会在再生产过程中引起中断，巨大的冲击，甚至灾难。特别是真正的农产品，即从有机自然界得到的原料，由于收成的变化不定等等……会发生这种价值变动”①。在这里，我们又一次看到了农业地位的重要性。然而，不变资本中的固定资本部分即机器等的扩张却不受和农产品相关原材料增长的限制，“资本主义生产越发达，因而，由机器等组成的不变资本部分突然增加和持续增加的手段越多，积累越快（特别是繁荣时期），机器和其他固定资本的相对生产过剩也就越严重，植物性原料和动物性原料的相对生产不足也就越频繁，上面所说的这些原料价格上涨的现象以及随后产生的反作用也就越显著。因此，由再生产过程的一个主要要素的这种剧烈的价格波动引起的激变，也就越频繁”②。原材料价格的不稳定性和其在经济增长中的重要性使产业资本家联合起来形成垄断同盟，通过控制产量来控制价格，获得垄断利润，或者寻求国家作为利益代言人，对重要的原料实施关税保护。③

从对社会总资本运动规律的分析可见，国内经济的大循环是社会资本运动核心，一个国家特别是大国，其经济循环不能过多地依赖对外贸易，对外贸易重要的功能是互通有无、调剂余缺。国内的经济大循环要以在国内实际投资的企业（包括外资独资投入的企业）正常循环周转为基础。企业保持资本运动的连续性和高效率，不仅仅要求企业内部管理的高度计划性，还需要良好的营商环境。社会生产按比例进行、交通运输业和信息产业的发展、金融信贷为企业特别是中小企业提供合理有效的服务、市场交易特别是重要的原材料市场的公平交易、对外贸易为主的国外市场顺畅的循环等因素，都是好的营商环境形成的至关重要的条件。按比例生产的实现条件表明，社会经济正常运行（国内的经济大循环顺畅），既要求供给侧的产业结构合理，又要求总供给和总需求相等，并且，分配通过影响消费需求影响再生产过程，无论哪方面出现问题，都会影响社会经济运动的持续性。党的十九届五中全会提出，中国在未来发展中要加快构建以国内

① ［德］马克思．资本论：第3卷［M］．北京：人民出版社，2004：134.

② ［德］马克思．资本论：第3卷［M］．北京：人民出版社，2004：135.

③ 参见［德］马克思．资本论：第3卷［M］．北京：人民出版社，2004：135-136［第136页恩格斯的注释（16）］.

大循环为主体、国内国际双循环互相促进的新发展格局，坚持扩大内需这个战略基点，使生产、分配、流通、消费更多依靠国内市场，形成国民经济良性循环，把实施扩大内需战略同深化供给侧结构性改革有机结合起来，以创新驱动、高质量供给引领和创造新需求。[①] 这些都充分体现了国内大循环是一国经济运动的基础，内需是经济发展的基本点，但不否定国际市场大循环的重要性，国内大循环必须要以生产、流通、分配和消费协调为条件，供给和需求密不可分、相互作用等一系列马克思所揭示的关于社会总资本运动规律的基本观点。

① 中国共产党第十九届中央委员会第五次全体会审议通过了《中共中央关于制定国民经济和社会发展第十四个五年规划和二〇三五年远景目标的建议》。习近平总书记就《建议（讨论稿）》向全会作的说明。

第六章 《资本论》中的经济危机理论及其当代价值

马克思在讨论一般商品生产时就指出，货币作为流通手段，是商品流通的媒介，在商品流通中有无数生产者的无数商品参与其中，由于“流通不断地把货币像汗一样渗出来”,[①] 所以以货币为媒介的商品流通使买卖在时间和空间上分离，在错综复杂的商品交换序列中，一个不买，后面一系列商品因为没有货币周转而不能卖，商品流通中断。但是，这时只有商业危机的可能性，“这种可能性要发展为现实性，必须有整整一系列的关系，从简单商品流通的观点来看，这些关系还根本不存在”[②]。可见，经济危机不是商品经济的必然产物。进一步对资本主义商品经济活动的研究表明，使经济危机成为现实周期性爆发的“整整一系列的关系”的根源是资本主义生产方式，是这个生产方式下存在着的社会基本矛盾运动尖锐化的结果。资本主义生产方式下存在着的“整整一系列的关系”相互作用是激化社会基本矛盾、促使经济危机爆发的助推器。经济危机是资本主义生产方式的必然产物，经济危机的实质是生产相对于社会有支付能力需求的过剩，即使在当今经济金融化条件下频繁爆发的金融危机，实质上仍然是经济危机。必然产生但无法根除的周期性爆发的经济危机表明，资本主义生产方式具有历史局限性。

一、《资本论》中的经济危机理论概要

马克思《资本论》中的经济危机理论散见于三卷中，在前面相关部分

① ［德］马克思．资本论：第1卷［M］．北京：人民出版社，2004：134.

② ［德］马克思．资本论：第1卷［M］．北京：人民出版社，2004：135-136.

中已经有过涉猎，在这里作一个系统梳理。

（一）周期性经济危机根源于资本主义生产方式

1. 资本主义基本矛盾运动是周期性经济危机的根源

资本主义生产方式存在着生产社会化和生产资料资本主义私人占有之间的基本矛盾。生产的社会化就是劳动者共同使用生产资料进行生产，这是资本主义发展生产力以追求剩余价值的结果，生产社会化要求生产资料全社会共同占有，但是，资本主义生产方式下的生产关系决定了生产资料由资本家私人占有，而资本主义生产方式下通过大鱼吃小鱼的竞争和信用，使生产资料和劳动产品越来越集中到少数大资本家手里，使资本主义基本矛盾尖锐化。这个基本矛盾又具体表现在两个方面：一是单个企业内部生产的有组织性和整个社会生产的无政府状态；二是生产无限扩大的趋势与劳动人民有支付能力的需求相对缩小。企业内部生产的有组织性使供给能力不断增强，社会生产的无政府状态使供给的比例结构没有一个社会中心统一协调，只能依靠价值规律事后调节；生产的无限扩大和劳动人民有支付能力的需求相对于无限扩大的供给不足，导致总供给大于总需求。供给结构和供求总量失衡积累到一定程度必然爆发经济危机。资本主义基本矛盾的冲突以周期性爆发的经济危机表现出来，当基本矛盾激化时，经济危机爆发；进入生产衰退阶段，基本矛盾缓解；当经济复苏和高涨时，资本主义基本矛盾随之重新激化，导致经济危机再次爆发，资本主义基本矛盾运动是周期性经济危机的根源。

资本的目的是以发展生产力为手段，追逐最大限度的剩余价值，“资本主义生产竭力发展生产力，好像只有社会的绝对消费力才是生产力发展的界限”①，然而，雇佣工人作为一个庞大的消费群体，他们的“消费能力一方面受工资规律的限制，另一方面受以下事实的限制，就是他们只有在他们能够为资本家阶级带来利润时才能被雇用”②，因此，相对于生产规模无限扩大所提供的商品供给来说，工人有支付能力的消费力总是不足的，而当这种矛盾冲突激化时，表现为经济危机。所以“一切现实的危机的最后原因，总是群众的贫穷和他们的消费受到限制”③。可见，在马克思的经济危机理论中，消费不足不是经济危机的根源，导致劳动群众的消费力相对

①②③ ［德］马克思．资本论：第3卷［M］．北京：人民出版社，2004：548.

于生产规模不足的原因——资本主义基本矛盾，才是经济危机产生的根源。在关于奢侈品生产对社会总资本再生产影响问题的讨论中，我们已经看到，马克思指出，洛贝尔图斯危机学说的信徒们把消费不足当作危机的根本原因，认为提高工人的工资就能消除经济危机，而实际情况是，在危机爆发前的繁荣时期，工人的工资是所有时期最高的，总消费量也是增加的，提高工人的工资并不能消除危机，如果能够消除危机的话，危机也根本不会爆发。为什么危机爆发点存在于工人工资最高的经济最繁荣时期？这是因为，由资本主义的生产关系决定的分配关系，使工人阶级的有支付能力的需求提高是有限度的。工人的收入只体现为工资，它由必要劳动所规定，工人并不参加由他们的剩余劳动所生产的剩余价值或剩余产品（新增加的财富）的分配，即使在经济繁荣时工资有所增长，经济增长带来的利益也主要以剩余价值的形式形成资本所有者的收入。在繁荣期间，生产增长很快，相应地，工人的工资有所增长，但是，增长更快的一定是资本获得的剩余价值，结果是，经济增长越快，收入越是集中在资本所有者手中。而拥有社会一大部分收入的资本所有者在追求不断增加的剩余价值的欲望支配下，又会把增加收入的大部分用于资本积累，使生产规模更快扩张。因此，资本主义社会经济活动必然会出现一方面是有限的社会消费能力的增长同另一方面是生产的无限扩大趋势的矛盾，并且矛盾会随着经济繁荣不断尖锐化，结果使生产扩张必然快于社会有支付能力的需求的扩张，繁荣的顶点被社会有支付能力的需求所限制，繁荣之后必然爆发经济危机。

2. 资本主义基本矛盾尖锐化首先表现为剩余价值生产与剩余价值实现矛盾的尖锐化

剩余价值生产是资本主义生产的直接目的和决定性动机。“资本主义的生产过程，实质上就是剩余价值的生产，……这种剩余价值的生产——剩余价值的一部分再转化为资本，或积累，也是这种剩余价值生产的不可缺少的部分——是资本主义生产的直接目的和决定性动机”①。这个目的和动机既包含着对剩余价值本身的追求，也包含着为了生产更多的剩余价值对不断进行资本积累的追求。剩余价值生产有无限扩大趋势的原因是：资本为了追求更多的剩余价值而不断积累；资本积累导致资本有机构成提高，利润率趋向下降，为了在利润率下降的同时保持利润量上升，需要更

① ［德］马克思．资本论：第3卷［M］．北京：人民出版社，2004：272.

进一步的积累。结果是社会生产规模不断扩大，生产社会化程度不断提高，相应地，生产出的剩余价值量会惊人地膨胀起来。

然而，剩余价值生产和剩余价值实现的条件是不同的。剩余价值生产只受社会生产力的限制，而剩余价值实现要“受不同部门的生产比例和社会消费力的限制”①。具体来说，如果社会生产比例失调，剩余价值的一部分就不能实现。自由的市场经济不能在事前保持社会生产合理的比例，这使剩余价值的实现“受不同生产部门的比例关系”的限制。但是，即使在社会生产比例平衡的前提下，如果社会消费力不足，剩余价值的一部分也不能实现。社会消费力取决于两个因素：①“社会消费力既不是取决于绝对的生产力，也不是取决于绝对的消费力，而是取决于以对抗性的分配关系为基础的消费力；这种分配关系，使社会上大多数人的消费缩小到只能在相当狭小的界限以内变动的最低限度”②。资本家为了阻碍利润率下降，要加强对劳动者的剥削，使劳动者有支付能力的需求相对缩小，这使剩余价值的实现受到消费力的限制。②受资本家“追求积累的欲望的限制，扩大资本和扩大剩余价值生产规模的欲望的限制。这是资本主义生产的规律，它是由生产方法本身的不断革命，由总是和这种革命联系在一起的现有资本的贬值，由普遍的竞争斗争以及仅仅为了保存自身和避免灭亡而改进生产和扩大生产规模的必要性决定的”③。资本家并不把剩余价值全部用于消费，在社会生产力水平不断提高、现有资本贬值、竞争压力不断增强的情况下，资本家为了生存、为了获得更多的利润，就要不断进行资本积累，扩大生产规模，这促使社会生产有无限扩大的趋势，而资本主义生产关系决定的对抗性的分配关系又限制社会消费的增长，从而使社会生产的扩大受到限制，使剩余价值生产与剩余价值实现之间产生矛盾。结果是，生产出的日益膨胀的剩余价值在相对狭小的社会消费能力基础上实现困难。

剩余价值生产和剩余价值实现的矛盾不仅存在，而且会加剧生产和消费的矛盾。“生产力越发展，它就越和消费关系的狭隘基础发生冲突。在这个充满矛盾的基础上，资本过剩和日益增加的人口过剩结合在一起是完全不矛盾的；因为在二者相结合的情况下，所生产的剩余价值的量虽然会增加，但是生产剩余价值的条件和实现这个剩余价值的条件之间的矛盾，

---

① ［德］马克思．资本论：第3卷［M］．北京：人民出版社，2004：272.

②③ ［德］马克思．资本论：第3卷［M］．北京：人民出版社，2004：273.

恰好也会随之而增大”①。

3. 资本主义基本矛盾尖锐化还表现为生产扩大与价值增殖之间的冲突

利润率下降是引起生产扩大和价值增殖之间的矛盾重要环节。价值增殖是资本主义生产的目的，扩大生产是价值增殖的手段。所以价值增殖和生产扩大的冲突，实际上就是资本主义生产目的和实现这一目的的手段之间的矛盾。

资本主义生产的目的是价值增殖，而为了获得尽可能多的剩余价值，就要以不断提高劳动社会生产力为手段，并且，生产力的发展使生产资料价值下降，引起现有资本贬值，阻碍着利润率的下降，刺激了资本的加速积累，因而使生产力具有无限发展的趋势。但是，随着劳动生产力的发展和生产规模的不断扩大，资本有机构成提高，这又引起利润率下降。所以“总的说来，矛盾在于：资本主义生产方式包含着绝对发展生产力的趋势，而不管价值及其中包含的剩余价值如何，也不管资本主义生产借以进行的社会关系如何；而另一方面，它的目的是保存现有资本价值和最大限度地增殖资本价值……它用来达到这个目的的方法包含着：降低利润率，使现有资本贬值，靠牺牲已经生产出来的生产力来发展劳动生产力”②。当发展生产力的手段和追求最大限度剩余价值的目的冲突时，就必须要牺牲已经生产出来的生产力来保证生产力的发展手段仍然能有效地带来剩余价值。这就是，通过经济危机中大量企业倒闭和生产资料（特别是作为生产资料的农产品、还有危机过后为提高竞争力被迫提前进行的固定资本更新）及产品的毁坏（大量消费品特别是食品坏掉）使经济重新恢复平衡。由此可见，“资本主义生产的真正限制是资本自身，这就是说，资本及其自行增殖，表现为生产的起点和终点，表现为生产的动机和目的；生产只是为资本而生产，而不是反过来生产资料只是生产者社会的生活过程不断扩大的手段。以广大生产者群众的被剥夺和贫穷化为基础的资本价值的保存和增殖，只能在一定的限制以内运动，这些限制不断与资本为它自身的目的而必须使用的并旨在无限制地增加生产，为生产而生产，无条件地发展劳动社会生产力的生产方法相矛盾。手段——社会生产力的无条件的发展——

① ［德］马克思．资本论：第3卷［M］．北京：人民出版社，2004：273.

② ［德］马克思．资本论：第3卷［M］．北京：人民出版社，2004：278.

不断地和现有资本的增殖这个有限的目的发生冲突”①。

4. 经济危机的实质是资本积累过剩和人口与商品的相对过剩危机

在资本积累过程中，当生产力的发展已经不能使资本价值增殖时，相对于增殖资本价值这一目的，生产力便成为过剩，这个结果以经济危机的形式表现为资本过剩、人口过剩和商品过剩。

“所谓的资本过剩，实质上总是指利润率的下降不能由利润量的增加来抵消的那种资本——新形成的资本嫩芽总是这样——的过剩，或者是指那种自己不能独立行动而以信用形式交给大经营部门的指挥者去支配的资本的过剩”②。所以资本过剩的实质是资本积累的过剩，即在资本积累过程中，资本的生产绝对过剩了，表现为增加的资本和以前的资本相比，只能生产一样多甚至更少的剩余价值（利润）。“资本的生产过剩，从来仅仅是指能够作为资本执行职能即能够用来按一定剥削程度剥削劳动的生产资料——劳动资料和生活资料——的生产过剩；而这个剥削程度下降到一定点以下，就会引起资本主义生产过程的混乱和停滞、危机、资本的破坏”③。资本过剩只能通过周期性的经济危机使生产停滞和一些企业破产强制地得到暂时解决。经济危机使生产跌入谷底之后，为了满足市场基本需求，生产会逐渐复苏，这时，“已经发生的生产停滞，为生产在资本主义界限内以后的扩大准备好了条件”④，在经济危机中闲置的生产资料和失业人口会立即重新投入生产扩大过程中，“由于职能停滞而贬值的资本的一部分，会重新获得它原有的价值。而且，在生产条件扩大，市场扩大以及生产力提高的情况下，同样的恶性循环会再次发生”⑤。

资本积累引起资本过剩，资本不愿意投入生产，资本所雇用的劳动力因此减少，这又引起人口过剩，即大批的劳动人口从生产过程中被淘汰出来。这种人口过剩不是绝对过剩，而是伴随着资本积累过剩产生的人口相对过剩。⑥ 也就是说，“对于人口中有劳动能力的那部分人的就业来说，生

---

① ［德］马克思．资本论：第3卷［M］．北京：人民出版社，2004：278-279.

② ［德］马克思．资本论：第3卷［M］．北京：人民出版社，2004：279.

③ ［德］马克思．资本论：第3卷［M］．北京：人民出版社，2004：284-285.

④ ［德］马克思．资本论：第3卷［M］．北京：人民出版社，2004：284.

⑤ ［德］马克思．资本论：第3卷［M］．北京：人民出版社，2004：284.

⑥ 人口过剩不仅仅是这里讨论的问题，这里所说的只是与经济危机相伴随产生的短期突然爆发的人口相对过剩。关于人口问题，马克思和恩格斯强调，人的再生产要和社会物质资料再生产相协调，不同的生产方式下存在不同的人口规律，具体内容可见王岩．马克思主义可持续发展观及当代价值研究［M］．北京：光明日报出版社，2012：127-131.

产资料生产得不是太多了。正好相反。首先是在人口中生产出了一个过大的部分，他们实际上不会劳动，他们由于自己的条件可以靠剥削别人的劳动来生活，或者靠这样一种劳动来生活，这种劳动只有在可鄙的生产方式下才能称为劳动。其次，要使全部有劳动能力的人口在生产效率最大的情况下劳动，就是说，要使他们的绝对劳动时间能够由于劳动时间内所使用的不变资本的数量和效率而得到缩短，已经生产出来的生产资料还很不够"①。所以就有劳动能力的人口而言，在资本主义生产方式下，绝对过剩的是靠剥削别人的劳动生产的那部分人口，而作为广大劳动者的这部分人口如果是在劳动时间因生产效率不断提高而逐渐缩短的正常工作日下进行劳动，是绝对不会过剩的。

"资本是由商品构成的，因而资本的生产过剩包含商品的生产过剩"②。资本是否过剩由使用资本所生产出的商品是否过剩来体现。"因为资本的目的不是满足需要，而是生产利润"③，所以和资本过剩相伴随的商品过剩是相对于利润增殖的过剩，而不是在满足社会全体成员需求后的绝对过剩。从满足社会需要的角度看，"要使大量人口能够体面地、像人一样地生活，生活资料还是生产得太少了"④。而从满足资本追求最大限度的剩余价值角度看，"要使劳动资料和生活资料作为按一定的利润率剥削工人的手段起作用，劳动资料和生活资料就周期地生产得太多了。要使商品中包含的价值和剩余价值能够在资本主义生产所决定的分配条件和消费关系下实现并再转化为新的资本，就是说，要使这个过程能够进行下去，不至于不断地发生爆炸，商品就生产得太多了"⑤。可见，"不是财富生产得太多了。而是资本主义的、对立的形式上的财富，周期地生产得太多了"⑥。

由此可见，生产力过剩或者生产过剩是相对于资本不能获得平均利润的过剩，而不是绝对过剩。"如果有人说生产过剩只是相对的，这是完全正确的；但是，……在这种生产方式的基础上，则是绝对的。否则，人民群众缺乏的那些商品，怎么会没有需求呢？为了能在国内支付工人平均程度的必要生活资料量，却必须到国外、到远方市场去寻找这种需求，这种事情又怎么可能发生呢？因为只是在这种独特的、资本主义的关系中，剩余产品才具有这样一种形式：剩余产品的所有者只有在这种产品对他来说

---

①④⑤⑥ ［德］马克思．资本论：第3卷［M］．北京：人民出版社，2004：287.

②③ ［德］马克思．资本论：第3卷［M］．北京：人民出版社，2004：285.

再转化为资本的时候，才能让这种产品由消费去支配”①。所以在资本主义生产方式下，生产相对过剩是绝对存在的，它是资本积累的绝对过剩，是相对于利润增殖和广大劳动人民有支付能力的需求的商品过剩。资本为追逐实现最大利润而不是满足国内广大劳动者的需求去拓展世界市场，试图化解其资本积累的绝对过剩，这完全与资本主义生产目的相符合！然而结果是把经济危机传播到其他与其经济活动有较为紧密联系的国家。

（二）资本主义制度背景下经济危机爆发的助推器

马克思认为，经济危机的爆发是“整整一系列的关系”相互作用的结果。这一系列的关系形成经济危机爆发的助推器。与此相关的理论有如下内容：

（1）利润率趋向下降是促使资本主义生产无限扩大的动力

资本为了追求更多的剩余价值不断积累，资本积累不是一个简单的资本量的扩张，而是一个通过使用新的技术和设备提高劳动生产率的过程，这导致资本有机构成提高，使利润率趋向下降。虽然在各种阻碍利润率下降的因素作用下利润率下降是一个趋势，是在长期过程中逐渐显现出来的问题，但是，利润率下降规律也会在某个时期与生产力快速发展产生激烈矛盾冲突，冲突的根源在于，资本主义生产的动机和目的是对无酬劳动的占有，从而是要求保持利润率的一定水平，而不是满足社会的需要。

利润率趋向下降成为促进生产无限扩大的动力，为了在利润率下降的同时保持利润量上升，需要更进一步通过资本积累来扩大再生产规模，结果是生产的规模和生产出的剩余价值量惊人地膨胀。然而，“劳动生产力的发展使利润率的下降成为一个规律，这个规律在某一点上和劳动生产力本身的发展发生最强烈的对抗，因而必须不断地通过危机来克服”②，这是因为，利润率是资本主义生产的动力，只有那种在生产上提供利润的东西才会被生产出来，“资本主义生产不是在需要的满足要求停顿时停顿，而是在利润的生产和实现要求停顿时停顿”③。正是这个缘故，李嘉图对利润率下降深感不安，马克思说，“使李嘉图感到不安的是：利润率，资本主义生产的刺激，积累的条件和动力，会受到生产本身发展的威胁”，这表

① ［德］马克思．资本论：第3卷［M］．北京：人民出版社，2004：286.
② ［德］马克思．资本论：第3卷［M］．北京：人民出版社，2004：287.
③ ［德］马克思．资本论：第3卷［M］．北京：人民出版社，2004：288.

明，李嘉图“对资本主义生产条件有深刻的理解”[①]。但他并不懂得这是资本主义生产方式内在矛盾发展的必然结果，也没有认识到资本主义生产方式只是一种历史的、和物质生产条件的某个有限的发展时期相适应的生产方式，在李嘉图的认识中，资本主义社会永恒存在，这是由他的阶级立场所决定的。

（2）商业资本的活动助推生产盲目扩张

商业资本周转受生产和消费的限制，但是，当它独立化后，又能突破这两个界限。①商业资本会缩短生产资本商品的出售阶段，使商品更快地投入市场，从而使生产更快发展。②在资本主义信用制度下，由于商业资本特别是大商业资本在信用制度提供的信贷资金支持下囤积商品的行为产生虚假的社会需求又刺激着生产的扩大。但是，商品的销售最终要受到个人消费的限制，一旦存货大大超过需求，大商人（批发商）的存货开始卖不出去，而银行又催着收回贷款和支付到期的购货汇票，资本主义生产相对过剩危机就首先通过信用危机和商业危机表现出来，“于是崩溃爆发了，它一下就结束了虚假的繁荣”[②]。“因此，在危机中发生这样的现象：危机最初不是在和直接消费有关的零售商业中暴露和爆发的，而是在批发商业和向它提供社会货币资本的银行中暴露和爆发的”[③]。资本主义信用制度和商业资本的运动交织在一起，是促成危机爆发和使经济危机程度加深的一个助推器。

（3）固定资本更新是周期性经济危机的物质基础

资本主义生产的技术基础是机器大工业，其特征是固定资本在生产资料中占比大，因此，固定资本的每一次大规模更新，必然要引起大量新的对相关生产资料和对消费资料的需求，这就促使了相关生产资料和消费资料生产规模的扩大，而这些生产资料和消费资料生产规模的扩大又对它们所需要的生产资料和消费资料提出了新的需求，结果是这种连锁反应式的推动作用，使整个社会生产达到高峰。但是，固定资本在一次更新后，周转的周期又要相隔若干年（比如 10 年），在此期间，只产生正常的更新需求，但是有关生产部门已经形成了满足大规模更新的生产能力，并且带动起其他相关部门的生产扩张，结果造成生产过剩。所以固定资本大规模更

① ［德］马克思．资本论：第 3 卷［M］．北京：人民出版社，2004：288.
② ［德］马克思．资本论：第 3 卷［M］．北京：人民出版社，2004：340.
③ ［德］马克思．资本论：第 3 卷［M］．北京：人民出版社，2004：339.

新引起整个社会生产的高涨，为经济危机提供了物质基础。在经济危机中，资本家都力图采用新机器来提高竞争力，早日摆脱困境，使自己的企业仍能获利，因此，一些使用期限没有结束的固定资本也提前进行更新，于是固定资本又开始大规模更新，这就引起生产固定资本的生产部门又开始进行大规模的新投资，危机的爆发又为下一次出现的大规模新投资创造了前提条件。总之，“危机总是大规模新投资的起点，因此，就整个社会考察，危机又或多或少地是下一个周转周期的新的物质基础”①。通过固定资本更新带动经济增长，虽然可以暂时走出经济衰退，但是不能从根本上消除经济危机，恰恰相反，它又为下一次经济危机的爆发提供了物质基础。

（4）全社会周期更新的固定资本的总额和储存的折旧基金总额不相等可能诱发经济危机

在实际经济活动中，当年更新的固定资本的总额等于这一年储存的折旧基金总额的情况是很偶然的。在之前关于社会总资本再生产问题讨论中已经谈到，如果企业当年进行的固定资本实物更新（只买不卖）大于企业所提取的折旧费（只卖不买），总需求就大于总供给，这可以通过进口生产资料和消费资料的方法解决；反之，则需要把过剩的供给出口到其他国家，否则再生产不能顺利进行，对外贸易有调剂国内生产余缺、保证再生产顺利进行的作用。但是，这可能会在其他国家引起经济危机，因此不是解决问题的根本办法，而且只会把矛盾推入更广的范围，为这些矛盾开辟更广阔的活动场所。因此，一个国家特别是大国的社会经济活动，必须建立在自己能够合理调节以实现正常运行的基础之上，马克思提出，可以通过必要的储备系统解决这个问题。由于固定资本的寿命长短不同，投产的时间先后不同，固定资本更新过程中的两个部分不可能绝对平衡，过剩和不足现象都会出现，因此，当商品过剩时，将其作为必要物资储备起来，在出现生产不足时用来补充缺额，从这个意义上讲，这种过剩有利于社会生产的发展。但是，在资本主义私有制条件下，生产和投资是企业自己的事情，谁的产品过剩，就意味着谁的剩余价值无法实现，所以过剩对资本主义来说是一种祸害。在自由放任的资本主义市场经济条件下，社会不可能做到对固定资本更新有意识的控制，全社会周期更新的固定资本总额和储存的折旧基金总额不相等可能成为诱发经济危机的因素。

---

① ［德］马克思．资本论：第2卷［M］．北京：人民出版社，2004：207.

（5）周转时间长的部门增长过快会引发经济危机

周转时间长的部门在比较长的时间内要不断地从市场上取走消费资料和生产资料，却没有把任何商品投入市场。生产周期长的部门增长过快，会导致短期内总需求相对于总供给不足，价格总水平因此上升，带动相关部门的生产迅速膨胀。但是，这种建立在比例失调基础上的生产规模的扩大不会持久，当周转时间长的部门的产品进入市场后会发现，其产品生产过剩，该类部门随即会缩减生产规模，相关部门也因此出现生产过剩并且被迫缩减生产，由此可能引发经济危机。马克思指出，这种状况在资本主义自由放任的市场经济条件下是必然存在的，这是因为，资本主义自由放任的市场经济中的社会分工以生产资料分散在许多互不依赖的商品生产者中间为前提，使独立的商品生产者互相对立，他们不承认任何别的权威，只承认竞争的权威，所以在资本主义社会，社会的理智总是事后才起作用，这必然会不断产生巨大的紊乱。马克思还指出，在现实经济活动中，一些周转时间长的部门的扩张会受到货币资本的限制，但是这个限制被信用制度和与此相连的联合经营（例如，股份公司）打破了。因此，货币市场的混乱会使这类企业陷入停顿，而这类企业反过来也会引起货币市场的混乱。货币市场和资本市场的盲目作用成为助长生产周期长的部门过快增长、冲击经济活动正常进行、促成并且加深经济危机的一个推动力。

（6）奢侈品生产过剩会加深经济危机的程度

奢侈品主要由资本家消费，当经济危机爆发时，资本家的剩余价值量减少，因此，危机爆发时首先缩减的是奢侈品的生产，从而引起生产奢侈品工人的失业。这一部分工人由于失业，对必要生活资料的需求量会减少，所以奢侈品生产越发达，危机爆发时，越会加深经济危机。如果一个社会的收入分配两极分化严重，高收入者对奢侈品消费需求旺盛带动了奢侈品生产的过度发展，在经济危机爆发时，奢侈品生产部门的全面衰退所产生的连锁反应会加深经济危机的程度。

（7）虚拟资本积累和现实资本积累相脱节，导致经济泡沫，触发经济危机

虚拟资本是以有价证券这种所有权证书形式存在、能给持有者带来一定收入的资本。有价证券主要以股票、国债券的形式存在，在现代信用体系中，又出现了许多新的有价证券形式。有价证券是所有权证书，有定期收入（债息、股息等）。债权人不能要求债务人解除契约，如果想要收回

货币，只能出卖有价证券。金融体系通过有价证券会创造出大量的虚拟资本。虚拟资本的形成是定期收入的资本化过程。“人们把虚拟资本的形成叫作资本化。人们把每一个有规则的会反复取得的收入按平均利息率来计算，把它算作是按这个利息率贷出的一个资本会提供的收益，这样就把这个收入资本化了”①。所以，由一个固定收入幻想出一个资本，这个资本就是虚拟资本。例如，现行的利息率=5%，一个500元生息资本，利息=25元［500×5%=（25）］。如果有一个固定收入=25元，而现行的利息率=5%，则可以把固定收入25元当作一个500元资本的利息来看待，实际上，这500元资本不一定存在。比如一个3年期5%利息率的500元国债券，政府可能在一开始就已经把借来的钱用来弥补了自己的赤字，但是仍然在三年中支付利息。尽管投入国债券的货币资本已经不复存在，但是，国债券对它的所有者而言仍然还是资本，因为它会定期带来收入。所以这种代表不复存在的资本的所谓“资本”，只能是幻想的虚拟资本。

股票和国债券二者存在不同。国债券是向公众借的债务，到期后由政府偿还，它基本上不代表现实的资本。股票票面值代表现实资本。“铁路、采矿、轮船等公司的股票代表现实资本，也就是代表在这些企业中投入的并执行职能的资本，或者说，代表股东所预付的、在这些企业中作为资本来用的货币额”②，但是，一旦在市场上交易，股票的市场价格可能会大大背离本身代表的现实资本的价值。有价证券的价格（不考虑其市场供求的内在价格）与市场利息率及有价证券收益相关：

$$\text{有价证券的价格}=\frac{\text{债息或股息}}{\text{利息率}}$$

可见，仅仅由于利息率下降，就可以创造出高于有价证券票面值的大量资本，而超过有价证券面值以上的增值部分都是虚拟资本。例如，有价证券票面价值=100元（代表现金资本），债息率或股息率=10%，债息或股息=10元，利息率=5%，有价证券的价格=10/5%=200（元），即花200元购进面值100元的债券与200元存款获得10元利息一样，可得定期股息收入10元，这样购买者才考虑是否买进。这时，有价证券价格-票面值=200-100=100（元）（虚拟资本）。在这里，如果说有价证券的面值还存在现实资本基础的话，由于有价证券价格上升而超

① ［德］马克思．资本论：第3卷［M］．北京：人民出版社，2004：528-529.

② ［德］马克思．资本论：第3卷［M］．北京：人民出版社，2004：529.

过票面值的100元则是完全不存在现实资本基础的，是虚拟资本。可见，和有价证券相关的虚拟资本与利息率成反比，利息率越低，有价证券价格就越高，虚拟出的资本也就越多。有价证券的市场价格受其供求关系影响很大，其中尤其以股票最为显著，股票这种形式最能创造远离现实资本的虚拟资本。

由于股票的市场需求受很多不确定因素特别是投机因素的影响，其市场价格可能会大大背离其内在价格。当股票价格（是指市场价格）因对股票的需求旺盛而上涨很快时，会创造出大量的虚拟资本。而当股票持有者大量抛售股票时，股票价格会大幅回落，甚至会低于其内在价格或者本利全无。但是“一旦风暴过去，只要这种证券代表的不是一个破产的或欺诈性质的企业，它们就会回升到它们以前的水平。它们在危机中的贬值，会作为货币财产集中的一个有力的手段来发生作用”①。股票价格的变动和货币资本的供求紧密相关，当“货币市场紧迫的时候，这种有价证券的价格会双重跌落：第一，是因为利息率提高；第二，是因为这种有价证券大量投入市场，以便实现为货币”②。也就是说，一方面，当货币资本供给小于需求时，市场利息率上升使股票需求减少，导致其价格下跌；另一方面，股票持有者面对市场利息率上升和股票价格下降的情况，会选择在市场上抛售股票，换回货币，结果是股票价格进一步下跌。

股票价格的变动会对实际经济活动产生重要影响。当股票等有价证券价格因需求旺盛而上涨很快时，会创造出大量的和实际资本脱节的虚拟资本，在虚拟资本上，资本的价值“纯粹是幻想的”③，马克思称之为“肥皂泡”④。当股票持有者大量抛售股票时，股票价格会大幅回落，由它虚拟出的资本又会大幅缩水，肥皂泡破裂。然而，“只要这种证券的贬值或增值同它们所代表的现实资本的价值变动无关，一国的财富在这种贬值或增值以后，和在此以前是一样的”⑤。“只要这种贬值不表示生产以及铁路和运河运输的实际停滞，不表示已开始经营的企业的停闭，不表示资本在毫无价值的企业上的白白浪费，一个国家就决不会因为名义货币资本这种肥皂泡的破裂而减少分文”⑥。股票价格的变动实际上反映的是对物质利益进行了重新分配，即实际的财富从一些人的口袋里转移到另一些人的口袋里。

---

① ［德］马克思．资本论：第3卷［M］．北京：人民出版社，2004：530-531.

② ［德］马克思．资本论：第3卷［M］．北京：人民出版社，2004：530.

③ ［德］马克思．资本论：第3卷［M］．北京：人民出版社，2004：529.

④⑤⑥ ［德］马克思．资本论：第3卷［M］．北京：人民出版社，2004：531.

但是，如果股票价格泡沫的破裂和经济危机相伴随，首先，“它们的价格随着利息的提高而下降。其次，它们的价格还会由于信用的普遍缺乏而下降，这种信用的缺乏迫使证券所有者在市场上大量抛售这种证券，以便获得货币”①。当然，有些股票价格的下跌，“部分地是由于股票所有权要求的收入减少，部分地是由于它们代表的往往是那种带有欺诈性质的企业。在危机时期，这种虚拟的货币资本大大减少，从而它的所有者凭它在市场上获得货币的力量也大大减少。这些有价证券的行情的下降，虽然和它们所代表的现实资本无关，但是和它们的所有者的支付能力关系极大”②。也就是说，危机中产业部门生产停滞、企业倒闭、利息率提高、信用普遍缺乏等情况，使股票的内在价格下跌，而股票价格下跌，使股票持有者的收入减少，使其有支付能力的需求下降，从而使危机的程度进一步加深。由于股票买卖的投机性很强，股票又和实体经济紧密相连，股票价格高涨和实体经济过度繁荣相关，这时其价格会大幅远离现实资本，实体经济一有风吹草动，股票市场马上会做出反应性暴跌，所以股票市场价格波动成为市场的晴雨表，比如美国 20 世纪 30 年代的大危机就是首先从股票市场的崩溃开始的。1929 年 10 月 29 日，美国股票市场大崩溃，由此拉开了持续 4 年的 30 年代大萧条的序幕，结果使美国的经济水平倒退至 1913 年，并且波及其他主要资本主义国家。在股票和债券市场日益发展、经济日益金融化的当代社会，经济危机往往率先以信用危机、金融危机的形式表现出来，并且由于经济的金融化而使经济危机的程度加深。

（三）资本主义生产方式的历史局限性

资本主义生产方式下，不可避免的、周期性爆发的经济危机表明了这种生产方式的局限性。资本主义生产方式发展的结果是：使资本家私人占有的“生产资料集中在少数人手中，因此不再表现为直接劳动者的财产，而是相反地转化为社会的生产能力”，生产资料社会化了；劳动本身成为社会的劳动，“劳动本身由于协作、分工以及劳动和自然科学的结合而组织成为社会的劳动”，劳动也社会化了；社会化生产不仅在国内，而且在世界市场上不断发展。在生产社会化过程中，“资本主义生产方式把私有

① ［德］马克思．资本论：第 3 卷［M］．北京：人民出版社，2004：558.

② ［德］马克思．资本论：第 3 卷［M］．北京：人民出版社，2004：558-559.

财产和私人劳动扬弃了，虽然是在对立的形式上把它们扬弃的”①。因此，虽然生产资料的社会化和劳动的社会化只是在资本主义私有制范围内扬弃了利用私人财产进行私人劳动的生产形式，生产方式的本质并没有发生变化，但是，在生产的组织形式上已经发生了重大变化，生产日益社会化了。“在资本主义生产方式内发展着的、与人口相比惊人巨大的生产力，以及虽然不是与此按同一比例的、比人口增加快得多的资本价值（不仅是它的物质实体）的增加，同这个惊人巨大的生产力为之服务的、与财富的增长相比变得越来越狭小的基础相矛盾，同这个不断膨胀的资本的价值增殖的条件相矛盾。危机就是这样发生的”②。资本主义生产方式存在着自身无法克服的矛盾，只能通过周期性地爆发经济危机来暂时缓解这个矛盾。周期性爆发的经济危机打断了生产力的持续发展。而且，“对资本来说，劳动生产力提高的规律不是无条件适用的。对资本来说，不是在活劳动一般地得到节约的时候，而是只有在活劳动中节约下来的有酬部分大于追加的过去劳动部分的时候，这种生产力才提高了，……资本主义生产方式在这里陷入了新的矛盾。它的历史使命是无所顾忌地按照几何级数推动人类劳动的生产率的发展。如果它像这里所说的那样，阻碍生产率的发展，它就背叛了这个使命。它由此只是再一次证明，它正在衰老，越来越过时了”③。

所以“资本主义生产不是绝对的生产方式，而只是一种历史的、和物质生产条件的某个有限的发展时期相适应的生产方式”④。资本主义发展的历史趋势是，“由资本形成的一般的社会权力和资本家个人对这些社会生产条件拥有的私人权力之间的矛盾，越来越尖锐地发展起来，并且包含着这种关系的解体，因为它同时包含着把生产条件改造成为一般的、公共的、社会的生产条件。这种改造是由生产力在资本主义生产条件下的发展和实现这种发展的方式决定的”⑤。资本主义生产方式推动生产力不断发展，并且把生产的条件日益改造成为公共的、社会的生产条件，而资本主义私有制又使这些生产条件在所有权上具有私人性质而且日益成为少数人的权力，这两方面存在着不可调和的矛盾，并且随着生产社会化程度的提高，矛盾会越来越尖锐。历史发展的必然趋势是，与这种具有公共的、社会的生产条件的生产力相适应，生产资料资本主义私有制终将会被公共所

①② ［德］马克思．资本论：第3卷［M］．北京：人民出版社，2004：296.

③ ［德］马克思．资本论：第3卷［M］．北京：人民出版社，2004：291-292.

④ ［德］马克思．资本论：第3卷［M］．北京：人民出版社，2004：289.

⑤ ［德］马克思．资本论：第3卷［M］．北京：人民出版社，2004：294.

有制所取代。

二、资产阶级经济学家们的浅薄认识

（一）关于“萨伊定律”

资本主义基本矛盾激化必然导致生产过剩危机，而萨伊认为，生产过剩不可能出现。萨伊在1803年出版了他的《政治经济学概论》，在该书中提出，“出卖必定意味着需求”①，“创造一种新的产品等于开辟其他产品的销路，破坏一种产品等于闭塞其他产品的销路”②，“如果没有新产品生产，新的需求便无从创造出来”③。在萨伊看来，有卖必有买，供给总是能够创造自己的需求，这被他之后直到凯恩斯之前的西方经济学看作一条定律。

马克思指出了萨伊在这个问题认识上的浅薄：“任何一门科学都不像政治经济学那样，流行着拿浅显的普通道理来大肆吹嘘的风气。例如，让·巴·萨伊由于知道商品是产品，就断然否定危机。”④ 供给不能自动创造需求，因为，首先，在商品生产条件下，无论其生产目的是什么，客观上，生产最终都要落实到有支付能力的消费需求上。收入分配状况是决定支付能力需求形成的主要因素。其次，生产的结构要建立在消费结构上，也就是说，生产的结构要和消费结构相适应，比如，有对奢侈品的需求，才有奢侈品的供给，所谓供给创造需求、供给引领需求，只不过是生产者把握住了需求变动趋势生产出来了满足消费新需求的产品而已。所以如果供给结构不符合需求结构、收入分配两极分化，当问题累积到一定程度时，经济危机必然爆发，而这一切在资本主义生产方式下是不可避免的事实。在西方经济学说史中，萨伊的理论被归为古典经济学，但是认为他提出的“萨伊定律”又集中体现着新古典经济学的核心思想，即市场具有调节经济实现充分就业的功能。而根据马克思主义经济学说史的划分，萨伊抛弃了斯密开创的古典经济学中科学的部分，继承发展了其中的庸俗的因素，因此把他看作资产阶级庸俗经济学的倡始者之一。20世纪30年代爆发了

① ［法］萨伊．政治经济学概论［M］．北京：商务印书馆，1982：141注释①．
② ［法］萨伊．政治经济学概论［M］．北京：商务印书馆，1982：150．
③ ［法］萨伊．政治经济学概论［M］．北京：商务印书馆，1982：151注释①．
④ ［德］马克思．资本论：第1卷［M］．北京：人民出版社，2004：136注释（73）．

世界性的生产过剩危机，用事实推翻了“萨伊定律”，之后凯恩斯在资本主义框架内否定了“萨伊定律”，被西方经济学称为“凯恩斯革命”。许多文献中在提到对“萨伊定律”的革命时，都只提到“凯恩斯革命”，实际上，马克思在早于凯恩斯近70年就对“萨伊定律”进行了更深刻的革命。

(二) 凯恩斯理论的基本问题

凯恩斯站在维持资本主义生命的立场上为其“开药方”，其理论的基本点是，经济衰退与资本主义制度无关，它根源于市场失灵，原因是有效需求不足，有效需求不足的核心是私人的投资需求不足。

第一，凯恩斯认为，生产依赖于有效需求，有效需求不足是造成资本主义生产体系出现经济衰退的原因。“所谓有效需求，只是雇主们从决定提供的当前就业量上，所可预期取得的总所得或收益。”① 所以有效需求即有支付能力的需求，它以实际的就业量和预期利润最大为基础。需求包括投资需求和消费需求，消费需求形成的基础是收入，收入取决于实际就业量，由于实际就业量由雇主通过投资创造工作岗位来提供，雇主是否投资又取决于投资能否获得最大的预期利润，因此，有效需求是否充足，关键是资本能否获得最大的预期利润。

第二，凯恩斯认为，资本获得最大的预期利润的条件是，增加的投资品的购买价格（重置成本）等于该投资预期利润按照现行贴现率所折成的现值，这种投资品的购买价格和投资预期利润贴现值的关系，凯恩斯称之为资本的边际效率。如果预期利润的贴现值大于重置成本，资本的边际效率上升，这将引诱投资需求在原有规模的基础上增加，反之，投资需求将减少。凯恩斯认为，资本品的稀少或丰富程度是影响资本的边际效率的重要因素。比如，随着投资增加，资本品越来越丰富，由新增加的资本品生产出的新产品的供给量不断增加，这会使投资的预期利润下降，另外，对投资品的需求不断增加使重置成本上升。结果使预期利润的贴现值小于重置成本，资本的边际效率下降，引诱投资需求的动力不足，导致投资需求不足。

第三，凯恩斯认为，经济波动虽然是多种因素促成的，但是，“其尤著者，当推消费倾向、灵活偏好状态，以及资本之边际效率。此二者之变动，在商业循环中各有作用。但我认为商业循环之所以可以称为循环，尤

① ［英］凯恩斯．就业利息和货币通论［M］．北京：商务印书馆，1977：51.

其是在时间先后上及期限长短上之所以有规则性，主要是从资本之边际效率之变动上产生的"[①]。其中的基本关系是：资本的边际效率崩溃，对未来的看法悲观、不放心使灵活偏好随之增强，利率上升；资本的边际效率崩溃和利率上升，使投资下降，进而使就业量和收入减少，结果使消费倾向下降；资本的边际效率崩溃和利率上升，使证券市场价格下跌，导致投资证券者收入减少，使消费倾向下降，而投资过度乐观和悲观是导致经济快速扩张而后突然在繁荣阶段崩溃的主要原因。"在自由放任情形之下，除非投资市场心理有彻底改变，否则就没有办法避免就业量之剧烈波动；然而我们没有理由可以预料会有此种彻底改变。所以我的结论是：我们不能把决定当前投资量之责任放在私人手中"[②]。可见，在凯恩斯看来，在自由放任的市场经济中，在投资品市场、证券市场、产品市场的共同作用下，有效需求相对不足，结果必然导致经济衰退。而其中最重要的是投资市场的快速萎缩。并且，自由放任下的盲目投资是造成投资市场波动的最主要因素。

第四，关于固定资产的折旧和更新对经济波动的影响问题。凯恩斯认为，如果投资品的折旧基金提取大于其实物更新很多，实际上是增加了企业当前净储蓄，使消费倾向下降，[③] 而消费倾向下降是导致经济波动的重要因素。

第五，关于消费在经济波动中的作用。凯恩斯认为，储蓄是消费的另一面，储蓄动机强烈会使消费倾向下降，预防未来收入和支出的不确定性、保持未来有比较高的生活水平、从事或增加投资，都会使储蓄动机增强。所以比较强烈的储蓄动机会使消费倾向下降，但是，只要总储蓄能够全部转化为总投资需求，总供给就等于总需求。问题是，"资本不能离开消费而独立存在，反之，如果消费倾向一经减低，便成为永久习惯，则不仅需求将减少，资本需求亦将减少"[④]。所以比较高的储蓄是否都能够转化为投资，受社会最终需求即消费需求的制约，较低的消费倾向使资本的预期利润率较低，引致的投资需求因此较低，结果使储蓄并不能全部自动转化为投资，使总供给大于总需求。但是，在投资和消费对经济波动的影响孰轻孰重的问题上，凯恩斯还是突出强调投资的作用，因为投资增加可以

① ［英］凯恩斯．就业利息和货币通论［M］．北京：商务印书馆，1977：267.
② ［英］凯恩斯．就业利息和货币通论［M］．北京：商务印书馆，1977：272.
③ 参见［英］凯恩斯．就业利息和货币通论［M］．北京：商务印书馆，1977：109.
④ ［英］凯恩斯．就业利息和货币通论［M］．北京：商务印书馆，1977：92.

消化因储蓄而剩余的产品，可以增加就业，可以在消费倾向不变时也能够增加消费。问题是，自由的市场经济无法使投资保持与储蓄相等的稳定增长，因此，经济衰退是必然的，经济衰退的根源是市场失灵。

第六，关于制度因素对经济衰退影响的认识。凯恩斯认为，消费动机强弱受经济制度和财富分配方法的影响，储蓄的“动机之强度，当然随我们所假定的经济制度与经济组织，随种族、教育、成规、宗教及流行道德观念等因素所形成的习惯，随现在希望与过去经验，随资本设备之多寡与技术，又随目前财富分配办法，以及社会各阶层已经确立的生活程度，而大有不同。……本书将不涉及重大社会改革所产生的后果，或长期进步中慢慢发生的影响；……财富之分配办法，既决定于社会结构，而后者又有相当永久性，故前者亦只能在长期中慢慢改变，故本书亦视为已知”①。在凯恩斯看来，经济衰退是短期问题，制度等是在长期中慢慢变化的因素，因此，制度因素对经济衰退没有影响。另外，在凯恩斯的理论中，制度因素对消费倾向产生重要影响，而制度变化是在长期中缓慢发生的，所以消费倾向在短期不会自动变化，消费不足不是经济衰退的根源。

可见，凯恩斯的研究是在既定的资本主义制度前提下排除制度因素展开的，他认为，经济衰退的根源是市场失灵，市场失灵主要是自由放任的市场无法对私人投资进行有效调控，因此提出政府要对宏观经济特别是其中的投资需求进行调控，解决市场失灵带来的经济周期性波动问题。在凯恩斯理论的基础上，形成了西方宏观经济学。

（三）马克思和凯恩斯的经济危机理论比较

相比较而言，马克思的经济危机理论远比凯恩斯的理论深刻、丰富得多。马克思把资本主义经济制度和自由放任的市场经济有机结合在一起，深刻揭示出周期性爆发的经济危机的必然性以及“整整一系列的关系”相互作用促发周期性经济危机的机理。马克思的经济周期理论为我们认识周期性经济危机提供了更加开阔的视野，为我们从制度和市场层面寻找解决经济波动的方法提供了科学的理论、方法和思路。

第一，关于制度因素对经济周期的影响。现实的社会经济活动表明，制度因素不论长短期都在社会经济活动中起作用，制度一旦确立，会自然产生一套运行机制，并且对经济活动的各个方面产生深刻的影响。在马克

① ［英］凯恩斯．就业利息和货币通论［M］．北京：商务印书馆，1977：95.

思的理论中，对资本主义制度在周期性经济危机中的作用作了深入的、符合客观实际的分析，揭示出资本主义周期性经济危机的根源在于资本主义制度决定的资本主义生产方式。凯恩斯把资本主义制度看成他的理论既定的前提，认为制度因素在短期经济波动中没有作用，因此可以在研究中抽象掉不谈是错误的，这使他的理论具有明显的辩护性，提不出根本消除经济危机的办法。

第二，理论认识上的根本不同导致对实际问题的看法和所寻找的解决途径根本不同。凯恩斯主义认为，在资本主义制度范围内，政府应当对宏观经济活动进行干预，以克服自由的市场经济中必然存在的经济波动。重要的是，政府应当控制投资，在衰退没有出现之前的高涨期，政府可以通过提高利率、增加税收等手段控制投资需求过快增长导致的资本边际效率下降，在经济已经出现衰退时，可以通过改善资本的收益率刺激投资来解决有效需求不足造成的失业问题。比如，通过减税、降低利息率等手段促进投资需求增加。马克思的研究表明，在资本主义制度范围内，周期性经济波动问题得不到根本解决，这是因为，在资本主义生产方式下，社会生产的无政府状态、利润率趋向下降规律、资本在追求最大剩余价值目的推动下的强烈积累欲望、信用制度推动下的超越现实生产和消费需求制约的生产扩张与虚拟资本的积累等“整整一系列的关系”，必然会把生产的扩大推向无限，而资本主义生产关系决定的对抗性的分配关系又把社会大多数人的有支付能力的消费限制在低于经济增长的水平上，使生产的扩大受到限制。这个矛盾运动的必然结果只能是，通过周期性的经济危机对生产力的破坏来暂时解决一下生产相对过剩问题。应当说，凯恩斯提出的治理经济周期性波动的药方在实践中确实能够在一定程度上降低经济危机爆发的频率，控制经济衰退的深度，帮助经济较快地走出衰退，但是，它不能消除病根，周期性的经济危机仍然不断出现。正如我们所看到的，在资本主义制度下，无论选择什么样的干预政策，都只是头痛医头、脚痛医脚，并且不可避免地会产生一些诸如滞胀等的副作用。从 20 世纪 70 年代起，资本主义经济陷入“滞胀”，新自由主义看到了凯恩斯主义理论和实践的尴尬，他们主张回到资本主义自由的市场经济，认为不要政府干预的自由市场经济能够有效调节社会经济活动，西方国家普遍走上了强化市场调节、弱化政府干预的道路，试图通过放松对经济和金融的管制释放经济活力，然而，在其影响下的实践带来的由美国次贷危机引发的世界性经济危机，彻底粉碎了自由市场经济能够有效调节社会经济活动的神话。新自由主义泛滥导致资本主义基本矛盾越来越尖锐，金融危机频发。对此，马克思的经济周期理论可以给我们提供科学的答案：在资本主义制度前提下，依照凯恩斯的经济理论实施的宏观经济政策，并不能在根本上解决资本主义固有的生产无限扩大和社会大多数人的有支付能力的消费需求相对狭小的矛盾，不废除资本主义经济制度，社会经济活动就无法走出周期性经济危机的怪圈，并且，为了解决经济衰退实施扩张性的财政和货币政策刺激投资，但是经济衰退时本来就积压了大量过剩的产品和生产能力需要消化释放，因此，刺激经济扩张的效果不会很有效，反而会因为货币扩张带来通货膨胀。而新自由主义的主张，不过是在重复马克思100多年前就已经指出的资本主义社会生产的无政府状态，结局自然是马克思早就揭示出的周期性爆发的经济危机。而且，新自由主义把凯恩斯主义所开出的治理经济周期性波动的药方也减量化甚至抛弃，所以带来的是更加广泛而深刻的世界性经济危机。

第三，比较马克思和凯恩斯的理论，也可以发现一些共同的研究视角。首先，他们都非常强调投资在经济波动中的作用，都指出固定投资对经济波动有影响。马克思指出，固定资本大规模更新会引起整个社会生产的高涨，这为经济危机提供了物质基础；社会周期更新的固定资本的总额和储存的折旧基金总额不相等也可能诱发经济危机。凯恩斯指出，投资波动是经济波动的最重要原因，政府必须直接控制、管理社会投资，而不能把决定当前投资量的责任放在私人手中。并且还指出，如果固定资本投资的折旧基金提取大于其实物更新很多，使企业当前净储蓄过多增加，会使消费倾向下降。他们的这些思想启示我们，在市场经济条件下，政府有效调控固定资产投资规模，合理地引导和调节固定资产的折旧提取及实物更新，是克服经济波动的重要途径。其次，马克思和凯恩斯都认为，在自由放任的市场经济中，证券市场对实体经济产生的重要影响是引发经济危机的重要因素。马克思从虚拟资本角度深刻分析了在自由放任的资本主义市场经济中，虚拟资本积累和现实资本积累脱节导致的经济泡沫如何在资本主义经济危机形成和爆发过程中发挥作用。凯恩斯则通过对投资品市场、证券市场和产品市场相互作用机理的分析指出，要通过政府实施干预经济的政策，调节证券市场和投资品市场。需要指出的是，虽然马克思和凯恩斯对上述问题的研究有共同视角，但是，凯恩斯认为，在资本主义制度下，政府的干预可以解决上述各种问题，从而克服经济周期性波动；而马克思则指出，在资本主义生产方式下，这些问题是不可能得到有效解决的，因此，周期性经济危机是不可避免的。

三、当代金融危机本质上依然是生产相对过剩的经济危机

马克思在货币理论中谈到，在货币支付手段产生后，赊购形式产生，在赊购时，货币的价值尺度和支付手段职能在时间上分离：货币先作为价值尺度对所赊商品计算债务，然后在还债时又当作支付手段来实现该商品的价值。随着商品生产从而商品流通的发展，所需要的支付手段的量也会越来越多，为了节省这个量，支付锁链关系扩展。这时，一旦其中某些人在规定期限内没有卖掉他的商品，他们就不能按时偿债，在这个锁链上的一系列人也就随之不能偿债，于是，大家都同时要求现金支付，结果形成了货币危机，这种危机只有在信用制度发展的条件下才会发生。① 它和商业危机一样，是经济危机的一种表现形式，根源是因为一些人的商品不能卖掉而导致的支付锁链的断裂。

在这里，需要注意区别两种货币危机，马克思说："本文所谈的货币危机是任何普遍的生产危机和商业危机的一个特殊阶段，应同那种也称为货币危机的特种危机区分开来。后一种货币危机可以单独产生，只是对工业和商业发生反作用。这种危机的运动中心是货币资本，因此它的直接范围是银行、交易所和金融。"② 马克思所说的后一种货币危机就是金融危机。当代资本主义经济金融化的程度不断提高，经济过度虚拟化，导致金融危机频发。我们可以举两个典型事例来说明这个问题。

第一个典型事例是1997年在泰国爆发的金融危机，它产生于其他一些原因，但是结果导致了生产危机和商业危机。泰国经济在20世纪70—80年代高速增长，到80年代末其国内储蓄已经远不能满足国内投资需求。在国内资金缺口加大和利率升高的背景下，为了实现继续高速增长目标，泰国于短期内进行了外汇自由化改革，在1994年对外资开放了资本市场，实现了资本项目下的货币自由兑换，使外资获得了在泰国直接投资、证券投资和借贷投资的极大自由。资本市场的快速开放虽然使外资的流入量激增，但也带来了隐患。第一，投资结构扭曲。1988—1994年商业银行发放的贷款平均占GDP的80%，投资需求的扩张和经济、收入增长的预期，再加上外资进入催动的证券价格上扬所产生的财富效应，又拉动了房地产价

① 参见［德］马克思．资本论：第1卷［M］．北京：人民出版社，2004：161-162.

② ［德］马克思．资本论：第1卷［M］．北京：人民出版社，2004：162注释（99）.

格的涨升。约1/3的投资和银行贷款集中于房地产业。第二，高速增长往往还伴随着价格泡沫，再加上投资结构的扭曲，使银行系统承受不良资产增加的压力越来越大。第三，贷款抵押品（如房产）和居民金融资产（如股票、债券）的升值反过来又进一步使企业和个人能申请与获得更多的银行贷款，进一步强化了信用的扩张。这不仅加重了银行资产的脆弱性和贷款风险，强大的资金需求也大幅推升了本国的利率水平。第四，由于国内利率高于国际市场利率近5个百分点（1991年7月曾高达9个百分点），泰国的银行和其他金融机构大量地从国际市场借入资本，再按国内的高利率水平贷放出去。很多外国资本出于套利目的，也乐意大举进入。这使得外资的短期资本比例迅速上升。这种融资方式和资本结构孕育了极大的风险，一旦外资抽离，将造成对银行系统和整个国民经济的沉重打击。第五，投资结构的扭曲和价格水平的扬升使经营项目逆差不断增加，泰国的固定汇率制又使得政府不能通过货币贬值来刺激出口，以调节经常项目的不平衡。政府借助于高利率来吸引资本项目下的外资流入来冲抵经常项目不断增加的逆差，但短期流入的外资是随时有可能回流的。外资的大量流入造成泰国货币升值的压力，政府为维持固定汇率就必须干预外汇市场，从而造成本国货币的实际增加，形成通货膨胀压力的不断累积，于是又导致净出口的下降、经常项目赤字的增加，这又会形成货币贬值压力和市场的货币贬值预期。当对汇率稳定可持续性的怀疑上升到一定程度，投资者信心下降到一定程度，银行的不良资产比例提高到某个临界点时，最具投资性和攻击性的国际金融炒家便感到狙击泰国货币——泰铢的机会来到了。国际炒家的基本操作方式和程序是，先向泰国银行借入泰铢，然后拿到外汇市场上去抛售，致使泰铢贬值。泰国政府为了稳定汇率，动用了外汇储备去吸纳泰铢。国内储蓄者看到泰铢受狙击，泰铢贬值，也争相抛售泰铢而改持外币以保值。为了维系定值本来就不合理的汇价，几天内就耗费了数百亿美元的国家外汇储备，泰国中央银行感到无力再干预外汇市场。1997年7月2日，泰国政府无奈地宣布放弃固定汇率制，任由泰铢贬值。泰铢在短短几个月内贬值过半。国际炒家通过狙击泰铢获得了暴利，泰铢贬值后，他们只需要用最初抛售泰铢得到的外币的一半左右，再购入泰铢，就能偿还当初向银行借入的全部泰铢。① 货币危机导致了经济危机，

① 叶德磊．中国证券市场发展研究［M］．南昌：江西人民出版社，2004：284-285；卢锋．经济学原理［M］．北京：北京大学出版社，2002：454-456.

泰国经济由此遭到重创，并蔓延到其他国家和地区。从实体经济看，外资和银行信贷大量涌入房地产业，导致生产结构失衡，产生的大量房地产价格泡沫和通货膨胀吞噬着消费者的有支付能力的需求，通货膨胀还影响了外需，而最后一刻国际炒家索罗斯对泰铢的阻击导致的泰铢大幅贬值，又进一步打击了泰国居民的有支付能力的需求。可以看到，货币危机产生于其他原因，但是它会对实体经济产生反作用，导致过度扩张的经济找不到疏解的出口，经济危机本质上仍然是生产相对过剩。

第二个典型事例是2008年由美国次贷危机引起的国际金融危机。2001年，美国经济已经出现衰退苗头，政府连续13次降息，基准利率降至1%。为了刺激房地产业发展，放松住房信贷，美国房贷金融机构推出零首付的次级按揭贷款，大规模向按揭贷款信用等级低、偿还能力很差的低收入阶层发放按揭购房贷款（次级贷款），他们的还贷依赖于房屋的升值。2001年美国的“次级贷款”余额仅为1200亿美元，2006年增加到14000亿美元，到2007年达到1.2万亿~1.5万亿美元。不仅如此，银行机构把这些次级按揭贷款出售给投资银行，投资银行将其包装后又衍生为“有按揭支撑的证券”在二级市场流通，这些经过包装衍生为证券在二级市场流通的“次级贷款”总规模膨胀到10万亿美元，其中在国际上流通的约占2/3，涉及“次级贷款”业务的金融机构达2500多家，全球45家大银行和券商都参与进去。在低利率和次级贷款的推动下，加之次级贷款及能够流动起来的“有按揭支撑的证券”的推波助澜，美国房价上涨速度惊人，2003—2006年，涨幅超过50%，形成巨大的泡沫。2007年年初，美国房地产市场房屋总价值约21万亿美元，其中有约8万亿美元是投机的价值，泡沫占房屋总价值的38%。① 2007年2月，泡沫达到顶点，房价开始下跌。而2004年6月，美联储担心通货膨胀和资产价格泡沫，两年内将基准利率从1%提高到5.25%。到2006年，利率已经开始迅速攀升，结果是，次级按揭贷款的整个循环链条断裂，低收入贷款者无力偿还贷款，放贷的金融机构本息无法收回，购买了“有按揭支撑的证券”的投资者的债券价值大打折扣。2008年，泡沫破裂，由次级贷款危机引发的金融危机爆发并且在世界范围蔓延开来，最终引发国际金融危机，并且从金融领域扩散到实体经济领域，造成世界性经济危机。表面上看，次级贷款危机的爆发由利率提高和房价下跌引起，实际上是美国房地产市场在金融机构的推

① ［美］大卫·科茨．把脉美国次贷危机［N］．中国教育报，2008-10-14.

波助澜下虚拟出的巨大的有支付能力的需求远远地超过了美国人特别是低收入者对住房的正常的有支付能力的需求，其实质是生产相对过剩的经济危机，实体经济中的价值规律在不以人的意志为转移地发生着作用，通过对已经形成的生产力的破坏（大量的房地产业及相关产业破产）重新恢复实体经济的秩序。由于美国国内对房地产市场的实际的有支付能力的需求无法兑现巨大的房地产价格泡沫，实际的有支付能力的需求这把利剑最终刺破了这个泡沫，房地产价格下跌，不仅向其价值回归，而且由于在价格泡沫的刺激下房屋供给远远超出实际有支付能力的需求，房屋价格会持续跌落至其价值之下。为这场危机买单的，首先是低收入阶层贷款买房者，他们丧失了住房，丧失了存款甚至倾家荡产。世界政治经济学学会学术顾问、东京大学伊藤诚院士指出，当年日本由投机性交易推高住宅价格，引诱劳动者家庭借款，结果导致巨大损失。这种住宅融资的攻击性推销，只能成为银行等各种金融机构新发明的现代化大规模的剥削手段。① 其次是公众的利益损失，和次级贷款相关的债券贬值、金融危机及由此引发的全球性经济衰退，让公众来承受由此带来的损失。2008 年爆发的世界性金融危机的特点是，在主张市场是唯一有效的经济活动调节器、反对国家对宏观经济活动有意识的干预和实行有政府管制的资本主义的新自由主义思潮的影响下，没有监管的次级房贷和金融创新出来的“有按揭支撑的证券”创造了对美国房地产市场的虚拟的有支付能力的需求，在自由竞争的资本主义信用制度的推动下实体经济中的供求失衡，而实体经济问题的爆发又引发金融市场的混乱。因此，此次金融危机实质上是经济危机，是自 20 世纪 30 年代世界经济大萧条以来最为严重的全球性经济危机。

资本主义发展史也是一部经济危机周期波动史，从 1825 年第一次世界性的资本主义经济危机以来，形形色色的危机此起彼伏。当代金融危机虽在生成路径和结果上表现出了新的特点，但是并没有从根本上改变资本主义危机生成和演变的基本逻辑及本质。

四、中国应该关注的问题

从马克思的经济危机理论分析中可以看到，资本主义生产方式的社会基本矛盾尖锐化是导致周期性爆发经济危机的根源，而“整整一系列的关

① 转引自［美］大卫·科茨．把脉美国次贷危机［N］．中国教育报，2008-10-14.

系”相互作用是基本矛盾激化的助推器。事实上，那些“一系列的关系”是市场经济中客观存在的，因此，中国的市场经济要保持社会经济活动平稳、避免发生紊乱，必须要高度关注这些“关系”。特别是在经济全球化条件下，中国的经济发展很难独善其身，需要特别考虑外部市场对国内市场的冲击。要摒弃新古典经济学理论，坚持以马克思主义政治经济学为理论基础，不搞自由的市场经济，在资源配置中，不仅要使市场在其中起决定性作用，还要更好地发挥政府的作用。

首先，马克思关于制度因素对经济波动影响的理论对于认识经济波动、选择克服经济波动的思路和对策具有极其重要的启示。马克思的理论表明，分配制度不合理是导致生产和消费脱节的重要原因，消费不足又是经济危机爆发的最后原因。马克思的理论还告诉我们，如果收入分配制度不合理，即使给劳动者涨一点工资，对于避免和解决经济危机也是无济于事的。因此，若要从根源上克服经济周期性波动，政府调节经济的首要和长期目标应当是建立保证劳动者的收入增长和经济增长率相协调的收入分配制度，避免在经济增长过程中出现积累和消费比例失调。当然，这种收入分配制度的建立是有条件的。与特定的社会经济制度相适应有特定的生产方式，与特定的生产方式相适应有特定的生产关系和分配关系。一个以资本为本、以资本实现最大利润为社会生产目的的资本主义社会，无法真正建立保证劳动者的收入增长和经济增长相协调的收入分配制度。中国特色社会主义具有制度优势，社会主义制度规定，社会生产目的是满足人民不断增长的美好生活的需要，以这样的生产目的为引领，建立保证劳动者的收入增长和经济增长相协调的收入分配制度应该是题中之义。

其次，马克思的社会资本再生产理论揭示了社会生产客观存在的各种比例关系，除了两大部类比例关系失调会导致社会再生产紊乱之外，还有其他一系列比例关系制约着社会再生产的顺利进行，而在市场经济条件下，客观存在一些冲击这些比例关系的因素。比如，马克思分析指出：生产周期长短不同的部门之间客观存在比例关系，由于信用制度的存在，生产周期长、占用资金多的部门可以通过信用扩大再生产，这表明，信用泛滥会对客观存在的比例关系产生冲击；如果生产周期长的部门增长过快，由于这类投资规模大、占用资金多，它们的生产过剩又会冲击金融市场；生产周期长短不同的部门之间这种客观存在的比例关系是由各该劳动过程的物质条件造成的，而不是由这个过程的社会形式造成的。这些思想告诉我们，在市场经济条件下，客观存在着信用可能打破比例关系引起经济波动并且反过来冲击金融市场的问题。因此，合理的产业结构是保证宏观经济运行的重要条件，这是供给侧结构性改革的重要内容之一，“十四五”规划提出把实施扩大内需战略同深化供给侧结构性改革有机结合起来是对按比例发展规律的遵循。为此，政府制定和实施调节产业结构的产业政策十分重要，特别是产业政策中的金融政策十分重要。对信用的监管非常重要，对信用与实体经济之间的相互影响需要高度关注。

再次，马克思在讨论社会再生产过程中的固定资本更新问题时还指出，对外贸易有调剂国内生产余缺、保证再生产顺利进行的作用，但是，这可能会从外部引发本国的经济危机，因此不是解决问题的根本办法。这一思想告诉我们，一个国家特别是一个大国的社会经济活动，必须建立在自己能够合理调节以实现宏观经济正常运行的基础之上。2008 年的金融危机触发的世界性经济危机对中国产生冲击的主要原因在于，我们在较长时间内较大程度上是依靠外需来拉动经济增长的。2008 年国际金融危机后，我国逐步向以国内大循环为主转变，外贸依存度即进出口总额占 GDP 比重由 2006 年的 64.5%降至 2019 年的 35.7%。内需为主导是大国经济的共同特征。美国外贸依存度仅为 26.4%，新加坡高达 319%，荷兰为 154%，但美国在世界经济贸易中的影响远远大于新加坡和荷兰。[①] 因此，建立自己的合理的产业结构并且协调发展，注重内需和总供给的协调，是避免外部冲击引发国内经济衰退的关键。

最后，马克思指出，虚拟资本就是经济泡沫，泡沫的破灭往往和经济危机相伴随，并且加剧经济危机。在现实经济活动中，少量的泡沫会刺激投资，促进经济较快增长，但是，大量的虚拟资本形成的资产泡沫特别是房地产泡沫会导致或者加深经济危机。历史上产生过的房地产大泡沫[②]足以证明这一点，我们举两个例子来看。第一个例子：房地产大泡沫是 20 世纪 20 年代美国佛罗里达州的房地产泡沫。佛罗里达州位于美国东南端，地理位置优越，冬季气候温暖而湿润。第一次世界大战结束后，这里迅速成为普通百姓的冬日度假胜地。由于佛罗里达州的地价一直远低于美国其他州，该州成为理想的投资地。许多美国人来到这里，迫不及待地购买房地产。随着需求的增加，佛罗里达州的土地价格开始逐渐上升。尤其在 1923—1926 年，佛罗里达州的地价出现了惊人的升幅。例如，棕榈海滩上

① 韩文秀．十三届全国人大常委会专题讲座第二十讲，学习党的十九届五中全会精神的几点体会［EB/OL］．中国人大网．

② 转引自杨红林．历史上的三次房地产大泡沫［N］．环球时报，2006-06-02.

的一块土地，1923 年值 80 万美元，1924 年值 150 万美元，1925 年则值 400 万美元。一股炒卖房地产的狂潮越来越汹涌澎湃。据统计，到 1925 年，迈阿密市居然出现了 2000 多家地产公司，当时该市仅有 7.5 万人口，其中竟有 2.5 万名地产经纪人，平均每 3 位居民就有 1 位专做地产买卖。当时，地价每上升 10%，炒家的利润几乎就会增加 1 倍。在这种狂潮的催动下，一向保守冷静的银行界也纷纷加入炒房者行列。然而好景不长，到 1926 年，佛罗里达州房地产泡沫迅速破裂，许多破产的企业家、银行家或自杀，或发疯，有的则沦为乞丐。据说美国商界大名鼎鼎的“麦当劳教父”雷·克洛克，当年也因此一贫如洗，此后被迫做了 17 年的纸杯推销员。紧接着，这场泡沫又激化了美国的经济危机，结果引发了华尔街股市的崩溃，最终导致了 20 世纪 30 年代的世界经济大危机。第二个例子：房地产大泡沫是日本 20 世纪 80 年代后期到 90 年代初期的房地产泡沫。80 年代后期，为刺激经济发展，日本中央银行采取了非常宽松的金融政策，鼓励资金流入房地产和股票市场，致使房地产价格暴涨。1985 年 9 月，美国、联邦德国、日本、法国、英国五国财长签订了《广场协议》，决定同意美元贬值。美元贬值后，大量国际资本进入日本的房地产业，更加刺激了房价的上涨。1986—1989 年，日本的房价整整涨了两倍。受房价骤涨的诱惑，许多日本人开始失去耐心，他们发现炒股票和炒房地产来钱更快，于是纷纷拿出积蓄进行投机。到 1989 年，日本的房地产价格已飙升到十分荒唐的程度。当时，国土面积相当于美国加利福尼亚州的日本，其地价市值总额竟相当于整个美国地价总额的 4 倍。到 1990 年，仅东京都的地价就相当于美国全国的总地价。一般工薪阶层即使花费毕生储蓄也无力在大城市买下一套住宅，能买得起住宅的只有亿万富翁和极少数大公司的高管。1991 年后，随着国际资本获利后撤离，由外来资本推动的日本房地产泡沫迅速破裂，房地产价格随即暴跌。到 1993 年，日本房地产业全面崩溃，企业纷纷倒闭，遗留下来的坏账高达 6000 亿美元。这次房地产泡沫不仅沉重打击了房地产业，还直接引发了严重的财政危机。受此影响，日本迎来历史上最为漫长的经济衰退，也是历史上房地产泡沫破裂对经济影响时间最长的一次。各种事例表明，大量的和实际资本相脱节的虚拟资本形成的资产泡沫特别是房地产泡沫对经济的破坏力巨大。马克思的相关理论及虚拟资本泡沫破裂引发经济危机的各种事例告诉我们，切实回归金融为实体经济服务，以“房屋是用来住的”理念规范金融和房地产业之间的关系，实现整个社会经济活动脱虚向实和平稳运行，对于我国规避经济风险、保持经济实现平稳持续发展十分重要。

第七章　《资本论》中的国际经济理论要义及其当代价值

马克思在《资本论》中以劳动价值理论为基础，建立了国际价值理论、工资的国民差异理论，讨论了国际金融理论基本问题，指出世界市场的形成是资本主义生产方式推动生产力发展的必然趋势，也是人类社会发展的必然趋势。这些理论对于我们认识当代国际经济发展中的问题，对于我们认识经济全球化和中国如何更好地融入经济全球化、走好融入经济全球化之路，都具有重要的价值。

一、价值规律与国际价值

价值规律作为商品经济的基本规律，不仅在国内市场上发挥作用，而且在世界市场上发挥作用。根据价值规律的要求，世界市场上的同类商品的价值即国际价值，也是由在现有的世界正常的生产条件下，在各国劳动者的平均劳动熟练程度和劳动强度下，生产某种商品所需要的世界社会必要劳动时间决定的。但是，在国际市场上，价值规律还有一些与国内市场不同的地方。

在此，马克思特别分析了劳动强度问题。由于各国的劳动强度不相同，有的国家高一些，有的国家低一些，但是，“每一个国家都有一个中等的劳动强度，在这个强度以下的劳动，在生产一个商品时所耗费的劳动时间要多于社会必要劳动时间，所以不能算作正常质量的劳动。在一个国家内，只有超过国民平均水平的强度，才会改变单纯按劳动的持续时间进行的价值计量”①。也就是说，在一个国家内部，低于社会平均劳动强度的劳动单位商品的个别价值量低于社会必要劳动时间决定的价值量，高于社会平均劳动强度则会算作支出了更多时间的社会必要劳动时间，比如 8 小时的高强度劳动算作 10 小时平均劳动强度下支出的社会必要劳动时间。而“在以各个国家作为组成部分的世界市场上，情形就不同了。国家不同，劳动的中等强度也就不同；有的国家高些，有的国家低些。于是各国的平均数形成一个阶梯，它的计量单位是世界劳动的平均单位”②。也就是说，每个国家有自己的平均劳动强度，但是来到世界市场上，它们各自的平均劳动强度高低不等，因此，需要有一个按照世界范围的平均劳动强度作为决定国际价值的标准。所以在国内市场上属于中等强度甚至比中等强度更高的劳动，在世界市场上未必如此，经过世界市场上同类商品比较形成的单位商品价值量才是被世界市场承认的国际价值，而“强度较大的国民劳动比强度较小的国民劳动，会在同一时间内生产出更多的价值，从而表现为更多的货币”③。

马克思强调指出：“价值规律在其国际范围的应用，还会由于下述情况而发生更大的变化：只要生产效率较高的国家没有因竞争而被迫把它们的商品的出售价格降低到和商品的价值相等的程度，生产效率较高的国民劳动在世界市场上也被算作强度较大的劳动。”④那么，怎样理解生产效率高的国民劳动也“算作”强度较大的劳动呢？抽象的价值决定转变为现实构成，实际上，正常的生产条件体现着平均的劳动生产率水平，它主要取决于技术水平和劳动熟练程度，劳动生产率和单位商品价值量成反比例变动，和既定时间内生产的使用价值量成正比例变动。所以从使用价值生产看，劳动生产率高的劳动和劳动强度高的劳动生产的结果是相同的，都在确定的时间内生产出来更多的商品，如同在 8 小时内劳动了 10 小时一样。因此，在现实的市场过程中，生产效率高的国民劳动也“被算作”强度较大的劳动。马克思之所以说“也被算作”，是因为，劳动生产率高，在同一时间内不是创造出了更多的价值，而是生产出来更多的使用价值，因此单位商品价值量下降，如果按照国际价值出售商品，可以实现更多的价值，这从结果上看和劳动强度高一样——按照国际价值，卖掉了更多的商品，获得了更多的收入。但是，从劳动创造价值角度看，正如我们在第二章讨论社会必要劳动的具体内容时所说明的，劳动熟练程度等和生产率相

---

①②③④ ［德］马克思．资本论：第 1 卷［M］．北京：人民出版社，2004：645.

关因素的差别所涉及的不是价值量决定问题，而是价值实现问题，因为它并没有使劳动者的劳动量耗费变多或者变少，而劳动强度所涉及的是价值量决定问题，因为它通过在确定的劳动时间内提高劳动强度，实际上让劳动者耗费了更多的劳动，创造了更多的价值。

马克思说："一个国家的资本主义生产越发达，那里的国民劳动的强度和生产率，就越超过国际水平。因此，不同国家在同一时间内所生产的同种商品的不同量，有不同的国际价值，从而表现为不同的价格，即表现为按各自的国际价值而不同的货币额。"① 也就是说，发达国家的劳动强度和生产率都比不发达国家高，生产率高可以在同样时间内生产出更多的使用价值，所创造的价值总量不变，单位商品价值量低；劳动强度高，在同样时间内耗费了更多劳动，创造出更多的价值和使用价值，单位商品价值量不变。不发达国家正好相反。我们可以根据这些关系，举例来进行比较，以说明上述关系。

假设，世界范围的单位商品世界社会必要劳动时间=1 小时/件，表现为 1 元国际价值；劳动时间总量=1 小时，商品供求平衡，之后分别对发达国家和不发达国家展开分析。发达国家：劳动生产力高，生产产品所耗费的劳动=0.5 小时/件，1 小时劳动生产出 2 件产品；依照世界范围的单位商品平均必要劳动时间每件商品按照 1 元出售，实现价值量 2 元；劳动强度高，劳动者相当于又多劳动了 1 小时，多生产出 2 件产品，实现价值 2 元，总计实现总价值或总价格 4 元。不发达国家：劳动生产力低，劳动强度为世界范围的社会必要劳动时间规定的平均劳动强度。生产产品所耗费的劳动=2 小时/件，1 小时生产出 0.5 件产品，实现总价值或总价格 0.5 元。结果是在同样 1 小时的劳动时间内，发达国家生产出更多的使用价值（4 件），实现更多的价值，表现为更多的货币（4 元），每 1 元货币含劳动量 0.5 小时；不发达国家则生产出更少的使用价值（0.5 件），实现更少的价值，表现为更少的货币（0.5 元），每 1 元货币含劳动量 2 小时。由此可见，同一货币（世界货币）的单位货币劳动时间含量即"货币的相对价值在资本主义生产方式较发达的国家里，比在资本主义生产方式不太发达的国家里要小"②。也就是说，发达国家在对外贸易中赚取 1 元世界货币（比如美元），只需要耗费 0.5 小时劳动，而发展中国家则需要耗费 2 小时的劳动。

①② ［德］马克思．资本论：第 1 卷［M］．北京：人民出版社，2004：645.

在世界市场上，个别国家的个别劳动生产率高于世界的社会劳动生产率，如果把商品的个别价值降低到社会价值以下，该国在出售商品时就可以降低价格，如果价格降低的幅度是在自己的个别价值之上、国际价值之下，他就既可以在竞争中处于有利地位，又可以获得超额剩余价值。劳动生产率高的国家，它在世界市场上出售商品时，为了争夺世界市场，可以降低商品价格，在国际竞争中处于有利地位。所以从价值规律在国际市场上的作用看，发达国家凭借劳动生产率高的优势，可以通过对外贸易用较少的劳动耗费实现较多的价值，并且可以通过较低的商品价格使其在国际市场上具有竞争力。

二、工资的国民差异

由上述问题的分析引出工资的国民差异。由于货币的相对价值在资本主义生产方式较发达的国家里比在资本主义生产方式不太发达的国家里要小，据此“可以得出结论：名义工资，即表现为货币的劳动力的等价物，在前一种国家会比在后一种国家高；但这决不是说，实际工资即供工人支配的生活资料也是这样”①。

决定劳动力的价值量变化因素主要是，“自然的和历史地发展起来的首要的生活必需品的价格和范围，工人的教育费用，妇女劳动和儿童劳动的作用，劳动生产率，劳动的外延量和内涵量”②。各国的劳动生产率和劳动强度是造成工资的国民差异的一个重要原因。发达国家的名义工资高，比如劳动 1 小时工资 1 元，而不发达国家则为 0.5 元，但是，发达国家的实际工资未必比不发达国家高，因为一般而言，发达国家的劳动强度比不发达国家高。从前文所举的例子中看，发达国家的劳动强度高，在 1 小时的劳动时间内工人耗费的劳动相当于 2 小时，这就需要更多的生活资料来再生产出等质量的劳动力，所以发达国家的实际工资未必比不发达国家高。

另外，分析工资的国民差异还需要看“相对的劳动价格”。马克思指出：“即使撇开不同国家货币价值的这种相对的差异，也常常可以发现，日工资、周工资等等在前一种国家比在后一种国家高，而相对的劳动价

① ［德］马克思．资本论：第 1 卷［M］．北京：人民出版社，2004：645-646.

② ［德］马克思．资本论：第 1 卷［M］．北京：人民出版社，2004：644.

格，即同剩余价值和同产品价值相比较的劳动价格，在后一种国家却比在前一种国家高。”① 相对的劳动价格就是相对工资，即工资在产品价值中所占的比重，或工资和剩余价值的比。仍以前文所举例子为基础，说明马克思指出的这个现象。假设一个工作日 10 小时，从发达国家看：产品价值 = 40 元，每件产品 1 元；名义工资 = 实际工资 = 5 元；m = 7.5 元，m′ = 150%；相对的劳动价格 = 5 元/7.5 元（实际工资同剩余价值比）；或者，相对的劳动价格 = 5 元/40 元（实际工资同产品价值比）。从不发达国家看：产品价值 = 5 元，每件产品 1 元；名义工资 = 实际工资 = 2.5 元；m = 2.5 元，m′ = 100%；相对的劳动价格 = 2.5 元/2.5 元（实际工资同剩余价值比）；或者，相对的劳动价格 = 2.5 元/5 元（实际工资同产品价值比）。可见，同不发达国家比，尽管发达国家在工人名义工资和实际工资都比不发达国家高一倍，但是，相对的劳动价格即相对工资却比不发达国家低，这表明即使发达国家工人的工资比不发达国家高许多，资本家也能获得更多的剩余价值。因此，如果从财富创造和消费角度而言，发达国家工人生活状况好于不发达国家，但是从资本占有劳动者剩余劳动的角度看，发达国家更高一些，这充分说明了为什么一些发达国家收入分配两极分化会不断加剧。还有一点不能忽视的是，发达国家劳动者的高工资是建立在他们劳动的高效率和高强度基础之上的。

运用马克思的国际价值决定和工资的国民收入理论分析国际贸易与国际投资可见，发达资本主义国家凭借它的高技术基础上的劳动的高效率和高强度，使商品以低廉的成本占领国际市场，不发达国家要想在国际贸易中获得一席之地，只能通过提供廉价劳动力和自然资源吸引发达国家的投资，发达国家到不发达国家投资，其企业劳动者的名义工资和实际工资会比引进外资的不发达国家的企业高一些，但是，对于发达国家而言，到不发达国家投资和在本国投资相比较，工人的名义工资和实际工资都比在本国低，而相对的劳动价格即相对工资比不发达国家低，这些正是发达国家的资本看中的地方，发达国家在不发达国家投资，可以获得比在本国投资更多的剩余价值。

① ［德］马克思．资本论：第1卷［M］．北京：人民出版社，2004：646.

三、国际金融理论

（一）《资本论》中的国际金融理论概述

在国际市场上，商品的流通需要以统一的货币为媒介，货币作为世界货币的职能应运而生，其“主要的职能，是作为支付手段平衡国际贸易差额”①。货币之所以能够有世界货币的职能，是因为货币本身是商品，是劳动生产出的包含一定价值量的财富，是充当一般等价物的特殊商品。在货币的历史演变中，货币作为充当一般等价物的特殊商品最终定格在金银这种商品上。在国内商品流通中，货币作为交易商品的流通手段逐渐演变为符号，以纸币来代替这个职能，因为以货币作为流通手段，交易者的目的是实现自己商品的价值，获得自己所需要的使用价值，而不是为了获得货币，这时的货币只需要具有大家都认可的信用就可以流通了。纸币的信用靠一国发行纸币的政府用法律形式规定，因此，在一国范围内，纸币还可以执行支付手段和储藏手段的职能。与国际贸易相伴随产生的世界货币的主要职能是作为支付手段平衡国际贸易差额，这个差额是一国通过对外贸易实际获得的净收益，这个差额的支付过程“不是要买或是要支付，而是要把财富从一个国家转移到另一个国家”②。所以货币在执行世界货币职能时必须是金银，因为金银是各国承认的能代表财富的货币。可见，在世界市场上，在世界货币这个职能上，“货币才充分地作为这样一种商品执行职能，这种商品的自然形式同时就是抽象人类劳动的直接的社会实现形式。货币的存在方式与货币的概念相适合了”③。在世界货币这个职能上，最充分地体现了货币是一般等价物的特殊商品这个概念。

由于只有贵金属（金或银）才能执行世界货币的职能，因此，资本主义国家之间的信用和货币流通关系也就是信用与贵金属在各国之间的运动的关系。

首先，金银可以从它们的产地流入其他各国，以补偿各国铸币的磨损，满足对奢侈品的一般需求，等等。贵金属也可以在不产金银的各国中间流动，同一个国家不断地把金银输入或者输出。如果金银的输出超过输

①② ［德］马克思．资本论：第1卷［M］．北京：人民出版社，2004：168.

③ ［德］马克思．资本论：第1卷［M］．北京：人民出版社，2004：166.

入，就是流出；如果金银的输入超过输出，就是流入。④贵金属在各国间流动背后的主要原因是商品的国际贸易，贵金属流入，意味着贸易顺差，反之则意味着贸易逆差。一国贸易顺差，贵金属储备增加，反之则减少，甚至需要借入贵金属以满足购买进口商品之需。

其次，因为各国都有自己发行的纸币，在对外贸易中，首先需要的是国家间的货币所代表的价值量可比，这不仅是结算国际收支盈余的需要，而且是商品在不同国家流通时标价的需要，诸如一件 1 美元的美国商品在中国市场上卖价是多少人民币等。这就要求，作为世界货币，“一国的货币可以用另一国的货币来表现，因此，所有的货币都还原为它们的金和银的含量；同时，金和银这两种商品作为世界货币来流通时，又要归结为它们互相之间的不断变动的价值比率”②。撇开贵金属从产地流向不生产贵金属的国家的情况不说，贵金属在国家间的流动与各国货币间的“价值比率”即汇兑率紧密相关。汇兑率简称汇率，是一国货币单位兑换他国货币单位的比率或“价格”。由于汇率是用一国的货币表示另一国货币的“价格”，所以汇率又可称为汇价或外汇行市。在以金作为世界货币的流通条件下，汇率是由两国货币的含金量比例决定的，这个比价称为货币平价或汇率平价。汇率平价可以用两种方法来表示：一种是直接标价，是用本国一定单位货币表示某外国货币的“价格”，或者说，一单位某外国货币可以折合（值）多少本国货币；另一种是间接标价，是用某外国一定单位货币表示本国货币的“价格”，或者说，一单位本国货币折合（值）多少外国货币。无论用哪种标价方式，都表明这两国的一定量货币之间之所以能够有一个比价关系，是因为这两国的一定量货币的含金量相等。如果一国用银、一国用金作“货币”，那么汇率平价就由以下两个因素决定：一是两国的单位货币所含的纯金量和纯银量；二是黄金和白银在世界市场上的比价。③ 抽象掉贵金属的市场价格波动不谈，说到底，不同国家货币客观上存在的比价关系由生产货币这个特殊商品比如金、银所耗费的劳动决定，纸币只是用法律形式规定了含金量的符号。

最后，汇率平价是外汇行市的基础，市场上的外汇行市即市场汇率是随着一个国家金属货币供求的变化及纸币发行量的变化而变化的。国际支

④ 参见［德］马克思．资本论：第 3 卷［M］．北京：人民出版社，2004：640-642.

② ［德］马克思．资本论：第 3 卷［M］．北京：人民出版社，2004：355.

③ 参见［德］马克思．资本论：第 3 卷［M］．北京：人民出版社，2004：651-655.

付差额引起的对外的现金支付使金属货币供求发生变化。具体来说，一个国家需要进口外国商品，需要到国外投资，国家政府也有对外支付，这些构成一个国家的对外支付。同时，一个国家也要出口自己的商品，外国需要到本国投资，外国的国家政府也有对本国进行支付，这些构成一个国家的对外收入。所以在两个国家间进行商品贸易和资本流动的过程中，如果双方的对外收入和支出平衡，相互间的收支相抵，就不需要支付现金。只有当出现收支差额时，才需要对外的现金支付。比如，A 国与 B 国之间进行商品贸易和资本流动，当 A 国对 B 国的支出大于收入时（国际收支逆差），A 国要给 B 国支付这个收支差额。这时，对于 A 国来说，需要按照汇率把金属货币输出到 B 国，A 国的金属货币比如黄金的供给就会减少，黄金的市场价格上升，结果，A 国的每单位货币（比如每英镑）代表的黄金量下降，英镑贬值。B 国则因为收入大于支出（国际收支顺差）输入黄金，黄金的供给就会增加，黄金的市场价格下降，结果是 B 国的每单位货币（比如每法郎）代表的黄金量上升，法郎升值。所以，国际支付差额引起的对外的现金支付，导致相关国家金属货币供求变化，使汇率发生变动。在纸币条件下，一国的纸币发行量过剩导致货币的含金量下降，货币贬值，该国货币能够折合的外国货币减少。纸币过剩导致利率下降，加上本币贬值因素，金的外流就可能发生。如果金发生外流，会促使该国货币进一步贬值。①

（二）当代国际金融的新变化和马克思相关理论的价值

在当代，世界货币已经不由金银来充当。第二次世界大战爆发，经过数年战争，美国成为这场战争的最大赢家，在经济上发了战争财，第二次世界大战即将结束时，美国拥有的黄金占当时世界各国官方黄金储备总量的 75%以上。在两次世界大战之间的 20 年中，国际货币体系分裂成几个相互竞争的货币集团，各国货币竞相贬值，动荡不定。在第二次世界大战后期，美、英两国政府出于本国利益的考虑，构思和设计了战后国际货币体系。1944 年 7 月，美国邀请参加筹建联合国的 44 国政府的代表在美国布雷顿森林举行会议，各方签订了“布雷顿森林协议”，建立了“金本位制”崩溃后一个新的国际货币体系，即以美元和黄金为基础的金汇兑本位制，又称美元—黄金本位制，美元与黄金挂钩。各国确认 1944 年 1 月美国

① 参见［德］马克思．资本论：第 3 卷［M］．北京：人民出版社，2004：669-670.

规定的35美元一盎司的黄金官价，每一美元的含金量为0.888671克黄金。各国政府或中央银行可按官价用美元向美国兑换黄金，美元成了黄金的“等价物”，美国承担以官价兑换黄金的义务，各国货币只有通过美元才能同黄金发生关系，美元起世界货币的作用。其他国家货币与美元挂钩，其他国家政府规定各自货币的含金量，通过含金量的比例确定同美元的汇率，实行可调整的固定汇率，即各国货币对美元的汇率只能在法定汇率上下各1%的幅度内波动。

20世纪60—70年代，美国深陷越南战争的泥潭，财政赤字巨大，国际收入情况恶化，美元的信誉受到冲击，爆发了多次美元危机，大量资本出逃，各国纷纷抛售自己手中的美元抢购黄金，使美国黄金储备急剧减少，伦敦金价上涨。为了抑制金价上涨，保持美元汇率，减少黄金储备流失，美国联合英国、瑞士、法国、西德、意大利、荷兰、比利时共8个国家于1961年10月建立了黄金总库，八国央行共拿出2.7亿美元的黄金，由英格兰银行为黄金总库的代理机关，负责维持伦敦黄金价格，并采取各种手段阻止外国政府持美元外汇向美国兑换黄金。60年代后期，美国受越南战争拖累，国际收支进一步恶化，美元危机再度爆发。1968年3月，在半个月中，美国黄金储备就流出了14亿多美元，3月14日1天，伦敦黄金市场的成交量达到了破纪录的350~400吨，美国没有了维持黄金官价的能力，宣布不再按每盎司35美元官价向市场供应黄金，市场金价自由浮动。另外，美国的国际收支逆差的逐步增加，使美国的黄金储备日益减少，至1971年上半年，逆差达到83亿美元。1971年7月，第七次美元危机爆发，尼克松政府于8月15日宣布停止履行外国政府或中央银行可用美元向美国兑换黄金的义务。1971年12月以《史密森协定》为标志，美元对黄金贬值，美联储拒绝向国外中央银行出售黄金，至此，美元与黄金挂钩的体制名存实亡。1973年3月，西欧出现抛售美元抢购黄金和马克的风潮。3月16日，欧洲共同市场九国在巴黎举行会议并达成协议，联邦德国、法国等国家货币对美元实行“联合浮动”，彼此之间实行固定汇率。英国、意大利、爱尔兰实行单独浮动，暂不参加共同浮动。其他主要西方货币也实行了对美元的浮动汇率。至此，固定汇率制度完全垮台。美元停止兑换黄金和固定汇率制的垮台，标志着第二次世界大战后以美元为中心的货币体系瓦解。

由此可见，世界货币是必须能够代表一定量的金和银，是各国承认的，能代表财富的货币，背后作为信用保障的是充足的黄金储备。在美元—黄金本位制崩溃以后，以信用本位取代金本位，美元仍然充当着世界货币，支撑信用的是美国的经济实力。事实上，在美元—黄金本位制形成时，美国除了有大规模的黄金储备，还有强大的经济实力，1945 年，美国国民生产总值占全部资本主义国家国民生产总值的 60%，迄今为止，美国的国内生产总值（GDP）仍然位列世界第一。强大的经济实力背后是高科技支撑的高的劳动生产率。与这个问题相关的一个理论是，购买力平价或购买力平价汇率理论。购买力平价是指两种货币之间的汇率决定于它们单位货币购买力之间的比例。我们仍然用前文所举的例子来分析：发达国家（假设为外国）生产力水平高，同种商品每单位产品所含劳动少（0.5 小时/件），不发达国家（假设为本国）则相反（2 小时/件），假设两国货币基础都是国际价值：1 小时/件 = 1 元，依据两国之间劳动生产力对比关系建立货币购买力平价：

$$购买力平价=\frac{本国同种商品生产率}{外国同种商品生产率}=\frac{2\text{ 小时/件}}{0.5\text{ 小时/件}}=\frac{2\text{ 元/件（本币购买力）}}{0.5\text{ 元/件（外币购买力）}}$$

上述例子表明，本国生产率水平低，生产同种同量商品耗费的劳动时间多，按照国际价值，其国家的货币购买力是 2 元购买 1 件商品；外国生产率水平高，其国家的货币购买力是 1 元可以购买 2 件商品，外国 1 单位货币的购买力和本国 4 单位货币的购买力相同，外国 1 元货币值 4 元本国货币。这个例子所表示的购买力平价是，本币：外币 = 4：1。把例子中的商品换成黄金，可以更清楚地看到，不同国家的货币交换即汇兑，取决于各自货币的价值量，货币兑换，也受价值规律支配，即等价交换。根据劳动价值理论来看货币的购买力平价，所表明的问题是，随着某国生产力的发展，购买力平价会发生变动，某国劳动生产力越高，在国际市场上单位货币购买力越强（本币升值），货币购买力平价的本质是两国生产同种或者同样一篮子商品的生产率的比。购买力平价还表明，如果某国发生通货膨胀导致货币贬值，会引起购买力平价汇率变动。购买力平价汇率在实际操作中要求的条件非常严格，选择怎样一篮子商品作为标准也是比较困难的事情，因此，实践中目前还是以美元为世界货币。但是，用劳动价值理论解释购买力平价理论可以说明，生产率水平高、经济实力强的发达国家，其货币在国际市场上有高的购买力，由这样的货币作为世界货币，有更高的国际信用，这就是为什么美元现在还能够作为世界货币存在的重要原因。它还说明，如果美国经济实力衰退、贸易逆差过大或者乱发货币导致美元不断贬值，美元作为世界货币早晚会丧失信用，被其他货币所取代。由此可见，劳动价值理论可以作为购买力平价理论的理论基础，运用这样的理论逻辑对购买力平价这一事物本质的揭示十分重要，更有价值。

当然，美元当今能够作为世界货币，还因为它拥有霸权地位。工业革命以来，能源作为动力在经济发展中起着至关重要的作用。美国在美元世界货币的地位受到威胁时，将目光移向了石油商品。1974 年，美国与沙特达成石油美元协议，即所有石油均以美元交易。石油是全球交易量最大的商品，如同当年用美元兑黄金一样，当今要用美元才能在国际市场上购买石油，这就要求各国要进口石油，必须大量储备美元，美元与石油价格同涨跌，“石油—美元”构成了美国全球霸权的基石，为美元继续充当世界货币注入了强心剂。石油—美元是美国强求来的，是霸权的产物，石油毕竟不是贵金属，美元也不可能用石油价格标价，美元能否作为世界货币，归根结底还是取决于美国的经济实力。但是，靠霸权得来的石油—美元也又一次证明了马克思的以劳动价值理论为基础的货币理论——货币本质上是作为一般等价物的特殊商品，特别是作为世界货币，其地位必须要有特殊商品来支撑。

在开放经济条件下，为了满足国内和国际贸易的需求，每个国家都需要有准备金，但是，如果准备金大大超过平均水平，“那就表明商品流通停滞了，或者商品形态变化的流动中断了”①。作为准备金的货币储藏过多是一种浪费，马克思引用了约翰·贝勒斯《论贫民》中的一段话说明这个问题：“超过国内贸易绝对需要的货币是死资本，不会给拥有这些货币的国家带来任何利润，除非在对外贸易中把它们输出和输入。”② 经济的正常循环运动以货币的正常运动来体现，在马克思的资本循环理论中可以看到，货币资本、生产资本和商品资本必须依次改变它们的形态，才能保证资本循环的连续性，在社会资本再生产理论中，马克思分析指出，货币顺利回流到起点，是两部类之间交换是否全部成功的标志，如果货币在某个阶段中断运动，意味着经济大循环出现中断。同理，在外部经济的循环中，运动的核心是互通有无，过多的外汇储备意味着国际大循环不畅通。

---

① ［德］马克思．资本论：第 1 卷［M］．北京：人民出版社，2004：170.

② ［德］马克思．资本论：第 1 卷［M］．北京：人民出版社，2004：170 注释（114）.

四、我们要怎样看待经济全球化

经济全球化是一个漫长的历史过程。公元前3000年，早期的美索不达米亚人就开始进口原料，这是最早的洲际贸易。公元前300年，希腊商人通过阿拉伯与北印度取得联系，开始有了贸易往来。古代国际贸易最著名的例子是横跨欧亚大陆的丝绸之路，它将西方的罗马帝国同东方的汉王朝联系起来，商路的分支把印度、东南亚、俄罗斯和阿拉伯等地连接起来。但是，真正意义的经济全球化是近代资本主义生产方式的产物。15世纪初，随着商品经济的发展，在地中海沿岸出现了资本主义萌芽，意大利北部城市威尼斯、热那亚等地成为贸易中心。16世纪上半期，“地理大发现”使欧洲贸易中心从地中海扩展到大西洋沿岸，如葡萄牙的里斯本、尼德兰（今荷兰）的安特卫普。它们的贸易范围远及亚洲、非洲和美国。马克思和恩格斯在《共产党宣言》中对世界市场的形成有如下论述：“美洲的发现、绕过非洲的航行，给新兴的资产阶级开辟了新天地。东印度和中国的市场、美洲的殖民化、对殖民地的贸易、交换手段和一般商品的增加，使商业、航海业和工业空前高涨”①；“市场总是在扩大，需求总是在增加。甚至工场手工业也不再能满足需要了。于是，蒸汽和机器引起了工业生产的革命。现代大工业代替了工场手工业”②；“大工业建立了由美洲的发现所准备好的世界市场。世界市场使商业、航海业和陆路交通得到了巨大的发展。这种发展又反过来促进了工业的扩展，同时，随着工业、商业、航海业和铁路的扩展，资产阶级也在同一程度上发展起来，增加自己的资本，把中世纪遗留下来的一切阶级排挤在后面去”③；“不断扩大产品销路的需要，驱使资产阶级奔走于全球各地。它必须到处落户，到处开发，到处建立联系”④；“资产阶级，由于开拓了世界市场，使一切国家的生产和消费都成为世界性的了。……这些工业所加工的，已经不是本地的原料，而是来自极其遥远的地区的原料；它们的产品不仅供本国消费，而且同时

①② 中共中央马克思恩格斯列宁斯大林著作编译局．马克思恩格斯文集：第2卷［M］．北京：人民出版社，2009：32.

③ 中共中央马克思恩格斯列宁斯大林著作编译局．马克思恩格斯文集：第2卷［M］．北京：人民出版社，2009：32-33.

④⑤ 中共中央马克思恩格斯列宁斯大林著作编译局．马克思恩格斯文集：第2卷［M］．北京：人民出版社，2009：35.

供世界各地消费。旧的、靠本国产品来满足的需要，被新的、要靠极其遥远的国家和地带的产品来满足的需要所代替了”⑤；“资产阶级，由于一切生产工具的迅速改进，由于交通的极其便利，把一切民族甚至最野蛮的民族都卷到文明中来了。它的商品的低廉价格，是它用来摧毁一切万里长城、征服野蛮人最顽强的仇外心理的重炮。它迫使一切民族——如果它们不想灭亡的话——采用资产阶级的生产方式；它迫使它们在自己那里推行所谓文明，即变成资产者。一句话，它按照自己的面貌为自己创造出一个世界。”① 而这一切都源于资本主义生产方式下在追逐剩余价值生产目的支配下的生产力快速发展。“资产阶级在它的不到一百年的阶级统治中所创造的生产力，比过去一切世代创造的全部生产力还要多，还要大。自然力的征服，机器的采用，化学在工业和农业中的应用，轮船的行驶，铁路的通行，电报的使用，整个大陆的开垦，河川的通航，仿佛用法术从地下呼唤出来的大量人口，——过去哪一个世纪料想到在社会劳动里蕴藏有这样的生产力呢?”② 在生产力迅速发展的过程中，资本不断集中，生产社会化程度不断提高，表现为“规模不断扩大的劳动过程的协作形式日益发展，科学日益被自觉地应用于技术方面，土地日益被有计划地利用，劳动资料日益转化为只能共同使用的劳动资料，一切生产资料因作为结合的、社会的劳动的生产资料使用而日益节省，各国人民日益被卷入世界市场网，从而资本主义制度日益具有国际的性质”③。

马克思在100多年前的预言现在正以一幅现实的图画展现在我们面前：科学通过技术转化为现实生产力，为人类创造了巨大的财富；人类越来越关注有计划地使用稀缺的资源；世界经济一体化发展迅速，大多数国家进入资本主义时代。所以经济全球化是资本主义时代的必然产物，是资本主义的全球化。但是，这并不能说明资本主义在全球胜利了，恰恰相反，生产的社会化导致了资本巨头的形成和小资本的灭亡，造就了庞大的联合起来的、有组织的工人阶级，并且，资本集中和垄断的不断发展，生产社会化和国际化的程度日益提高，又使“资本巨头不断减少”④。在马克思之后，资本主义从自由竞争到国内垄断再到帝国主义，是资本主义从低级阶

① 中共中央马克思恩格斯列宁斯大林著作编译局．马克思恩格斯文集：第2卷［M］．北京：人民出版社，2009：35-36.

② 中共中央马克思恩格斯列宁斯大林著作编译局．马克思恩格斯文集：第2卷［M］．北京：人民出版社，2009：36.

③④ ［德］马克思．资本论：第1卷［M］．北京：人民出版社，2004：874.

段向高级阶段发展的过程。列宁通过分析他所处时代的资本主义发展现实指出："帝国主义是资本主义的垄断阶段。——帝国主义是发展到垄断组织和金融资本的统治已经确立、资本输出具有特别重大的意义、国际托拉斯开始分割世界、最大的资本主义国家已把世界全部领土分割完毕这一阶段的资本主义。"⑤帝国主义是资本主义发展的最高阶段，资本主义已经完成了它推进世界现代化和人类文明发展的历史使命，正如马克思所说："发展社会劳动的生产力，是资本主义的历史任务和存在理由。资本正是以此不自觉地创造着一种更高级的生产形式的物质条件。……资本主义生产不是绝对的生产方式，而只是一种历史的、和物质生产条件的某个有限的发展时期相适应的生产方式。"② 当资本主义发展到垄断阶段，"资本的垄断成了与这种垄断一起并在这种垄断之下繁盛起来的生产方式的桎梏。生产资料的集中和劳动的社会化，达到了同它们的资本主义外壳不能相容的地步。这个外壳就要炸毁了。资本主义私有制的丧钟就要响了。剥夺者就要被剥夺了"③。马克思之后的资本主义世界出现了一系列新变化，但是，所有的新变化都预示着，资本主义生产关系已经无法容纳生产力的发展，在资本主义制度框架下的生产关系的调整比如实施国家垄断资本主义，垄断从国内垄断发展到国际垄断都无济于事。"国家垄断资本主义是社会主义的最完备的物质准备，是社会主义的入口，是历史阶梯上的一级，在这一级就上升到叫做社会主义的那一级，没有任何中间级"④。资本主义发展到国家垄断资本主义发生的各种新变化，有些是在资本主义根本经济制度的框架内纳入了某些"新社会因素"，以适应生产不断社会化的要求。而否定国家干预、实施新自由主义是把资本主义重新带进更深的泥潭而无法自拔！从 20 世纪 70 年代起，资本主义经济陷入"滞胀"，新自由主义泛滥，西方国家普遍走上强化市场调节、弱化政府干预的道路：试图通过国有企业私有化提升其经济竞争力；试图通过福利制度改革减少政府的财政负担；试图放松经济和金融的管制释放经济活力，但结果是导致资本主义基本矛盾越来越尖锐，金融危机频发。

---

⑤ 中共中央马克思恩格斯列宁斯大林著作编译局．列宁选集：第 2 卷［M］．北京：人民出版社，1972：808.

② ［德］马克思．资本论：第 3 卷［M］．北京：人民出版社，2004：288-289.

③ ［德］马克思．资本论：第 1 卷［M］．北京：人民出版社，2004：874.

④ 中共中央马克思恩格斯列宁斯大林著作编译局．列宁选集：第 3 卷［M］．北京：人民出版社，1972：164.

那么资本的国际垄断可以拯救资本主义吗？资本主义从16世纪开始，通过占领和垄断世界市场释放着相对过剩的生产力。马克思在分析资本主义国内不可避免的利润率下降趋势时提到，对外贸易具有两重作用，既有使利润率上升的作用，又有使利润率下降的作用。其一，资本主义发达国家通过对外贸易，特别是对经济落后国家的贸易，进口廉价生活资料使可变资本减少，使剩余劳动时间相对延长，剩余价值率提高，但是，这会引起资本有机构成的提高。而进口廉价生产资料又使不变资本变得便宜，这又抵消了可变资本降低引起的资本有机构成提高。所以进口廉价生活资料和廉价生产资料的结果是，剩余价值率提高，从而提高利润率。其二，发达国家投在对外贸易，特别是投在殖民地贸易上的资本具有较高的利润率。资本主义发达国家劳动生产率高，单位商品价值低，不发达国家劳动生产率低，单位商品价值高，而在对外贸易中是根据国际价值，即国际范围内的平均价值进行交换的。发达国家由于单位商品价值低于国际价值，可以获得超额利润，平均利润率因此也会提高。其三，投资在殖民地的资本有机构成比较低，由于使用奴隶和苦力等，劳动剥削程度又比较高，这些都使利润率比较高。其四，对外贸易对利润率的作用是二重的。一方面，如上所述，它具有提高利润率的作用；另一方面，由于对外贸易会促使本国生产规模扩大，加速了资本积累，也加速了资本有机构成的提高，从而使平均利润率下降。① 可见，对外贸易通过盘剥不发达国家特别是殖民地国家的廉价资源和劳动力，给发达资本主义国家带来了大量的利润，有阻碍其利润率下降的作用，但是同时又使其国内的资本有机构成不断提高。为了避免国内有机构成提高导致的利润率下降，发达国家大量的资本输出到发展中国家，这也就是垄断资本为什么在世界范围快速扩张的重要原因。然而，资本的国际垄断并没有给资本主义找到出路。我们看看当代的经济全球化，这些活动曾经被两次世界大战所打断，二战后重新恢复，冷战结束后，消除了美苏对抗带来的世界经济体系的割裂，世界经济进入经济全球化快速发展阶段。当代的经济全球化进程依然由发达资本主义国家主导，通过制定贸易、竞争规则，控制一些国际组织，成为主要受益者，发达国家与发展中国家的地位和收益不平等、不均衡。所以自20世纪末以来，世界各地逐步兴起反全球化运动。反全球化运动一方面显现了当前经济全球化进程所带来的种种问题和弊端；另一方面反映了人们对平

① 参见［德］马克思．资本论：第3卷［M］．北京：人民出版社，2004：264-267.

等、公正的经济全球化的渴望。从本质上讲，反全球化并不是反对全球化本身，而是反对由资本主义主宰和控制国际政治经济体系与世界秩序的局面。2016年以来，逆全球化运动日益发展为一种浪潮，逆全球化即逆全球化趋势而为。逆全球化兴起于西方发达资本主义国家，比如，英国脱欧公投、美国的特朗普主义等就是当今逆全球化的典型表现。昔日全球化的主导者为何发展成今天的反对者？这主要是因为，21世纪以来美欧等国家出现了比如贸易逆差、产业空心化、国际资本流向新兴经济体等一些问题，影响了美欧等西方国家的经济发展，所以他们从经济全球化的主导者转变为反对者，提出了反国际贸易、贸易保护主义等主张。资本主义必须要对外扩张生产和市场才能向外转嫁国内生产相对过剩危机，才能获得更多的利润，然而结果是，必然引起被剥削国家的反抗，导致反全球化运动；必然导致本国的资本为逐利而外流，本国产业因此空心化，工人因没有工作岗位而失业，国家的国际收支因大量进口本国不生产的商品而出现持续性逆差。资本主义国家把国内经济问题归罪于经济全球化，试图逆经济全球化行事，事实上，资本主义走到今天，不是经济全球化本身的问题，而是这个社会制度无法走出困局的结果。正如马克思所分析指出的，世界市场的形成和资本主义的对外扩张具有历史必然性，是资本主义发展的必然结果，是人类社会历史发展的必然趋势。经济全球化带来巨大的国际分工效益，推动了世界生产力的发展，虽然在发达资本主义国家主导下存在利益不平等、不平衡问题，但是，客观上为发展中国家带来先进技术和管理经验，提供了就业机会，推动了对外贸易发展，促进了跨国公司发展。中国积极参与经济全球化过程，是经济全球化的受益者，更是贡献者，在谋求自身发展、受益于经济全球化的同时，也拉动了世界经济增长。所以人为地切断世界市场上各国经济的资金流、技术流、产品流、产业流、人员流是不可能的，也不符合历史潮流。

习近平总书记指出："经济全球化确实带来了新问题，但我们不能就此把经济全球化一棍子打死，而是要适应和引导好经济全球化，消解经济全球化的负面影响，让它更好惠及每个国家、每个民族。"① 为此，我们提出了把中华优秀传统文化和马克思主义先进内涵相结合、批判吸收人类历史发展进程中形成的基本价值共识的中国方案，即以共同构建人类命运共同体理念引领经济全球化。人类命运共同体是一个科学、完整的思想体

① 习近平．习近平谈治国理政：第2卷［M］．北京：外文出版社，2017：478.

系，贯穿其中的发展观是创新、协调、绿色、开放、共享；安全观是共同、综合、合作、平等、可持续；文明观是平等、互鉴、对话、包容；全球治理观是共商、共建、共享。2013 年，习近平总书记提出“一带一路”倡议，之后，中国共产党和中国政府多次倡导并以实际行动推进“一带一路”建设。2013 年 11 月，党的十八届三中全会通过的《中共中央关于全面深化改革若干重大问题的决定》明确提出要“推进丝绸之路经济带、海上丝绸之路建设，形成全方位开放新格局”，标志着“一带一路”建设被纳入中国重大战略决策事项。“一带一路”建设借用古代丝绸之路的历史符号，贯穿欧亚大陆，东边连接亚太经济圈，西边进入欧洲经济圈，经过 65 个国家，已经有了非常好的发展状态。人类命运共同体思想为“一带一路”建设提供了理论支撑，而“一带一路”建设作为一个跨越多区域的倡议和方案，是对“人类命运共同体”理念的践行，中国与“一带一路”沿线国家是经济合作伙伴关系，要共同构建政治互信、经济融合、文化包容的沿线国家之间的区域性利益共同体、命运共同体、责任共同体。人类命运共同体思想强调人类社会的共同发展、共同安全和共同富裕，这是“一带一路”建设的重要价值目标，“一带一路”建设是通向人类命运共同体的具体路径，是区域性共同体建设，是人类命运共同体构建的重要起点，也是我们提供给世界的重要新型公共产品。“一带一路”建设不是中国要挑战现有的国际秩序，也不是要打造自己的势力范围，而是顺应历史发展趋势，与现有国际机制互为助力、相互补充，形成公正合理透明的“一带一路”治理秩序，解决资本主义主导的经济全球化中的不公平、不平衡问题，推进经济全球化朝着实现人类共同利益最大化目标发展。

第八章 对《资本论》中社会主义论述的理解及其价值

马克思主义有三个基本组成部分，它们是一个有机整体。马克思主义哲学是马克思主义的世界观和方法论基础；马克思主义政治经济学是运用其世界观和方法论对资本主义生产方式产生、发展和历史趋势的剖析；科学社会主义是马克思主义的结论和归宿，体现其目的、任务和使命。在《资本论》中，马克思在对资本主义生产方式产生、发展和历史趋势分析的基础上，对未来必然实现的科学社会主义进行了分析，其关于自由人联合体的论述、关于合作工厂的论述、对生产资料所有制演变规律的揭示、对共产主义社会作出的科学展望等，对于我们研究科学社会主义理论、构建中国特色社会主义理论、走中国特色社会主义发展道路具有重要的理论价值和实践价值。

一、关于自由人联合体

自由人联合体是马克思所设想的人类未来的理想社会："设想有一个自由人联合体，他们用公共的生产资料进行劳动，并且自觉地把他们许多个人劳动力当作一个社会劳动力来使用。……这个联合体的总产品是一个社会产品。这个产品的一部分重新用作生产资料。这一部分仍旧是社会的。而另一部分则作为生活资料由联合体成员消费。因此，这一部分要在他们之间进行分配。这种分配的方式会随着社会生产有机体本身的特殊方式和随着生产者的相应的历史发展程度而改变。仅仅为了同商品生产进行对比，我们假定，每个生产者在生活资料中得到的份额是由他的劳动时间决定的。这样，劳动时间就会起双重作用。劳动时间的社会的有计划的分配，调节着各种劳动职能同各种需要的适当的比例。另一方面，劳动时间又是计量生产者在共同劳动中个人所占份额的尺度，因而也是计量生产者个人在共同产品的个人消费部分中所占份额的尺度。”① 这是马克思在《资本论》中对取代资本主义的未来理想社会生产方式基本关系最完整的描述。马克思认为，未来人与人之间关系最明朗、最和谐的社会应当是一个自由人联合体，“在那里，人们同他们的劳动和劳动产品的社会关系，无论在生产上还是在分配上，都是简单明了的”②。需要说明的是，马克思在这里所说的自由人联合体绝不是一个设想和假定，而是对他之前关于社会主义问题论述的一个系统科学的概括③，并且把这些基本思想贯穿于之后一系列相关问题的研究中。重要的是提出了未来理想社会生产关系的本质特征，即生产资料社会共有和由此决定的分配关系。

首先，未来社会是消灭生产资料私有制从而消灭了个体劳动或者被迫为别人劳动才能生存的自由人联合体。生产资料“变为公共财产”④，由社会共有，在“一个集体的、以生产资料公有为基础的社会中”⑤，生产者用共有的生产资料进行生产劳动，劳动直接就是社会劳动，劳动产品没有你我之分，直接就是社会产品。按比例生产这个社会生产的客观规律现在不是通过价值规律实现，而是通过社会有计划地分配劳动时间到各个生产部门来调节各种劳动职能同各种需要之间的比例来实现，有计划地进行劳动时间按比例分配避免了价值规律调节的盲目性和事后性。“只有当社会生活过程即物质生产过程的形态，作为自由联合的人的产物，处于人的有意识有计划的控制之下的时候，它才会把自己的神秘的纱幕揭掉”⑥。在自由人联合体中，商品经济消亡，代之以产品经济，商品经济特有的商品拜物教这个“神秘的纱幕”被揭掉。

其次，使用共有生产资料生产出来的产品，一部分作为生产资料进行

① ［德］马克思．资本论：第1卷［M］．北京：人民出版社，2004：96.

② ［德］马克思．资本论：第1卷［M］．北京：人民出版社，2004：96-97.

③ 马克思和恩格斯在《共产党宣言》、马克思在《1848年至1850年的法兰西阶级斗争》和《政治经济学批判（1857—1858）手稿》中都已经谈到，未来取代生产资料资本主义私人占有的社会必然是生产资料由联合的工人阶级占有和支配，工人阶级不再作为雇佣劳动和由资本家私人占有的生产资料相对立。

④ 中共中央马克思恩格斯列宁斯大林著作编译局．马克思恩格斯文集：第3卷［M］．北京：人民出版社，2009：431.

⑤ 中共中央马克思恩格斯列宁斯大林著作编译局．马克思恩格斯文集：第3卷［M］．北京：人民出版社，2009：433.

⑥ ［德］马克思．资本论：第1卷［M］．北京：人民出版社，2004：97.

再生产和满足社会需要的扩大再生产，这部分仍然是社会共有的；另一部分作为联合体成员的生活资料在他们之间分配。消费资料的分配方式随着社会发展程度的提高而变化，在生产力水平没有达到能够生产出极大丰富的产品阶段，消费品按照每个劳动者的劳动时间进行分配。但是，“在社会的生产中，货币资本不再存在了。社会把劳动力和生产资料分配给不同的生产部门。生产者也许会得到纸的凭证，以此从社会的消费品储备中，取走一个与他们的劳动时间相当的量。这些凭证不是货币。它们是不流通的”①。这就是按劳分配，即用劳动者的劳动时间计量生产者在共同劳动中个人所占份额，也就是计量生产者个人在共同产品的个人消费部分中所占份额。马克思在《哥达纲领批判》中对公有制条件下的分配关系的演变作了详细分析，指出在“刚刚从资本主义社会中产生出来的”“这样的共产主义社会”，不可避免地“带着它脱胎出来的那个旧社会的痕迹。所以，每一个生产者，在作了各项扣除以后，从社会领回的，正好是他给予社会的。他给予社会的，就是他个人的劳动量。……他从社会领得一张凭证，证明他提供了多少劳动（扣除他为公共基金而进行的劳动），他根据这张凭证从社会储存中领得一份耗费同等劳动量的消费资料。……显然，这里通行的是调节商品交换（就它是等价的交换而言）的同一原则”②，而这个“原则仍然是资产阶级的权力”③。随着“社会的生产”的发展程度的提高，社会生产力高度发达，物质产品极大丰富，消费品按劳分配将被按需分配所取代。“在共产主义社会高级阶段，在迫使个人奴隶般服从分工的情形已经消失，从而脑力劳动和体力劳动的对立也随之消失之后；在劳动已经不仅仅是谋生的手段，而且本身成了生活的第一需要之后；在随着个人的全面发展，他们的生产力也增长起来，而集体财富的一切源泉都充分涌流之后，——只有在那个时候，才能完全超出资产阶级权力的狭隘眼界，社会才能在自己的旗帜上写上：各尽所能，按需分配”④。

马克思在《资本论》中把生产资料由社会成员共有、全体劳动者共同使用进行生产这种生产方式称为“社会的生产”，本质上是生产资料社会共有，具有这种本质特征的社会，也就是马克思和恩格斯所说的社会主义

---

① ［德］马克思．资本论：第2卷［M］．北京：人民出版社，2004：397.

②③ 中共中央马克思恩格斯列宁斯大林著作编译局．马克思恩格斯文集：第3卷［M］．北京：人民出版社，2009：434.

④ 中共中央马克思恩格斯列宁斯大林著作编译局．马克思恩格斯文集：第3卷［M］．北京：，人民出版社，2009：435-436.

或者共产主义。可以看到，这个社会形态以生产资料全社会共有也就是公有制为基础，即土地和其他生产资料“为社会使用的即公共的生产资料”①。各种社会生产方式都有其不同的发展阶段，马克思和恩格斯认为，社会的生产方式即共产主义也有低级阶段和高级阶段，从他们的相关论述和社会主义实践看都是如此。在较为低级的阶段，根据生产资料的公共所有的范围不同，分为社会共有和集体所有两种形式②，消费资料实现按劳分配，这个阶段的社会的生产方式称为社会主义。随着社会生产力的发展，生产资料社会共有的范围将不断扩大，进入高级阶段，生产资料将全部由社会共有，消费资料按需分配，这个阶段的社会的生产方式称为共产主义。和资本主义私有制相对立的社会主义公有制的产生、发展到实现共产主义，“需要有一定的社会物质基础或一系列物质生存条件，而这些条件本身又是长期的、痛苦的发展史的自然产物”③，这个过程是不以人的意志为转移的。

二、如何理解“重新建立个人所有制”

马克思在分析资本主义积累的历史趋势时说，资本主义私有制必然被能够与社会化大生产相适应的生产资料共同所有制所取代，这是事物发展的必然规律，是人类社会发展的必然规律，并且运用揭示事物发展特点的否定之否定规律说明，代替资本主义私有制的所有制形式是在生产资料共同占有基础上重新建立个人所有制。如何理解这个论述，是一个长期争论不休的问题。这个问题是在说明生产资料所有制这个客观事物发展运动的规律，因此，这需要运用马克思主义关于事物发展的三大基本规律来剖析并回答这个问题。

对立统一规律是事物运动发展的源泉和动力，它说明事物对立面的统一构成矛盾体，矛盾是事物发展变化的源泉和动力，回答了事物为什么会发展的问题。比如，就社会生存方式这个事物的运动发展来说，社会生产方式是生产力和生产关系的矛盾统一体，生产力和生产关系的矛盾运动推动社会不断发展，结果是旧的社会生产方式被新的社会生产方式取代，其

① ［德］马克思．资本论：第1卷［M］．北京：人民出版社，2004：873.
② ［德］马克思．资本论：第1卷［M］．北京：人民出版社，2004：872.
③ ［德］马克思．资本论：第1卷［M］．北京：人民出版社，2004：97.

本质是生产关系适应生产力发展的需要发生了本质性的变化。生产关系的核心或者基础是生产资料所有制形式，所以社会生产方式的变革的根本是生产资料所有制形式的变革。

事物的矛盾运动表现为量变与质变及其相互转化。量变质变规律是事物发展的形式，量变是质变的必要准备，质变是量变的必然结果，量变和质变相互依存、相互贯通，量变引起质变，在新质基础上，事物又开始新的量变，如此交替循环，构成了事物的发展过程。量变质变规律体现了事物发展的渐进性（量变）和飞跃性（质变）。它说明矛盾运动是一个量变到质变的渐进过程，最终，旧事物灭亡，新事物在对旧事物的扬弃中产生。比如，生产力的发展程度不断提高，要求生产关系与其相适应，逐渐发生部分质变（在旧的社会生产方式中产生新的因素），表现为在一个社会生产方式中的社会发展从低级阶段向高级阶段的发展，最终，发生根本性质变，旧的生产资料所有制被新的生产资料所有制形式所取代，从而旧的社会生产方式被新的社会生产方式所取代。

否定之否定规律是事物发展过程的特点，在每个矛盾运动过程中，通过量变到质变再到新的量变……事物经历了对自身的肯定、否定、更高阶段的肯定（否定之否定）这样一个波浪式、螺旋式的自我发展过程。否定之否定规律意味着新事物的产生与旧事物的灭亡，表明新事物对旧事物的否定，这个过程经历肯定、否定、否定之否定三个阶段。肯定因素是维持现成事物存在的因素，比如，种子的存在是肯定，能长出相应的植物，事物这时处于肯定阶段；否定因素是促使现成事物灭亡的因素，比如，种子种下之后长出植物，植物是否定因素，它否定了种子，植物长出，种子死了，这时事物处于否定阶段，在这个阶段，矛盾没有完全解决，事物仍然具有片面性，还要经过再次否定，即否定之否定，使矛盾得到彻底解决；在否定之否定阶段，事物由否定进一步走向更高阶段的否定，比如，植物否定了种子，现在植物又在自身的矛盾运动中否定了自己，植物死了，结出了新的更多的种子，即否定之否定，至此，矛盾得到根本解决。事物的辩证发展经过肯定、否定、否定之否定三个阶段，形成一个运动周期，在否定之否定阶段仿佛向原点“回复”，即又“回复”到了种子，但这是在更高阶段的“回复”——结出了新的更多的种子。

接下来我们来看看马克思关于社会形态发展过程中的否定之否定规律的论述。马克思分析了从小私有制到资本主义私有再到生产资料社会共同占有制，指出作为社会生产关系核心或者基础的所有制形式的演变是一个否定之否定的过程。马克思说："从资本主义生产方式产生的资本主义占有方式，从而资本主义的私有制，是对个人的、以自己劳动为基础的私有制的第一个否定。但资本主义生产由于自然过程的必然性，造成了对自身的否定。这是否定的否定。这种否定不是重新建立私有制，而是在资本主义时代的成就的基础上，也就是说，在协作和对土地及靠劳动本身生产的生产资料的共同占有的基础上，重新建立个人所有制。以个人自己劳动为基础的分散的私有制转化为资本主义私有制，同事实上已经以社会的生产经营为基础的资本主义所有制转化为社会所有制比较起来，自然是一个长久得多、艰苦得多、困难得多的过程。前者是少数掠夺者剥夺人民群众，后者是人民群众剥夺少数掠夺者。"① 认识的争议产生于对"这种否定不是重新建立私有制，而是在资本主义时代的成就的基础上，也就是说，在协作和对土地及靠劳动本身生产的生产资料的共同占有的基础上，重新建立个人所有制"这句话的理解上。我们从马克思的理论逻辑和历史逻辑来展开对这个问题的分析。

首先，看生产资料私有制的辩证发展过程。私有制是指对土地和其他生产资料的私人所有权。私有制的性质依据这些私人是劳动者还是非劳动者而有所不同。以"劳动者是自己使用的劳动条件的自由私有者"② 为基础的私有制是小生产私有制，它"是靠自己劳动挣得的私有制，即以各个独立劳动者与其劳动条件相结合为基础的私有制"③。资本主义在资本原始积累过程中，是通过暴力和大鱼吃小鱼的竞争手段把"个人的分散的生产资料转化为社会的积聚的生产资料，从而多数人的小财产转化为少数人的大财产，广大人民群众被剥夺土地、生活资料、劳动工具"④，所以资本主义私有制是"以剥削他人的但形式上是自由的劳动为基础的私有制"⑤。现实中"所表现出的无数色层，只不过反映了两级间的各种中间状态"⑥，比如，有雇工但是生产资料私有者也必须要劳动，这仍然是小生产私有制，而股份制虽然许多股份是通过信用积聚小的社会资金形成，资本具有了社会性质，但它仍然由私人资本所掌控，是资本主义私有制。私有制的共同点是，"作为社会的、集体的所有制的对立物，只是在劳动资料和劳动的外部条件属于私人的地方才存在"⑦。资本主义私有制在否定小生产私有制

① ［德］马克思．资本论：第1卷［M］．北京：人民出版社，2004：874-875.
②⑤⑥⑦ ［德］马克思．资本论：第1卷［M］．北京：人民出版社，2004：872.
③④⑧ ［德］马克思．资本论：第1卷［M］．北京：人民出版社，2004：873.

基础上产生，它通过“使旧社会在深度和广度上充分瓦解”⑧，完成了对小私有制的否定。“一旦资本主义生产方式站稳脚跟，劳动的进一步社会化，土地和其他生产资料的进一步转化为社会地使用的即公共的生产资料，从而对私有者的进一步剥夺，就会采取新的形式”①。生产力的快速发展使资本主义私有制最终不能容纳日益发展、日益社会化的生产力，只能是在事实上承认现代生产力的社会性，从而以生产资料社会共有取代资本主义私有制，私有制就此终结，被社会主义公有制所代替，这是对私有制的彻底否定，是否定之否定。

其次，否定之否定是更高级的肯定。以唯物史观从人类历史发展的大视野看，人类社会形态演变过程是每个社会形态下其社会生产方式中的生产力和生产关系矛盾运动的结果，矛盾运动有一个从量变到质变的过程，当质变发生时，意味着新的社会生产方式对旧的社会生产方式的否定。私有制产生之前，人类社会曾经经历过一个原始共同体阶段，那是建立在劳动生产力极低水平之上的社会形态，小私有制的产生是生产力发展到一定高度的必然结果，是对原始公有制的否定，由此在人类历史上出现了生产资料私有制，小私有制作为一个新型的所有制关系，是私有制辩证运动周期的起点，是以私有制为基础的社会生产方式运动的开始，是作为一个客观存在的事物辩证运动的肯定阶段。以生产资料资本主义私有制为基础的资本主义生产方式取代以小私有制为基础的小生产方式，是对小私有制的否定，是事物辩证运动的否定阶段。但是，资本主义私有制和小私有制一样，都是生产资料私人占有，因此，资本主义私有制仍然存在片面性。私人资本以发展生产力为手段追逐最大剩余价值，使社会化不断提高，创造出否定资本主义私有制的物质条件，生产社会化和生产资料资本主义私人占有这个资本主义基本矛盾不断激化，最终，资本主义私有制被生产资料社会共有所取代，这个过程就是否定之否定。看上去，否定之否定好像是一个“回复”，即从私有制否定公有制开始，经过一个周期又回到了公有制，但这不是重复，而是在更高阶段的“回复”，是产生了一个包含着能够适应更高水平的生产力发展要求的新的生产资料公有制。资本主义使生产的社会化程度不断提高，“必然地产生出把私有制同样地加以否定并把它重新变为公有制的要求。但是，这一要求并不是要重新建立原始的公有制，而是要建立高级得多、发达得多的共同占有形式，这种占有形式绝不会成为生产的束缚，恰恰相反，它会使生产摆脱束缚，并且会使现代的化

① ［德］马克思．资本论：第1卷［M］．北京：人民出版社，2004：873.

学发明和机械发明在生产中得到充分的利用”[①]。因此，否定之否定是更高级的肯定。

再次，应该如何理解马克思所说的“重新建立个人所有制”。否定资本主义私有制的新的生产资料所有制形式的特征是生产资料由劳动者共同占有和支配，社会的生产形式是一个自由人联合体，生产者用公共的生产资料进行劳动，既不是用属于自己的生产资料为自己劳动，也不是被迫作为雇佣劳动与生产资料相对立，为资本家劳动。这是在资本主义时代创造出的生产社会化成就的基础上的社会生产，也就是说，在协作和对土地及靠劳动本身生产的生产资料的共同占有的基础上的生产。在《资本论》中，马克思把这种在否定资本主义私有制基础上建立起来的生产方式称为“社会的生产”，强调生产资料由生产者共同所有共同使用，强调这种否定不是重新建立私有制，而是以社会生产的形式、自由人联合体的形式，“在协作和对土地及靠劳动本身生产的生产资料的共同占有的基础上，重新建立个人所有制”，这个重新建立的“个人所有制”显然和生产资料的所有制形式无关。资本主义生产由于自然过程的必然性造成的对自身的否定，这是一个从量变到质变扬弃旧的私有制形式的过程，是对生产资料私有制进而对资本主义生产关系的彻底否定。马克思在《〈政治经济学批判〉序言》中说：“资产阶级的生产关系是社会生产过程的最后一个对抗形式，这里所说的对抗，不是指个人的对抗，而是指从个人的社会生活条件中生长出来的对抗；但是，在资产阶级社会的胎胞里发展的生产力，同时又创造着解决这种对抗的物质条件。因此，人类社会的史前时期就以这种社会形态而告终。”[②] 这个“史前期”就是指生产资料私有制存在的时期，它的告终，意味着生产资料私有制被新的生产资料的社会所有制所取代。所以生产资料私有制以及对抗性的劳动是在否定之否定中被扬弃了的旧事物，代替它的新事物不可能是个人所有制，而必然是生产资料生产者共同所有和在此基础上的联合劳动。恩格斯在《反杜林论》中辛辣地指出，把马克思所说的重新建立个人所有制说成是建立一个生产资料“既是个人的又是社会的所有制”，这种理解是一个“混乱的杂种”，是“无稽之谈”[③]。恩

① 中共中央马克思恩格斯列宁斯大林著作编译局．马克思恩格斯文集：第9卷［M］．北京：人民出版社，2009：145-146.

② 中共中央马克思恩格斯列宁斯大林著作编译局．马克思恩格斯文集：第2卷［M］．北京：人民出版社，2009：592.

③ 中共中央马克思恩格斯列宁斯大林著作编译局．马克思恩格斯文集：第9卷［M］．北京：人民出版社，2009：138.

格斯谈到这个问题时特意引用了马克思关于自由人联合体中社会总产品分配的论述："这个产品的一部分重新用作生产资料。这一部分仍旧是社会的。而另一部分则作为生活资料由联合体成员消费。因此，这一部分要在他们之间进行分配。"[①] 他的意图是要说明，无论是从生产还是再生产过程看，生产资料总是社会的，而生活资料在联合体社会成员之间以按劳分配方式进行分配，作为劳动所得的消费资料由个人占有。恩格斯认为，马克思在关于自由人联合体的论述中已经说得明明白白，"社会所有制涉及土地和其他生产资料，个人所有制涉及产品，也就是涉及消费品"[②]。马克思自己在晚于《资本论》发表的《哥达纲领批判》中说："除了个人的消费资料，没有任何东西可以转为个人财产"[③]，这应该是马克思本人对如何理解他的关于资本主义私有制被否定之后"重新建立个人所有制"到底是指什么的最好回答。在生产资料社会所有制条件下，消费资料的个人所有制由其分配关系决定，分配关系是和生产关系同一的，是生产关系的表现。分配关系"指的是对产品中归个人消费的部分的各种索取权。"[④] 在资本主义私有制为基础的生产关系下，每年新追加的劳动在商品中新加进的价值采取三种不同的收入形式：一部分以工资形式归于劳动力的所有者；一部分以利润形式归于资本的所有者；一部分以地租形式归于土地所有者，这表明的是新价值在不同生产要素的所有者中间进行分配的关系。由于生产关系由生产要素所有权关系决定，而生产要素所有权关系又决定着分配关系，所以"分配关系本质上和这些生产关系是同一的，是生产关系的反面"[⑤]。即"一定的分配形式是以生产条件的一定的社会性质和生产当事人之间的一定的社会关系为前提的。因此，一定的分配关系只是历史地规定的生产关系的表现"[⑥]。比如，上述工资、利润、地租三种收入分配关系，不过是资本主义生产关系的表现。可见，分配关系由生产关系产生并与之相适应。这些分配关系的历史性质就是生产关系的历史性质，分配关系不过表示生产关系的一个方面。在资本雇用劳动这种对抗性的生产关系中，

① ［德］马克思．资本论：第1卷［M］．北京：人民出版社，2004：96.

② 中共中央马克思恩格斯列宁斯大林著作编译局．马克思恩格斯文集：第9卷［M］．北京：人民出版社，2009：138.

③ 中共中央马克思恩格斯列宁斯大林著作编译局．马克思恩格斯文集：第3卷［M］．北京：，人民出版社，2009：434.

④ ［德］马克思．资本论：第3卷［M］．北京：人民出版社，2004：995.

⑤ ［德］马克思．资本论：第3卷［M］．北京：人民出版社，2004：994.

⑥ ［德］马克思．资本论：第3卷［M］．北京：人民出版社，2004：998.

分配关系是对抗的，资本无偿占有劳动者的剩余劳动创造的剩余价值，利润与地租都是资本和土地私有者凭借生产资料所有权分割的剩余价值。而在生产资料生产者共同占有共同使用的社会生产中，不存在任何人凭借生产资料私有权无偿占有劳动者的剩余劳动的分配关系。如前所述，在社会主义生产资料生产者共同占有下，社会产品是生产者共有的，在扣除必要的社会发展所需要的部分之外，在生产力水平还没有达到时物质财富的生产极大丰富时，通过按劳分配形式分配给生产者的消费品必然转化为生产者个人所有，在这里体现的“仍然是资产阶级权力”。当物质财富极大丰富之后，按需分配取代按劳分配，消费资料的个人所有制也将消亡。

最后，事物的发展呈现波浪式前进或螺旋式上升的总趋势。即每一次否定都是质变，都把事物推进到新阶段，但是，事物的发展不是直线式前进，其中有暂时的停顿甚至是倒退，然而，每一轮新的周期开始，事物在总体水平上都上升了。社会历史的发展反复证明着这一点。在社会形态演变过程中，否定之否定阶段要比否定阶段困难得多，否定阶段只是资本主义私有制对小私有制的否定，生产资料私有制这一点没有本质性变化，而通过否定之否定，消灭生产资料私有制，“人民群众剥夺少数掠夺者”，开始一个全新的生产资料社会所有的历史阶段，这“自然是一个长久得多、艰苦得多、困难得多的过程”。

三、如何认识合作工厂

工人自己的合作工厂是在资本主义生产方式内对资本和劳动之间的对立的一种积极的扬弃。马克思对当时出现的工人的合作工厂进行了分析，指出，“商业经理和产业经理的管理工资，在工人的合作工厂和资本主义的股份企业中，都是完全同企业主收入分开的。管理工资同企业主收入的分离，在其他场合是偶然发生的，而在这里则是经常的现象。在合作工厂中，监督劳动的对立性质消失了，因为经理由工人支付报酬，他不再代表资本而同工人相对立”①。“工人自己的合作工厂，是在旧形式内对旧形式打开的第一个缺口，虽然它在自己的实际组织中，当然到处都再生产出并且必然会再生产出现存制度的一切缺点。但是，资本和劳动之间的对立在这种工厂内已经被扬弃，虽然起初只是在下述形式上被扬弃，即工人作为

① ［德］马克思．资本论：第3卷［M］．北京：人民出版社，2004：436.

联合体是他们自己的资本家，也就是说，他们利用生产资料来使他们自己的劳动增殖。这种工厂表明，在物质生产力和与之相适应的社会生产形式的一定的发展阶段上，一种新的生产方式怎样会自然而然地从一种生产方式中发展并形成起来。没有从资本主义生产方式中产生的工厂制度，合作工厂就不可能发展起来；同样，没有从资本主义生产方式中产生的信用制度，合作工厂也不可能发展起来。……资本主义的股份企业，也和合作工厂一样，应当被看作是由资本主义生产方式转化为联合的生产方式的过渡形式，只不过在前者那里，对立是消极地扬弃的，而在后者那里，对立是积极地扬弃的"①。

根据马克思的上述论述，合作工厂是企业劳动者共有性质的工厂，合作工厂具有以下特征：其一，在合作工厂中，监督劳动的对立性质消失了。其二，工人是合作工厂的主人。其三，合作工厂是在资本主义生产方式中发展起来的，它建立在资本主义工厂制度和信用制度发展基础之上，并且利用这些制度进行生产管理，使他们自己的联合劳动不断增殖。其四，合作工厂和股份制都是转化为新的联合劳动的生产方式的过渡形式，但是，合作工厂是对资本主义私人企业的积极扬弃，而股份制则只是对资本主义私人企业的消极扬弃。由此可见，合作工厂是在一定范围内劳动者共有生产资料，是有别于资本主义私有制的生产资料公有制的一种实现形式，股份制本质上仍然是资本主义私有制，它只是把私人资本转化为了社会资本，但是这种转化适应了社会化大生产的需要。

马克思在对资本主义制度下出现的合作工厂的分析中还指出，合作工厂是一种新的生产方式，合作工厂的出现表明，一种新的生产方式会自然而然地从既有的生产方式中发展并形成起来。因为既有的生产方式为新的生产方式的产生提供了物质基础和发展的条件。也就是说，新社会的胎儿是在旧社会的母体中孕育的，这不只包含旧社会生产力创造的物质基础，还包含在旧社会中所有制形式的局部变化，包含着适合社会化大生产的企业制度的产生和发展。

综上可见，合作工厂是公有制的低级形式，它是工人自己的工厂，在合作工厂内部，"工人作为联合体是他们自己的资本家，也就是说，他们利用生产资料来使他们自己的劳动增殖"，增殖部分由工厂内部的工人共同享有。股份制是资本主义生产方式下为了适应社会化大生产需要对私人

---

① ［德］马克思．资本论：第3卷［M］．北京：人民出版社，2004：499.

资本的扬弃，它使资本成为社会资本，使生产资料在一定程度上具有了社会性，劳动者的劳动增殖部分由股份资本所有者占用。在从旧社会脱胎出来的、亟须发展生产力的我国社会主义初级阶段，在社会主义市场经济发展过程中，合作工厂和股份制这种“被看作是由资本主义生产方式转化为联合的生产方式的过渡形式”，都是合理存在、可以利用来发展社会主义和社会化大生产的形式。

四、如何理解“自由王国”及其实现的根本条件

“自由王国”是马克思在揭示社会发展的一般规律和资本主义发展的特殊规律基础上对共产主义社会做出的科学展望。马克思所预见的自由王国是一个具有高度的物质文明、精神文明和生态文明的社会，根本特征是实现每个人的自由而全面的发展。

马克思在对资本主义生产方式进行系统研究之后，运用唯物史观，以建立在劳动价值论基础之上的剩余劳动为切入点，对人类社会从人与人、人与自然的对抗到人与人、人与自然和谐共处的发展过程和趋势做了描述：“剩余劳动一般作为超过一定的需要量的劳动，应当始终存在。只不过它在资本主义制度下，像在奴隶制度等等下一样，具有对抗的形式，并且是以社会上的一部分人完全游手好闲作为补充。……资本的文明面之一是，它榨取剩余劳动的方式和条件，同以前的奴隶制、农奴制等形式相比，都更有利于生产力的发展，有利于社会关系的发展，有利于更高级的新形态的各种要素的创造。因此，资本一方面会导致这样一个阶段，在这个阶段上，社会上的一部分人靠牺牲另一部分人来强制和垄断社会发展（包括这种发展的物质方面和精神方面的利益）的现象将会消灭；另一方面，这个阶段又会为这样一些关系创造出物质手段和萌芽，这些关系在一个更高级的社会形式中，使这种剩余劳动能够同物质劳动一般所占用的时间的更大的节制结合在一起。……自由王国只是在必要性和外在目的规定要做的劳动终止的地方才开始；因而按照事物的本性来说，它存在于真正物质生产领域的彼岸。像野蛮人为了满足自己的需要，为了维持和再生产自己的生命，必须与自然搏斗一样，文明人也必须这样做；而且在一切社会形式中，在一切可能的生产方式中，他都必须这样做。这个自然必然性的王国会随着人的发展而扩大，因为需要会扩大；但是，满足这种需要的

生产力同时也会扩大。这个领域内的自由只能是：社会化的人，联合起来的生产者，将合理地调节他们和自然之间的物质变换，把它置于他们的共同控制之下，而不让它作为一种盲目的力量来统治自己；靠消耗最小的力量，在最无愧于和最适合于他们的人类本性的条件下来进行这种物质变换。但是，这个领域始终是一个必然王国。在这个必然王国的彼岸，作为目的本身的人类能力的发挥，真正的自由王国，就开始了。但是，这个自由王国只有建立在必然王国的基础上，才能繁荣起来。工作日的缩短是根本条件。”①

无论社会形态如何，由于人类的发展和随之而来的各种需要不断扩大，必须要发展生产力，必须要与大自然作斗争，这是任何社会形态、任何社会生产方式下所必须的，这是人类社会的一个自然必然性王国，是人类社会发展过程必然经历的。但是，在这个必然王国里，不同的社会制度有着不同的促进生产力发展的方式。客观上，人类与自然之间的物质变换存在着矛盾，因为外界自然条件是自然界免费提供给人类使用的，如果人类把自然条件当作免费的午餐任意享有，虽然可以方便地获得更多的物质财富，满足更多的需求，但是，这对于作为自然界的一个组成部分、依赖于自然条件而生存发展的人类来说，是在损害人类社会可持续发展的源泉，毁坏人类社会存在的基本条件。马克思认为，这种竭泽而渔的行为和人类的社会生产方式紧密相关。马克思指出，在促进生产力发展方面，资本主义制度远比它之前的社会形态有力得多、文明得多，马克思对资本主义生产方式的考察表明，资本主义在促进生产力方面的文明性体现在工业化以及由此带来的生产力快速发展，它给人类带来了巨大的物质财富。但是，资本主义制度和它之前的奴隶制度等一样具有对抗的形式，在资本主义生产方式下，资本家异化为资本，人的劳动和自然也异化为资本，发展仍然具有对抗的形式，表现在人与人、人与自然之间的关系是不和谐的。在资本主义生产方式下，资本支配着雇佣劳动和自然，发展生产力只是无限制追求剩余价值的手段，如何使用生产力的源泉劳动和自然资源，采用什么方式提高生产力，都以是否能够为资本带来剩余价值为目标。虽然在不可再生资源供给能力下降而需求量不断增加情况下，在价值规律作用下，资本家必须要通过节约自然资源来节约不变资本，但是所有节约自然资源的方法的使用都要以资本能否获得最大剩余价值为目的，只要能够廉

① ［德］马克思．资本论：第3卷［M］．北京：人民出版社，2004：927-929.

价而方便地支配自然，满足获得最大剩余价值的欲望，资本绝对不会关心其生产目的之外的自然资源的节约和保护问题。在资本主义生产关系下，社会上的一部分人靠牺牲另一部分人来强制和垄断社会发展，因此必然是通过对劳动力和自然条件的役使来发展生产力，来最大限度地满足垄断社会发展成果的资本所有者的需求。资本主义生产方式导致对生产力源泉的滥用和不合理使用是必然的。

马克思指出："在劳动强度和劳动生产力已定的情况下，劳动在一切有劳动能力的社会成员之间分配得越平均，一个社会阶层把劳动的自然必然性从自身上解脱下来并转嫁给另一个社会阶层的可能性越小，社会工作日中用于物质生产的必要部分就越小，从而用于个人的自由活动，脑力活动和社会活动的时间部分就越大。从这一方面来说，工作日的缩短的绝对界限就是劳动的普遍化。在资本主义社会里，一个阶级享有自由时间，是由于群众的全部生活时间都转化为劳动时间了。"① 所以为了在"最无愧于和最适合于人类本性的条件下"生存和发展，即消除异化，回归到人与人、人与自然和谐相处的最适合人类本性的状态中，实现人类社会的可持续发展，人类必须要联合起来，共同控制和利用自然，以最小的劳动和自然的耗费，完成人和自然之间的物质变换。实现这个目标，需要转变社会生产方式，这个转变是资本主义向科学社会主义的转变。只有当以生产资料社会占有为基础的社会主义生产关系与不断发展的社会生产力结合时，即在科学社会主义生产方式下，人类才能真正有意识地选择人与自然和谐相处的生产力的发展方式，实现科学的可持续发展。取代资本主义制度的社会主义制度下的生产关系将消灭劳动者被强制剥夺的现象，保障社会成员公平享有发展成果的权利；劳动将以联合劳动的方式合理规划，自然资源将得到合理高效率利用，而不是盲目地破坏性地与自然作斗争；通过平等劳动和提高劳动生产率，缩短劳动时间，社会全体成员享有生产力发展的成果，使人类不再受劳动奴役；其经济社会发展方式的基本特点是节约型发展——消耗最小的劳动和自然条件；社会生产的目的是满足社会全体成员发展不断增加的物质和精神的需要。通过人与人、人与自然之间的和谐发展，在社会生产力水平高度发达（以工作日的缩短为根本条件）基础上，把人类自己从以花费大量劳动为谋生手段的状态解放出来，人类将从为了生存必须劳动的必然王国走进以人类能力自由发展为目的的自由

---

① ［德］马克思．资本论：第1卷［M］．北京：人民出版社，2004：605-606.

王国。

自由王国的根本特征是实现每个人的自由而全面的发展。“代替那存在着阶级和阶级对立的资产阶级旧社会的，将是这样一个联合体，在那里，每个人的自由发展是一切人的自由发展的条件”①。每个人的自由全面发展，即每个人都能全面发展，而不是只有一部分人发展，社会发展不再以牺牲某些人的发展为代价，也就是实现人人事实上的平等。这需要做到以下几点：第一，消除旧式分工。旧式分工在资本主义工场手工业时期快速发展起来，在那里，“因为总体工人的各种职能有的比较简单，有的比较复杂，有的比较低级，有的比较高级，所以他的器官，即各个劳动力，需要极不相同的教育程度，从而具有极不相同的价值。因此，工场手工业发展了一种劳动力的等级制度，与此相适应的是一种工资的等级制度”②。在劳动等级制形成过程中，脑力劳动和体力劳动逐渐分离，脑力劳动和体力劳动分离在简单协作中开始，在工场手工业中得到发展，在机器大工业中完成。③ 旧式分工是生产力发展到一定阶段的产物，是产生工业与农业、城市与乡村、脑力劳动与体力劳动三大差别的原因，是造成人的片面发展的重要原因。消除旧式分工，是自由而全面发展的必要条件。消除旧式分工，实现人的全面发展，教育的方式和内容是非常重要的环节，“未来教育对所有已满一定年龄的儿童来说，就是生产劳动同智育和体育相结合，它不仅是提高社会生产的一种方法，而且是造就全面发展的人的惟一方法”④。第二，自由时间大大延长。这为人的自由而全面发展提供了广阔前景，使劳动不再是谋生手段，而成为“生活的第一需要”。第三，人们可以熟练运用自然规律，在发展中顺应和合理利用自然，真正实现人与自然和谐相处。具备了这些条件，人类才可以摆脱“自然界和历史强加于他们的”奴役、对立和异己的力量，使它们“处于人们自己的控制之下”，“只是从这时起，人们才完全自觉地自己创造自己的历史；只是从这时起，由人们使之起作用的社会原因才大部分并且越来越多地达到他们所预期的结果。这是人类从必然王国进入自由王国的飞跃”⑤。

---

① 中共中央马克思恩格斯列宁斯大林著作编译局．马克思恩格斯文集：第 2 卷［M］．北京：人民出版社，2009：53.

② ［德］马克思．资本论：第 1 卷［M］．北京：人民出版社，2004：405.

③ 参见［德］马克思．资本论：第 1 卷［M］．北京：人民出版社，2004：418，487.

④ ［德］马克思．资本论：第 1 卷［M］．北京：人民出版社，2004：556-557.

⑤ 中共中央马克思恩格斯列宁斯大林著作编译局．马克思恩格斯文集：第 3 卷［M］．北京：人民出版社，2009：564-565.

五、马克思主义中国化及中国特色社会主义发展道路

理论来源于实践，并随着实践的发展而发展。科学社会主义一般原则揭示的是一般性规律，而不是解决问题的具体方案，只有将科学社会主义一般原则与本国国情相结合，才能创造性地回答和解决本国实际问题。科学社会主义一般原则不是一成不变的教条，而是随着社会主义实践不断丰富和发展的学说。对此恩格斯指出："我认为，所谓'社会主义社会'不是一种一成不变的东西，而应当和任何其他社会制度一样，把它看成是经常变化和改革的社会。它同现存制度的具有决定意义的差别当然在于，在实行全部生产资料公有制（先是国家的）基础上组织生产。"① 也就是说，社会主义同资本主义的本质区别在于生产资料的所有制形式，但是，社会主义社会也是一个发展变化的过程，也需要在改革中发展。

马克思在《哥达纲领批判》中把未来社会划分为两个阶段：第一阶段是社会主义，第二阶段是高级阶段即共产主义。十月革命后，列宁领导苏联对社会主义道路进行了探索，根据苏联的实际情况，把未来社会划分为三个阶段，即从资本主义向社会主义的过渡时期、社会主义社会、共产主义社会，并且提出，在一个以小农为主的国家建设社会主义，必须要实行全民所有制经济和集体所有制合作经济，必须要实行商品生产和商品交换，社会主义必须要创造出具有高度发达的生产力和比资本主义更高的生产率，这是符合马克思主义唯物史观的对社会主义发展阶段的新认识，是对马克思主义关于社会主义理论的发展。

中国的社会主义是从半殖民地半封建社会中脱胎出来的，生产力发展基础十分薄弱，运用历史唯物主义方法和观点分析中国实际，把马克思主义中国化以指导中国社会主义发展，我们提出，中国的社会主义建设还需要一个相当长时期的初级发展阶段。在初级阶段，还需要多种所有制形式并存，需要通过大力发展以商品生产为载体的市场经济来发展生产力，相应地，还需要多种分配方式并存，工资、利润、利息、地租等分配形式仍然存在，但是，作为社会主义，公有制和按劳分配这个基本的规定性必须要坚持。在社会主义发展道路的选择上，提出要走一条符合国情的中国特

---

① 中共中央马克思恩格斯列宁斯大林著作编译局．马克思恩格斯文集：第 10 卷［M］．北京：人民出版社，2009：588.

色社会主义发展道路。

马克思主义唯物史观强调，社会主义必须要建立在比资本主义生产力发展水平更高的基础之上。中国的社会主义初级阶段是一个较长时间的建设社会主义的阶段，其历史使命就是发展生产力，在发展生产力过程中赶超资本主义，建成社会主义。中国特色社会主义发展实践和世界经济发展的现实表明，必须要通过不断全面深化的改革解放和发展生产力，建成社会主义现代化强国，才能够赶上和超过资本主义，创造出比资本主义更高的劳动生产率，推动社会全面进步，才能体现社会主义的本质和优越性。在改革和发展的实践过程中，中国坚持发展但是不能背离马克思主义，背离了马克思主义就不是社会主义。中国的发展需要不断深化改革，改革就是对生产关系的调整以适应生产力发展的要求，但是无论怎样改革，都不会放弃社会主义，鸦片战争以来中国艰苦卓绝的复兴奋斗史证明，只有社会主义能够救中国。

从马克思主义传播到中国开始，中国共产党就在探索怎样把马克思主义和中国实际相结合，使马克思主义中国化，用以指导中国的实际。毛泽东1938年在延安时就指出："共产党员是国际主义的马克思主义者，但马克思主义必须通过民族形式才能实现：没有抽象的马克思主义，只有具体的马克思主义。所谓具体的马克思主义，就是通过民族形式的马克思主义，就是把马克思主义应用到中国具体环境的具体斗争中去，而不是抽象地应用它。成为伟大中华民族之一部分而与这个民族血肉相连的共产党员，离开中国特点来谈马克思主义，只是抽象的空洞的马克思主义。因此，马克思主义的中国化，使之在其每一表现中带着中国的特性，即是说，按照中国的特点去应用它，成为全党亟待了解并亟须解决的问题。洋八股必须废止，空洞抽象的调头必须少唱，教条主义必须休息，而代替之以新鲜活泼的、为中国老百姓所喜闻乐见的中国作风与中国气派。"① 毛泽东用生动的语言告诫全党，"离开中国特点来谈马克思主义，只是抽象的空洞的马克思主义"，"洋八股必须废止，空洞抽象的调头必须少唱，教条主义必须休息"，中国共产党一以贯之地努力把马克思主义中国化，取得了丰硕的理论成果，走出了一条具有中国特色的社会主义革命、建设和改革开放的发展道路。同时我们也清醒地认识到，"中国特色社会主义是社会主义而不是其他什么主义，科学社会主义基本原则不能丢，丢了就不是

① 资料来源：毛泽东在六届六中全会的报告——《论新阶段》。

社会主义"[1]。在改革之初我们就明确提出，改革必须要坚持四项基本原则，提出中国特色社会主义初级阶段要建立和实施以公有制为主体、多种所有制共同发展和按劳分配为主体、多种分配形式并存的基本经济制度。在党的十九届四中全会上又进一步把社会主义市场经济纳入基本经济制度，提出公有制为主体、多种所有制共同发展，按劳分配为主体、多种分配形式并存和社会主义市场经济体制是我国在经济领域的基本制度。这些理论的提出和发展，是以马克思主义为理论基础和指导思想，结合中国实际进行的中国特色社会主义发展道路的实践和理论探索的结果，是马克思主义中国化和发展马克思主义的重要成果。

① 习近平．习近平谈治国理政：第1卷［M］．北京：外文出版社，2018：22.

参考文献

［1］［德］马克思．资本论：第1~3卷［M］．北京：人民出版社，2004.

［2］中共中央马克思恩格斯列宁斯大林著作编译局．马克思恩格斯文集：第1、2、3、8、9卷［M］．北京：人民出版社，2009.

［3］中共中央马克思恩格斯列宁斯大林著作编译局．列宁选集：第2、3卷［M］．北京：人民出版社，1972.

［4］中共中央马克思恩格斯列宁斯大林著作编译局．马克思恩格斯全集：第26卷Ⅲ［M］．北京：人民出版社，1974.

［5］张薰华．《资本论》脉络：第二版［M］．上海：复旦大学出版社，2010.

［6］洪远朋．《资本论》难题探索［M］．上海：上海科学技术文献出版社，2018.

［7］洪银兴，主编．马克思主义经济学经典精读·当代价值［M］．北京：高等教育出版社，2012.

［8］杨志，王岩．《资本论》解读（马克思主义研究论库第一辑）［M］．北京：中国人民大学出版社，2015.

［9］杨志．论资本的二重性——兼论我国公有资本的本质［M］．北京：经济科学出版社，2002.

［10］顾海良，主编．马克思主义发展史［M］．北京：中国人民大学出版社，2009.

［11］［英］伊特韦尔．新帕尔格雷夫经济学大辞典：第三卷［M］．北京：经济科学出版社，1996.

［12］［英］亚当·斯密．国民财富的性质与原因的研究［M］．北京：商务印书馆，1974.

[13] [法] 萨伊．政治经济学概论 [M]. 北京：商务印书馆，1982.

[14] [英] 凯恩斯．就业利息和货币通论 [M]. 北京：商务印书馆，1977.

[15] 刘思华．生态马克思主义经济学原理 [M]. 北京：人民出版社，2006.

[16] 鲁从明．《资本论》的思想精华和伟大生命力 [M]. 北京：中共中央党校出版社，2016.

[17] 王岩．马克思主义可持续发展观及当代价值研究 [M]. 北京：光明日报出版社，2012.

[18] 卢锋．经济学原理 [M]. 北京：北京大学出版社，2002.

[19] 习近平．习近平谈治国理政：第 2 卷 [M]. 北京：外文出版社，2017.

[20] 习近平．习近平谈治国理政：第 1 卷 [M]. 北京：外文出版社，2018.

[21] 吴易风．马克思的生产力—生产方式—生产关系原理 [J]. 马克思主义研究，1997 (2).

[22] 柳欣，王璐．货币理论的基础 [M] //张宇，等，主编．高级政治经济学 [M]. 北京：中国人民大学出版社，2006.

[23] 黎诣远．西方经济学 [M]. 北京：高等教育出版社，1999.

[24] 叶德磊．中国证券市场发展研究 [M]. 南昌：江西人民出版社，2004.

[25] 晏智杰．重温马克思的劳动价值论 [J]. 经济学动态，2001 (3).

[26] 卫兴华．再论深化对劳动价值论的认识 [J]. 宏观经济研究，2001 (3).

[27] 吴易风．坚持和发展劳动价值论 [J]. 群言，2001 (2).

[28] 钱伯海．社会劳动创造价值之我见 [J]. 经济学家，1994 (2).

[29] 王莉霞，等．确认物化劳动创造价值才能使我们坚信马克思的劳动价值论 [J]. 经济评论，2001 (1).

[30] 黄勇．劳动价值论的回顾与思考 [J]. 江汉论坛，2000 (8).

[31] 张宇．中国不能出现颠覆性错误——正确认识社会主义初级阶段的基本经济制度 [J]. 红旗文摘，2014 (2).

[32] 张薰华，王岩．生态文明建设要义论 [J]. 当代经济研究，

2014（1）.

［33］王岩．以社会主义生产关系规定的生产目的引领中国经济发展［J］．改革与战略，2016（12）．

［34］王梦奎．论生产资料生产比消费资料生产增长更快的规律［J］．中国社会科学，1982（4）．

［35］本书编写组．马克思主义基本原理概论［M］．北京：高等教育出版社，2018.

索　引

J

K

L

M

N

P

Q

R

S

T

W

X

Y

Z

后　记

从事《资本论》教学和研究工作已经近 40 年了，在教学和学术交流过程中，面对现实问题的拷问和探索，我积累起了点点滴滴的思考，不能说已经聚沙成塔，但是也获得了一些理解和体会。本书算是我多年学习研究《资本论》所思所想的一个小结。

本来已经从内蒙古大学经济管理学院退休，是哈尔滨工业大学（深圳）给了我重新开始一个新的教学工作的机会——在马克思主义学院讲授“马克思主义基本原理”等课程，这对我的《资本论》研读有着非常大的帮助和启发。学校还提供了科研启动资金资助科研成果的出版，这促使我有了在多年学习研究的基础上总结研读收获的想法，也就有了本书的写作出版。感谢哈尔滨工业大学（深圳）给本书出版提供的机会和资助！感谢哈尔滨工业大学（深圳）马克思主义学院院长杨志举荐我退休之年来哈尔滨工业大学（深圳）工作，否则也不会有这本书的写作和出版机会。

在本书写作过程中，引领我进入学习《资本论》这个神圣殿堂的张薰华老师以 100 岁高龄逝世了！先生走了，但是先生提灯引领留下的火种不会熄灭，先生终身孜孜不倦地传播真理、勇于实践的精神一直激励着学生后学不断专研着、努力传播着《资本论》这部博大精深巨著的科学理论。谨以本书向先生的在天之灵做一个研读汇报。

本书的出版得到了中国经济出版社的支持，责任编辑贺静为本书的出版做了非常认真的文字修改工作，让我从中真正体会到了什么是给别人做嫁衣，也让我学到了很多。真心感谢他们的帮助和付出！

王　岩

2021 年 9 月